Stadt und Stadtraum

VERÖFFENTLICHUNGEN
DER AKADEMIE FÜR RAUMFORSCHUNG UND LANDESPLANUNG

Forschungs- und Sitzungsberichte
Band 97

Stadt und Stadtraum

Forschungsberichte des Arbeitskreises
„Geschichtliche Entwicklung des Stadtraumes"
der Akademie für Raumforschung und Landesplanung

HERMANN SCHROEDEL VERLAG KG · HANNOVER · 1974

Zu den Autoren dieses Bandes

Hanns Hubert Hofmann, 52, Prof. Dr. phil., Institut für Geschichte der Universität Würzburg, Ordentliches Mitglied der Akademie für Raumforschung und Landesplanung.

Helmut Jäger, 51, Prof. Dr. phil., Vorstand des Geographischen Instituts der Universität Würzburg, Ordentliches Mitglied der Akademie für Raumforschung und Landesplanung.

Heinrich Lamping, 39, Prof. Dr. phil., Universität Frankfurt a. M.

Heinrich Koller, 50, Prof. Dr., Universität Salzburg.

Peter Schöller, 50, Prof. Dr. phil., Direktor des Geographischen Instituts der Ruhruniversität Bochum, Korrespondierendes Mitglied der Akademie für Raumforschung und Landesplanung.

Manfred Hommel, 30, Dr. rer. nat., Geographisches Institut der Ruhruniversität Bochum.

Klaus Fehn, 38, Prof. Dr. phil., Direktor des Seminars für Historische Geographie der Universität Bonn.

Peter Breitling, 43, Dr. Ing., Technische Universität München.

Heinrich Helldörfer, 59, Oberkriminaldirektor im Polizeipräsidium Nürnberg/Fürth.

Mit Wirkung vom 1. 6. 1974 hat die Hermann Schroedel KG Hannover den Verlag der Veröffentlichungen der Akademie für Raumforschung und Landesplanung übernommen.

Best.-Nr. 91507
ISBN 3-507-91507-3

Alle Rechte vorbehalten · Hermann Schroedel Verlag KG Hannover · 1974
Gesamtherstellung: Druckerei Gustav Piepenbrink OHG, Hannover
Auslieferung durch den Verlag

INHALTSVERZEICHNIS

Seite

Hanns Hubert Hofmann, Würzburg	Zur Einführung	1
Helmut Jäger und Heinrich Lamping, Würzburg	Das Würzburger Gemeindegebiet — Siedlungs- und Nutzflächen einer Großstadt	3
Heinrich Koller, Salzburg	Die Stadt Zwettl und ihr Umland — Ein Musterbeispiel hochmittelalterlicher Stadt- und Raumplanung	27
Hanns Hubert Hofmann, Würzburg	Prichsenstadt — Planungen, Innovationen und Strukturveränderungen in einer fränkischen Kleinstadt	43
Helmut Jäger, Würzburg	Entwicklung und Stagnation in historischen Städten	69
Peter Schöller, Bochum	Prinzipien und Probleme ungeplanter Städtebildung in industriebestimmten offenen Urbanisationsfeldern	75
Manfred Hommel, Bochum	Castrop-Rauxel — Neubildung von Stadt und Stadtraum im nördlichen Ruhrgebiet	81
Klaus Fehn, Bonn	Saarbrücken — Großstadtbildung im grenznahen Bergbau- und Industriegebiet	105
Peter Schöller, Bochum	Entwicklungsunterschiede zwischen Saarland und Ruhrgebiet	125
Peter Breitling, München	Historische Wandlungen von Stadtraum und Stadtstruktur und ihre Konsequenzen für Städtebau und Stadtentwicklungsplanung	127
Heinrich Helldörfer, Nürnberg	Nürnberg — Kriminalgeographie einer Großstadt — Ein Überblick	151

Zur Einführung

Im Sommer 1971 beschloß der Forschungsausschuß „Historische Raumforschung", seinen durch zwei Jahressitzungen geführten Untersuchungen des Fragenkomplexes „Stadt und Umland"[1]) nunmehr unter Leitung des Unterzeichneten ein mehrjähriges, thematisch begrenzteres Projekt „Stadt und Stadtraum" folgen zu lassen. Diese Zielsetzung sollte die Arbeit des Ausschusses, der durch 20 Jahre unter der bewährten Leitung von Prof. Dr. G. Franz (Stuttgart) den epochalen Ablauf seiner Themen von der Frühgeschichte bis in das 20. Jahrhundert gewählt hatte, den Intentionen der Akademie folgend nunmehr stärker auf die Aufgabe ausrichten, Gegenwarts- und Zukunftsprobleme aus der historisch-genetischen Analyse heraus verständlich zu machen.

Der Arbeitsplan sah vor, die Entwicklung der Stadt und des ihr zugeordneten Raumes aus der Geschichte bis in die Gegenwart zu verfolgen, wobei als Stadtraum vornehmlich die sich mählich erweiternde Gemarkung zu verstehen war. Unter dem Aspekt der Herrschaft wie der Stadtgenossenschaft und seit der Vollendung des modernen souveränen Staats an der Schwelle des 19. Jahrhunderts dann des Staates und seiner Behörden- wie Gemeindeorganisation bedeutete dies die Ausbildung und Umbildung der Gemarkung und in ihr der Siedlungs- und Nutzungsflächen. Notwendig bezog das dann auch das Verhältnis zu Vorstädten und Stadtdörfern und im Gesamtkomplex der Eingemeindungen ein.

Bei dem nicht nur ökonomischen Problem der Versorgung war besonders anzusprechen die mit Holz, was langehin ja Bau-, Brenn- und Nutzholz bedeutete, mit Wasser als Wasserkraft, Trinkwasser und gewerbliche Nutzwasser für Gerbereien u. ä., im 19. Jahrhundert dann mit Kohle, Elektrizität und Kraftstoffen, der die Entsorgung durch Asche- sowie Abfallbeseitigung und Abwässerregelung gegenübersteht. Der Gesamtkomplex der Versorgung einer spätmittelalterlichen, frühmodernen oder neuzeitlichen Stadt vor dem industriellen Zeitalter mit ihrem Gesamtbedarf an Lebensmitteln, Baustoffen, Rohstoffen, Halb- und Fertigprodukten ebenso wie ihrer Entsorgung wäre angesichts der ganz anderen Transport-, Produktions- und Umsatzbedingungen hier eine ungemein reizvolle Aufgabe. Schließlich sollten auch die zentrenbildende Funktion von Versorgungs- oder Verkehrsverbund, das Bildungswesen und — unter Berücksichtigung des Freizeitwerts wie des Umweltschutzes — das Problem der Grünflächen und Naherholungsräume einbezogen werden.

Methodisch war bei der Bestimmung und Verteilung der Referate an eine leidlich ausgewogene Mischung von genereller Problemstellung und Fallstudien anhand bestimmter Städte gedacht. Der auf mehrere Jahre angelegte Plan sah darum für die erste Jahressitzung 1973 ein Grundsatzreferat von Prof. Dr. I. Bog (Marburg) „Das Stadt-Land-Verhältnis. Zur Geschichte eines Forschungszweiges im Grenzraum von Soziologie, Sozialpsychologie und Geschichte" vor. Als Fallstudien sollten drei alte Städte unterschiedlicher Größe gezeigt werden: Prof. Dr. H. Jäger und Akademischer Rat Dr. H. Lamping (Würzburg) referierten über „Das Würzburger Gemeindegebiet. Siedlungs- und Nutzungsflächen der Gemarkung einer Großstadt", Prof. Dr. H. Koller (Salzburg) zeigte

---

[1]) Siehe nunmehr: Stadt-Land-Beziehungen und Zentralität als Problem der historischen Raumforschung (Historische Raumforschung 11), Forschungs- und Sitzungsberichte der Akademie für Raumforschung und Landesplanung, Bd. 88, Hannover 1974.

die abseits der großen Verkehrsströme gelegene „Stadt Zwettl und ihr Umland. Ein Musterbeispiel hochmittelalterlicher Stadt- und Raumbildung", und Prof. Dr. H. H. HOFMANN (Würzburg) versuchte, am Modell von Prichsenstadt, einer Gründungsstadt des 14. Jahrhunderts mit sehr eigenwilliger herrschaftlicher und ökonomischer Entwicklung „Planungen, Innovationen und Strukturveränderungen einer fränkischen Kleinstadt" zu charakterisieren. Demgegenüber standen ungeplante Städtebildungen in industriebestimmten offenen Urbanisationsfeldern: Prof. Dr. K. FEHN (Bonn) referierte über „Saarbrücken. Großstadtbildung in einem grenznahen Bergbau- und Industriegebiet", und Prof. Dr. P. SCHÖLLER und Dr. H. HOMMEL (Bochum) zeigten am Beispiel von Castrop-Rauxel die „Siedlungsentwicklung einer industriellen Mittelstadt und ihrer Einordnung in das bestehende zentralörtliche Gefüge". Eine neue Dimension erschloß der Vortrag von Oberkriminaldirektor H. HELLDÖRFER (Nürnberg), der anhand der von dem heutigen Präsidenten des Bundeskriminalamts Dr. HEROLD entwickelten EDV-Methoden die „Kriminalgeographie einer Großstadt" am Beispiel Nürnbergs vorführte. Die Ergebnisse der regen Diskussionen sind in die vorliegenden Beiträge eingearbeitet worden.

Für die folgenden Jahre waren Fallstudien zunächst über die Städte Berlin, Weißenburg/Bayern und Trier, vergleichende Modelle in der Städtelandschaft zwischen Rhein und Rur, eine Stadt im Küstenraum und ein Verdichtungs- und Entwicklungsband mit unterschiedlicher historischer Ausgangssituation vorgesehen, als Grundsatzreferate in Aussicht genommen: „Stadt und Stadtwald", „Die Stadt als Bildungsraum", „Die Stadt als Nahverkehrsraum", „Stadt und Siedlungsflächen", „Die Stadt als Nahversorgungsraum", „Stadt und Freizeitraum", „Stadt und öffentliches Grün", „Stadt und Fernverkehr", „Stadtversorgung mit Energie" und „Die historische Belastung der Stadt".

Die Neustrukturierung der Akademie im Frühjahr 1973, die den Forschungsausschuß seiner gegenwärtigen Aufgabe gemäß zum Arbeitskreis „Geschichtliche Entwicklung des Stadtraums" mit zeitlich befristeten Aufgaben machte, zwang zur einengenden Änderung dieser Planung. Nach Ablauf des Sitzungsprogramms 1973 in Würzburg beschloß der Arbeitskreis, seine Arbeit nunmehr auf drei Generalthemen zu beschränken: 1974 will er sich mit der Frage „Städtisches Grün in Geschichte und Gegenwart" beschäftigen, 1975 mit den Problemen von „Stadt und militärische Anlagen", um im gleichen Jahr mit einer Generaldiskussion „Die historische Bindung der Stadt" abzuschließen.

Der vorliegende Band gibt somit das von der Gunst und Ungunst der thematischen und personellen Auswahl geprägte Fragment einer größer angelegten Konzeption, das jedoch in seinen Ergebnissen und Fragestellungen geschlossen, gewichtig und somit lohnend genug erscheint. Zur besseren thematischen Abrundung wurde der Beitrag von Prof Dr. I. BOG an den vorherlaufenden Band 11 abgegeben, Prof. Dr. H. JÄGER stellt die Referate über die drei historischen Städte — die in sich unvergleichbar sind — unter eine gemeinsame Fragestellung, Prof. Dr. P. SCHÖLLER leitet die Referate über die beiden modernen Industriestädte ein und gibt einen Vergleich. Dr.-Ing. P. BREITLING (München) geht in einem abschließenden Beitrag die planerischen Aspekte der Wandlungen von Stadtraum und Stadtstruktur seit dem 14. Jahrhundert an. Der Arbeitskreis hofft, so die Vielfalt und Vielschichtigkeit des Problems „Stadt und Stadtraum" doch anleuchten und damit aus seiner Sicht und mit seinen Arbeitsmethoden Erkenntnisse und Denkansätze geben zu können zu dem alle Forschungsdisziplinen umfassenden Phänomen der Stadt als Lebensform in Vergangenheit, Gegenwart und Zukunft.

Würzburg, im November 1973 *Hanns Hubert Hofmann*

Das Würzburger Gemeindegebiet

– Siedlungs- und Nutzflächen einer Großstadt –

von

Helmut Jäger und Heinrich Lamping, Würzburg

I. Gemarkungen und Grenzen

Würzburg gehört zu den wenigen Gemeinden, deren Gebietsgeschichte sich über einen Zeitraum von 1200 Jahren verfolgen läßt (Abb. 1. Die Abb. 1—7 befinden sich am Schluß dieses Beitrages). Die zwei Würzburger Markbeschreibungen aus der Zeit von Karl dem Großen sind nicht nur international bekannte Denkmäler der althochdeutschen Sprache, sondern aufschlußreiche Zeugnisse für die Geschichte administrativ-kommunaler Einheiten in Deutschland. Dank Untersuchungen von Dinklage und vor allem neuerdings von Scherzer (1966)[*] können die Probleme, die sich lange Zeit aus dem voneinander abweichenden Inhalt der beiden Markbeschreibungen ergeben haben, als gelöst angesehen werden.

Die ältere Abgrenzung der Mark, die aus dem Jahre 779 datiert ist, hat den zum castrum auf dem Marienberg gehörigen Bezirk beschrieben und damit die Urmark des ursprünglich nur linksmainischen Würzburg, wie sie sich etwa in der Zeit 650/700 ausgebildet hatte (Abb 1/1). Sie umfaßte ca. 7500 ha Fläche. Die ehemalige Landnutzung genauer zu rekonstruieren, ist nicht möglich. Jedenfalls lagen im Jahr 779 im Gebiet der Urmark die Burg auf dem späteren Marienberg und unter ihr eine kleine linksmainische Siedlung als Urzelle der späteren Stadt Würzburg. Wahrscheinlich gab es einige weitere Siedlungen mit Kulturland, vorherrschend jedoch Wald.

Wenn wir aus den Markbeschreibungen nur über Kulturland in den Außenbezirken erfahren, liegt das am Charakter jener Zeugnisse als Grenzbeschreibungen. Die ältere nennt zwei Rodungen und eine Kulturfläche, die nach der älteren Weizensorte Emmer „Amarland" genannt wurde[1]. Da diese drei Örtlichkeiten ca. 8—10 km von Würzburg entfernt lagen und von diesem durch große Waldflächen getrennt waren, setzen jene Rodungs- und Kulturflächen Siedlungen in ihrer Nähe voraus. Ob die direkt und indirekt bezeugten beiden Erdburgen, aus denen sich im Mittelalter Siedlungen entwickelt hatten, noch in Funktion, womöglich auch bewohnt waren oder bereits wüst lagen, ist nicht zu entscheiden.

In den frühen Siedlungen des nordwestlichen Randgebiets der Urmark lagen die Ansatzpunkte für eine spätere Verkleinerung des Gebiets von Würzburg durch Ausmarkungen. Auch die frühe herrschaftliche Forstbildung in jenem Bereich enthielt die Wahrscheinlichkeit gebietlicher Ausgliederungen. So schließt denn auch die Grenzziehung, die

---

[*] Vgl. Literaturhinweise am Schluß dieses Beitrages.
[1] Land zur Bezeichnung von Ackerstücken ist in Franken bis zur Gegenwart üblich gewesen, z. B. im Jahre 1476: 8 Acker „Erdland" in der Gemarkung von Kissingen (Zumkeller 1967, Nr. 1034).

aus der gleichen Zeit wie die ältere überliefert ist, aber einen späteren Grenzverlauf wiedergibt, den Bezirk mit den nachweislich ältesten Siedlungsansätzen im Nordwesten von Würzburg nebst dem herrschaftlichen Forste nicht mehr in die jüngere Gemarkung ein.

Diese war im zweiten Abschnitt der Entwicklung des Würzburger Gebietes mit einem erheblichen Teile nach Osten über den Main ausgedehnt worden (Abb. 1/2). Damit hatte das ursprünglich randlich in seiner Urmark gelegene Würzburg in seinem jüngeren Gebiet eine zentrale Lage erhalten. Den Zustand für die Zeit um 780 gibt Abbildung 1/2 wieder. Die Mittelpunktslage von Würzburg ist besonders augenfällig, wenn man den ungefähren, wenn auch für die damalige Zeit noch nicht überlieferten Verlauf der Grenze zu Heidingsfeld berücksichtigt. Welches im einzelnen die Gesichtspunkte für den Zug der Grenze östlich des Mains gewesen sind, läßt sich nicht mehr feststellen. Jedenfalls war die Gemarkung damals und auf viele Jahrhunderte hinaus groß genug, um die Einwohner von Würzburg mit den wichtigsten landwirtschaftlichen Produkten ausreichend zu versorgen. Die jüngere, etwa um 780 vorhanden gewesene Gemarkung war so groß wie die Urmark und umfaßte zusammen mit der Heidingsfelder Mark, deren Gebiet ebenfalls in der ersten Abgrenzung enthalten war, ca. 7700 ha. Auf das engere Einflußgebiet von Würzburg selbst entfielen davon etwa 3200 ha, auf das von Heidingsfeld etwa 4500 ha. Es waren das Gemarkungsgrößen, die weit über dem Durchschnitt hochmittelalterlicher Stadtgemarkungen und Dorfgemarkungen lagen.

Wenn die seit dem 15. Jahrhundert genauer abgegrenzte, im 16. und 17. Jahrhundert auch rechtlich gegen Würzburg abgemarkte Heidingsfelder Gemarkung (vgl. SCHERZER 1966, S. 20 f. und Stadtarchiv Würzburg, Ratsakten Nr. 1801 ff.) um ca. 40 % kleiner gewesen ist als die in Umrissen faßbare Heidingsfelder Urmarkung, so war das ebenfalls eine Folge des hochmittelalterlichen Landesausbaues. Hatte er im Nordwesten von Würzburg zur Ausmarkung von Zell, Waldbüttelbrunn und Höchberg geführt, so waren im Westen der Urmark von Heidingsfeld die Dörfer Limbach und Brunn entstanden. Als sie im späten Mittelalter wüst geworden sind (JÄGER und SCHERZER 1969), kam ihr ehemaliges Gebiet teils zu den Forsten Guttenberg und Irtenberg, teils zur Gemarkung von Kleinrinderfeld, jedenfalls nicht mehr zu Heidingsfeld. Da dieses nicht wie Würzburg einen beträchtlichen Brückenkopf nach Osten über den Main vorgeschoben hatte, war seit dem ausgehenden Mittelalter die Gemarkung Heidingsfeld über ein Viertel kleiner als die von Würzburg. Ob es bei Heidingsfeld zu einem Ausscheiden und wieder Integriertwerden einer Gemarkung um das mittelalterliche Dorf Heuchelheim (anstelle des späteren Heuchelhofs) gekommen war, läßt sich nicht sagen, ist auch für die Genese der Gemarkung von Würzburg unerheblich.

Das Ausscheiden der Dörfer Waldbüttelbrunn, Zell und Höchberg aus der Gemarkung von Würzburg vollzog sich nur allmählich und war begleitet von zahlreichen in den Würzburger Ratsakten überlieferten Streitigkeiten um die Gemarkungsgrenzen und um die Landwehr. Sie folgte auf weiten Strecken älteren Grenzlinien. Höchberg wurde sogar bis ins 17. Jh. von Würzburg eine eigene Gemarkung bestritten (SCHERZER 1966, S. 15, und Stadtarchiv Würzburg, Ratsakten).

Mit der Eingemeindung der Stadt Heidingsfeld im Jahre 1930 (5700 Einw.) vergrößerte Würzburg seine Gemarkung erheblich, und zwar von 3216 auf 5682 ha. Würzburgs Flächengewinn war um so bedeutender, als die Einwohnerzahl von Heidingsfeld relativ klein gewesen ist. In Würzburg betrug die Bevölkerungsdichte im Jahre 1930 29 Einw./ha, in Heidingsfeld nur 2,3 Einw./ha. Nach der Eingemeindung verzeichnete Würzburg im Jahre 1933 bei 101 003 Einwohnern daher den verhältnismäßig niedrigen Wert von 17,78 (im Jahre 1971: 20 Einw./ha).

II. Flächennutzung und Bevölkerung der älteren Zeit

Bodennutzung und Bevölkerungszahl gegen Ende der vorindustriezeitlichen Entwicklungsphase sind für Würzburg durch genaue Zahlen der bayerischen Statistik nach den Erhebungen aus dem Jahre 1852 und 1853 greifbar (Tabellen 1 und 2). Damals spielte die landwirtschaftliche Nutzung noch eine wichtige Rolle. Denn bis zur Inbetriebnahme der Eisenbahnlinie Schweinfurt—Würzburg—Aschaffenburg im Jahre 1854 und der Aufhebung der Festungseigenschaft von Würzburg rechts des Mains im Jahre 1856 hatten sich ältere Zustände so stark behauptet, daß das Wirtschaftsleben wie durch die Jahrhunderte zuvor durch administrative Einrichtungen, durch Handwerk, Handel und Weinbau beherrscht wurde. Noch im Jahre 1850 war rund ein Drittel aller Würzburger Arbeitskräfte der Wirtschaftsbereiche Landwirtschaft, Industrie und Gewerbe in der Landwirtschaft tätig (statistische Tabellen 1852). Sie bewirtschafteten 2465 ha agrarische Nutzfläche, darunter ein Weinareal von 581 ha (Tabelle 1).

Die Ansätze zu bedeutenderer Industrie waren noch bescheiden und beanspruchten höchstens geringe Sonderflächen. Die international bekannte Schnellpressenfabrik Koenig & Bauer hatte sich im säkularisierten Kloster Oberzell niedergelassen, während die heute zur Salzgitter AG gehörende Firma Noell um 1850 ein kleines Gelände vor den damaligen Festungswällen bebaut hatte. Bezeichnend für die wirtschaftliche Lage von Würzburg im Übergang zum Industriezeitalter war, daß es neben der im Jahre 1843 gegründeten Handelskammer (SCHÄFER 1970, S. 51) und dem Polytechnischen Verein einen landwirtschaftlichen Verein und einen besonderen Weinbauverein gab.

Zeitgenössische Karten, wie die des Oberleutnants Spruner vom Jahre 1845, zeigen, daß Würzburg um die Jahrhundertmitte nur in vereinzelten Gebäuden, z. B. im Huttischen und im Platzschen Garten, über den Befestigungsring hinausgewachsen war. Die bebaute Fläche der Stadt deckte sich im ganzen mit dem um 1750 erreichten Stadium des Endausbaus der Befestigungen (SEBERICH 1963, S. 78) und unterschied sich kaum vom Zustand, wie er in dem bekannten Vogelschauplan von J. B. HOMANN aus dem Jahre 1723 überliefert ist (vgl. Abb. 2/5).

Die um 1850 vorhandene Gliederung der landwirtschaftlichen *Nutzfläche* (Tab. 1) reicht im prozentualen Verhältnis der einzelnen Anbauarten wegen des Rückganges der Rebflächen nicht weit in die Vergangenheit zurück.

Die Angaben der Würzburger Weinbaugeschichte von LUTZ[2]), dessen zahlreiche Einzeldaten summiert und auf Dezimalwerte umgerechnet wurden, geben, wie sich aufgrund von Nachprüfungen durch andere Unterlagen ergeben hat, die ehemalige Verbreitung des Weinbaus nur mit den im Zinsertrag stehenden Flächen wieder. Nur so ist die starke Diskrepanz des Wertes von LUTZ für 1800 (715 ha) zur Montgelas-Statistik für 1814/15 (1358 ha) zu erklären.

Nach den amtlichen Statistiken ging das *Rebareal* von 1814/15 bis 1853 um 57 % zurück. Dieser starke Rückgang war für die Ausdehnung der Stadt vorteilhaft, weil dadurch außer Produktion gesetzte Flächen für anderweitige Nutzung zur Verfügung standen. Überträgt man die nach LUTZ errechneten Prozentsätze des Rückganges im zinspflichtigen Rebareal auf das Rebareal überhaupt unter Rückschlüssen der frühesten exakten Gesamtzahlen, nämlich der Statistik von 1814/15, dann ergibt sich für

---

[2]) Der Plan der Arbeit von LUTZ besitzt nicht, wie angegeben, den Maßstab 1:10 000, sondern 1:19 000.

die Zeit um 1600 eine Rebfläche von rund 1600 ha. Das waren rund 50 % der damaligen Gemarkung oder ca. 65 % der damaligen landwirtschaftlichen Nutzfläche. Diese Rechnung wird bestätigt durch ältere Abbildungen von Würzburg. Sie stellen es bis hinab zu seinen Befestigungen von Reben umgeben dar (u. a. SEBASTIAN MÜNSTER 1548). Fast alle Hänge des Talkessels waren von Wein bedeckt. Die Abbildungen geben jedoch das sich auf den Flächen über dem Talkessel weithin erstreckende Ackerland nicht wieder. Dort befanden sich Flurbezirke, wie „Roth- oder Heiligenkreuz" und „Hetzbühl" in der Größe zwischen 50 und 100 ha, von denen nur wenige ha mit Wein besetzt waren; andere Flurbezirke am Übergang zur Fläche oder zu geböschten Nordhängen wie das 36 ha große „Hubland" oder der 14 ha große „Mönchsberg" waren nur etwa zu 60—70 % mit Wein bepflanzt. Jedenfalls paßt die für 1600 ermittelte Flächendominanz des Weinbaus zur funktionalen Kennzeichnung der Stadt durch SEBASTIAN MÜNSTER. Er stellte 1567 fest: „Die burger in der stat seind zum guten theil in des bischoffs und hertzogen dienst, aber das gemein volck gibt sich auff den weinbau, welcher an dem ort überflüssig wachsst, daz man in mit schiffen und wägen verfürt in die anstossende länder."

Tab. 1: *Würzburg und sein Gebiet in den Jahren 1852/53*)*

Einwohner		Gebietsgliederung ha		in % landwirtsch. Nutzfläche	in % der Gesamtfläche
Zivil	23 516	Gesamt	3 214		
Militär	6 332	Landwirtsch. Nutzfläche	2 465		77
Gesamt	29 848	Getreide	996,9	40	31
		Kartoffeln	196,2	8	6,1
		Rüben	98	3,9	3
		Futterbau	380	15,4	11,8
		Wiesen	58	2,3	1,8
		Weiden	—	—	—
		Ölsamen	23,5	0,9	0,7
		Tabak	0,9	0,04	0,03
		Hopfen	3,8	0,15	0,12
		Wein	581,4	23	18
		Garten	126	5	4
		Wald	10,5		0,3
		Gebäude u. Hofräume	231,7		7,2
		Straßen u. Wege	121,5		3,8
		Flüsse, Seen, Gewässer	148		4,6
		Felsen u. Ödungen	236,5		7,3

*) Quellen: Beiträge zur Statistik des Königreichs Bayern IV, München 1855. VII, München 1857. Tagwerke (1 = 34,07 a) wurden in ha umgerechnet, die Prozentzahlen errechnet.

Tab. 2: *Bevölkerungsentwicklung in Würzburg 1818—1970*

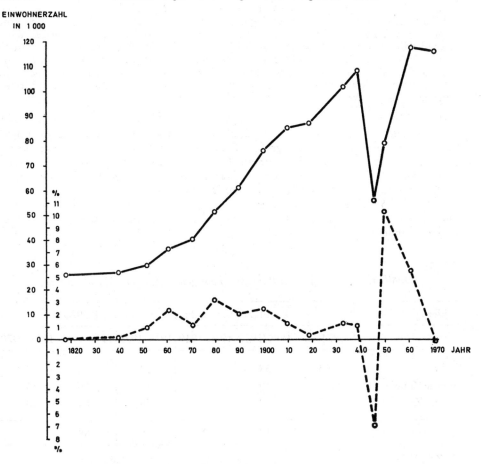

III. Industrialisierung, Bevölkerungswachstum und Flächennutzung

Die Industrialisierung von Würzburg hielt sich anfänglich in bescheidenen Grenzen. Gewiß, die Stadt zählte im Jahre 1860 nach damaligem Sprachgebrauch 28 Fabriken, doch nur wenige, die nach Größe und Organisation diesen Namen verdienten, entwickelten sich zu Industriebetrieben im modernen Sinne.

Dazu gehörte die Waggonfabrik von Noell, deren Beschäftigtenzahl sich von 100 im Jahre 1860 auf 512 im Jahre 1875 vermehrte, ähnliche Steigerungen als Kennzeichen für den in den 60er Jahren einsetzenden Aufschwung verzeichneten andere Firmen, wie die Tabakfabrik Schürer (1860: 165; 1875: 370 Beschäftigte) und die in Zell befindliche, eng mit Würzburg verbundene Maschinenfabrik von Koenig & Bauer (1858: 132, 1862: 206; 1875: 411 Beschäftigte). Der industrielle Aufschwung kam auch in der Gründung neuer Firmen in der zweiten Hälfte des Jahrhunderts zum Ausdruck. 1856 nahm z. B. die Kunstwollfabrik von C. Thalers Söhne an der Schweinfurter

Staatsstraße mit zwei Dampf- und 13 Arbeitsmaschinen ihren Betrieb auf. Sie zählte bald 250 Arbeiter. Im Jahre 1869 wurde die Frankonia-Schokoladen-Fabrik gegründet, 1886 erhielt Würzburg mit der Verlegung des „Bürgerbräus" aus Zell in die Stadt seine zweite große Brauerei. Zu den leistungsfähigen Betriebszweigen der Würzburger Wirtschaft zählten ferner die Druckereiindustrie, unter der sich schon um 1895 ein Betrieb mit 50 Arbeitskräften befand, ferner das Baugewerbe. So wurde z. B. die neue Luitpoldbrücke über den Main (s. unten) von den Würzburger Firmen F. Buchner und J. E. Weber errichtet. Um 1895 gab es insgesamt 20 Baugeschäfte, darunter drei Firmen mit je 200—300 Arbeitern.

Den *Flächenbedarf* der wachsenden Industrie zu befriedigen war weiterhin leicht, noch gab es in der Innenstadt, namentlich im Bezirk „Haug" größere Bauplätze anstelle früheren Gartenlandes. Mehr und größere Flächen boten sich an auf den fast ebenen oder schwach geböschten Terrassen des Maintals, wo agrarisches Gelände für Bauland zur Verfügung stand. Im Zusammenhang mit dem starken Rückgang des Rebareals wurde offenbar ausreichend Land angeboten, da aus der Weinproduktion ausscheidende Flächen in Stadtnähe für größere Agrarbetriebe in der Regel nicht in Betracht kamen. Diese lagen wie der Rotkreuzhof und der Hof Käsburg vor allem auf den Flächen nahe den Gemarkungsrändern.

Tab. 3:
Bevölkerungsbewegung im Raum der heutigen Agglomeration Würzburg

Gebiet	Bevölkerungszunahme in % von 1871-1970					
	1871/90	1890/1910	1910-1919	1919-1939	1939-1968	1961-1970
Stadt	53	38	2	24	12	0,2
Interne Zone*)	5	19	3	31	115	36
Exerne Zone**)	10	18	4	28	89	20
Landkreis	5	12	2	8	68	21

*) Zell, Veitshöchheim, Unterdürrbach, Versbach, Lengfeld, Gerbrunn, Höchberg.
**) Waldbüttelbrunn, Margetshöchheim, Oberdürrbach, Rottendorf, Randersacker, Reichenberg, Kist.

Schwieriger war im Frühstadium der Industrialisierung die Beschaffung von *Arbeitskräften*, da die Fabrikanten zunächst nicht mit den relativ hohen, von der Landwirtschaft, insbesondere dem Weinbau, erwirtschafteten und bezahlten Löhnen konkurrieren konnten (HETZEL 1957, S. 270). Da Würzburg dank Verwaltung, Handwerk, Handel, Militär und seiner Landwirtschaft mit starkem Weinbau viele Arbeitsplätze bot, kamen die Beschäftigten der ersten Fabriken zusätzlich aus den benachbarten Orten mit überflüssiger Agrarbevölkerung: Heidingsfeld, Dürrbach, Höchberg und Zell (Bayerische Staatsbibliothek Cgm 6874).

Hierdurch ergaben sich über administrative und kommerzielle Beziehungen hinaus weitere Verbindungen der engeren *Umlandgemeinden* zu Würzburg. Das Angebot an Arbeitskräften stieg im Zusammenhang mit der starken Einwanderung in die Stadt rasch an (Tabelle 2), so daß im Jahre 1907 eine größere Anzahl von Arbeitslosen vorhanden war (Tabelle 6). Während es im Jahre 1855 nur 1180 „konskribierte Arme" einschließlich ihrer Familienangehörigen gegeben hatte, zählte man im Jahre 1907 14 000 Berufslose mit Angehörigen. 77 % von ihnen waren nach Würzburg eingewandert, der überwiegende Teil kam aus Unterfranken.

Überhaupt verdankte Würzburg seinen Anstieg der *Bevölkerung* großenteils der Einwanderung. Im Jahre 1907 stammten nur rund 40 % der Bevölkerung aus Würzburg selbst, während alle anderen Einwohner zugewandert waren, die Masse aus dem übrigen Unterfranken (Tabelle 6). Bereits ab etwa 1880 nahm unter dem Einfluß der Stadt auch die Einwohnerzahl der Gemeinden um Würzburg stärker zu, als es dem Durchschnitt des Landkreises (bzw. Bezirksamtes) entsprach (Tabelle 3). Das waren in Verbindung mit den oben dargelegten Beziehungen bereits frühe Ansätze zur Bildung des späteren „Verflechtungskontinuums" (s. Abschnitt V).

Besonders stark vermehrt hatte sich in der zweiten Hälfte des 19. Jhs. die Zahl der Beschäftigten in der *Industrie*, zu der wir allerdings, ohne daß es die Statistik zum Ausdruck bringt, auch das Gewerbe rechnen müssen. Erreichte die Zahl der von Gewerbe, Industrie und Handel lebenden Personen im Jahre 1852: 16 466, so ernährten Industrie und Gewerbe ohne Handel im Jahre 1907 27 000 Personen. Diese Zahlen veranschaulichen an Stelle einer exakten Industrie- und Gewerbestatistik das Ausmaß der Steigerung. Dennoch war es nicht zur Bildung eines Industriebezirks gekommen, weil schienengebundene Schwerindustrie fehlte. Die Industrie- und Gewerbebetriebe waren vielmehr über die verschiedensten Stadtteile zerstreut, wobei sich allerdings um die Jahrhundertwende die größeren Anlagen in Nähe der Bahnlinie an der damaligen Peripherie der Stadt, jedoch ohne ausgesprochene Schwerpunktbildung in der Lokalisation angesiedelt hatten.

Die flächenhafte Ausdehnung der *Bebauung* wurde vor allem durch Wohnungsbau und öffentliche Gebäude herbeigeführt. In großem Maßstab begann nach Niederlegung der Wälle (1869—80) die Bebauung jenseits der alten Innenstadt. Allein in den Jahren von 1867—1890 wurden 1204 Wohnhäuser und damit ein Drittel des um 1890 vorhandenen gewesenen Bestandes neu errichtet (GÖBEL 1899, S. 128). Unter dem weitblickenden und tatkräftigen Bürgermeister Zürlein schuf aus bereits vorhandenen Gartenanlagen des ehemaligen Glacis der Landschaftsgärtner Lindahl den 31 ha großen Ringpark (dazu u. a. SEBERICH 1963, S. 173 und „Glacis 1964") als Abschluß der Innenstadt und als Naherholungsgebiet für diese wie die jenseits vom Ringpark erstehenden neuen Stadtbezirke. Sie schlossen unmittelbar an die nach Wiener Vorbild errichtete Ringstraße an, die in ihrem letzten Abschnitt (Maingasse bis Mainquai) 1886 fertiggestellt wurde. Der nördliche Abschnitt der Ringstraße wurde durch die 1887 vollendete Luitpoldbrücke (heute Friedensbrücke), der südliche Abschnitt durch die 1894 eröffnete Ludwigsbrücke nach Westen verlängert. Dadurch wurden Zellerau, das Gelände unterhalb vom Käppele sowie das später eingemeindete Heidingsfeld leicht und direkt aus der Stadt erreichbar. Dank der nun insgesamt drei Mainbrücken entwickelte sich die Bebauung links des Mains rasch. Dabei entfaltete das Militär die stärkste Bautätigkeit auf dem günstigen Gelände der flachen Niederterrassen in der Zellerau. Hier entstanden die Kaserne des 11. Feldartillerieregiments und die Infanteriekaserne des Regimentes 9. Eine weitere neue Artilleriekaserne (Feldartillerieregiment Nr. 2) war um die gleiche Zeit in der Aumühlstraße (heute Nürnberger Straße) entstanden. Obwohl Würzburg als Standort dieser und weiterer Kasernen, ferner als Sitz des Generalkommandos des II. Bayerischen Armeekorps, der Stäbe der 4. Infanteriedivision, der VII. Infanterie- und II. Feldartilleriebrigade und Standort einer Kommandantur war, blieb der Flächenanspruch des Militärs aufs ganze gesehen relativ bescheiden. Selbst unter Berücksichtigung des Exerzierplatzes am Sanderrasen und eines weit größeren an der Straße nach Gerbrunn (später Flugplatz) betrug der Anteil der militärischen Anlagen am Stadtgebiet um 1900 alles in allem nur rund 3,2 %. Zur gleichen Zeit erreichte — um die Zahl zu relativieren — das unproduktive Dreischland, das sich insbesondere auf der Fläche der heutigen Frankenwarte erstreckte, noch rund 7,4 %. Auch nach 1900 stand für Bauzwecke der kommunalen und staatlichen Behörden, aller Bereiche der Wirtschaft, des Verkehrs und der Institutionen des kirchlichen und kulturellen Lebens und der privaten Bauherrn genügend Land zur Verfügung. *Konkurrierende Ansprüche an den Raum,* die Alternativen erzwungen hätten, gab es nicht. Da außerdem der größte Teil aller öffentlichen Institutionen in historischen Gebäuden unterzubringen war oder neu auf öffentlichem Grund errichtet werden konnte, mußten sich Preissteigerungen in bescheidenen Grenzen halten. Günstig wirkte sich ferner aus, daß viele der aus der Produktion genommenen Rebflächen wegen Hängigkeit des Geländes und ihrer mäßigen Bodenqualität alternativ nur für Bauland in Betracht kamen und daher billig angeboten wurden. Die Mehrzahl der staatlichen Institutionen hatte sich zunächst in säkularisierten Gebäuden eingerichtet. Die Regierung z. B. befand sich ab 1850 in den Räumen der vormaligen Benediktinerabtei St. Stephan, auf deren Gelände sich heute wiederum die neuerrichtete Bezirksregierung und die teilweise aus der Klosterzeit überkommene evangelische Kirche St. Stephan befinden. Die 1877/99 erbaute, noch heute dem Unterricht dienende große Zentralschule ist an der Stelle des älteren Domherrnhofs Sternberg (Ebrachergasse/Bibrastraße) errichtet worden. Da die Vermehrung der öffentlichen Aufgaben im letzten Drittel des 19. Jahrhunderts in die Zeit der Niederlegung der Wälle fiel, stand reichlich Gelände zum Bau öffentlicher Gebäude bereit. Anstelle früherer Befestigungsanlagen wurde eine Reihe staatlicher und kommunaler Gebäude errichtet. Durch ihre Lage am *Ringpark* erhielten sie einen bevorzugten Standort.

Unter ihnen befanden sich insbesondere die Neue Universität (1892/96), der Justizpalast (1892), Neues Realgymnasium, Neues Gymnasium (1886) und am Pleicher Ring Physikalisches Institut (1879), Chemisches Institut (1866), Zoologisches Institut (1888) und Augenklinik (1901); ebenso liegt das 1903 errichtete Geologische und Mineralogische Institut auf dem Gelände eines ehemaligen Festungsbollwerks.

Der 1854 eröffnete *Bahnhof* war aus militärischen Gründen innerhalb der Wälle erbaut worden. Das Gelände stammte wiederum aus früherem Kirchenbesitz, und zwar aus dem großen Bezirk des ehemaligen Karthäuserklosters Engelgarten. Dieses älteste Bahnhofsgelände ging in den Besitz der Stadt über (heute dort Stadttheater), als ein neuer Bahnhof (1863—69 errichtet) notwendig wurde. Auch zu seiner Anlage ist teilweise öffentliches Gelände, nämlich ein Teil des Festungsglacis, verwandt worden.

Der Ausbruch des Ersten Weltkrieges beendete den vorkriegszeitlichen Entwicklungsabschnitt der Stadt nicht abrupt, weil schon ab 1910 (vgl. Tab. 2) eine deutliche Verlangsamung der Expansion eingetreten war. Die Verzögerung des Würzburger Wachstums seit 1910 stand im Einklang mit einem Rückgang der Bautätigkeit in größeren Teilgebieten des Reiches, wenn nicht in allen seinen Ländern (vgl. JÄGER 1972, S. 294). Zu den mitwirkenden Faktoren der Wachstumsbremsung gehörten der relative Rückgang der Bevölkerungszunahme, der im Reichsdurchschnitt wie in Würzburg schon um 1900 einsetzte (Tab. 2)[3]. Um 1914 waren jenseits des Ringparks die Stadtteile Sanderau, Rennweg,

---

[3]) Zunahme der Bevölkerung im Reich:
1890—95 um 5,8 %,
1895—1900 um 7,8 %,
1900—1905 um 7,6 %,
1905—1910 um 7,1 %.
Aus: Statistisches Jahrbuch für Bayern 19. Jg. 1930.

Zellerau und Grombühl (vgl. Tabelle 5) so stark bebaut worden, daß sich dort die Notwendigkeit zur Errichtung von Kirchen und Schulen ergeben hatte:

St. Adalbero (1894/99) und Schillerschule (nach 1904) in der Sanderau; St. Johannis (1893/95) als zweite evangelische Pfarrkirche und höhere Schulen im Rennwegerviertel St. Josef (1905) und die Pestalozzischule in Grombühl; ferner wurde für das linksmainische Viertel ein großes Schulhaus in der Zellerau erbaut.

War die Anlage des Ringparks das Ergebnis der Entschlußkraft des Regierungspräsidenten Freiherr von Asbeck, später der Stadt Würzburg, so verdanken andere *Grünanlagen* ihre Entstehung bürgerlicher Tatkraft.

Der 1874 gegründete Verschönerungsverein hat durch Aufforstung von Ödland auf dem Nikolausberg um die heutige Frankenwarte einen 61 ha großen Park geschaffen. Es schlossen sich an die Parkanlagen im Steinbachtal (30 ha), der Sieboldshöhe (13,7 ha), das Bismarckwäldchen (7,4 ha) und weitere kleinere, so daß das Städtische Gartenamt heute mit Einschluß der städtischen Sportanlagen und Spielplätze 241 ha Grünanlagen betreut; das sind 4,2 % der städtischen Gebietsfläche.

Dazu treten die Grünanlagen des Staates, unter denen der Hofgarten und der zum Rosenbachschen Palais gehörige Park, beide an den Ringpark anschließend, eine sehr wesentliche Erweiterung der öffentlichen Grünanlagen um das Stadtzentrum bedeuten; auch die staatlichen Grünanlagen der Festung Marienberg sind für Fußgänger von der Innenstadt aus leicht zu erreichen. Damit sind die Erholungs- und Sportflächen noch nicht erschöpft, dazu kommen die Sportanlagen der Universität und mehrerer privater Vereine in der Größe von rund 24 ha. Alles in allem nehmen heute die Grünflächen nebst Sport- und Spielanlagen 13,1 % der Würzburger Gebietsfläche ein (vgl. Tabelle 4), zusammen

Tab. 4: *Flächengliederung von Würzburg 1971*

Art oder Verwendungszweck der Flächen	ha	in %
Bebaute Fläche (Gebäude und Hofräume einschließlich Haus- und Ziergärten, Ruinengrundstücke, Baustellen u. dgl.)	1 932,34	33,5
Straßen, Plätze, Wege, sonstiges Verkehrsgelände	438,95	7,6
Öffentliche Parks und sonstige Grünanlagen, Friedhöfe, Spiel- und Sportplätze, Freibäder u. dgl.	509,68	8,8
Private Grünflächen (private Gärten u. Dauerkleingärten)	243,81	4,2
Land- und Forstwirtschaft (Ackerland, Weinberge, Gärtnereien, Wald)	2 363,24	41,0
darunter: Weinberge 208,35 ha 3,60 % Wald 761,08 ha 13,40 %		
Wasser- und Hafenfläche	97,14	1,7
Bahnanlage	157,39	2,7
Flugplätze	27,30	0,5
Gesamtfläche des Stadtgebietes	5 769,85	100,0

mit dem 761 ha großen Stadtwald, der sich an den Steinbachtal-Park anschließt, erreichen die Erholungs- und Sportflächen innerhalb des Stadtgebietes 1514 ha oder 26 % seiner Fläche.

IV. Zwischenkriegszeit und Nachkriegszeit

In der *Zwischenkriegszeit* fällt als wichtigstes Ereignis in der Entwicklung des Gebietes der Stadt Würzburg die *Eingemeindung* von Heidingsfeld am 1. 1. 1930. Dieses besaß mit 2466 ha einen noch immer stattlichen Teil seiner frühmittelalterlichen Gemarkung (s. Abb. 1), aber nur 5700 Einwohner. Verzeichnete Würzburg im Jahre der Eingemeindung der kleinen Stadt Heidingsfeld eine Bevölkerungsdichte von 29 Einwohnern/ha, so besaß Heidingsfeld den geringen Wert von 2,3 Einwohnern/ha. Nach der Eingemeindung von Heidingsfeld verminderte sich die *Bevölkerungsdichte* von Würzburg erheblich und erreichte im Jahre 1933 bei 101 003 Einwohnern den für Großstädte günstigen Wert 17,8 Einwohner/ha. Als wertvolle Flächen brachte Heidingsfeld nicht nur große Ackerlandareale in ebener Lage ein, sondern auch seinen 774 ha großen Stadtwald. Da Würzburg vor der Eingemeindung, abgesehen von den Grünanlagen mit Waldbäumen, keinen Wald im forstwirtschaftlichen Sinne besaß, bedeutete dieser Zuwachs zunächst einen erheblichen wirtschaftlichen Gewinn und im Lichte der gegenwärtigen Verhältnisse eine wertvolle Erholungsfläche. Sie schließt an den weit größeren Guttenberger Staatsforst an, der sich in den letzten Jahren ebenfalls zu einem Naherholungsgebiet für die Agglomeration Würzburg entwickelt hat.

Die *Flächenentwicklung* der Zwischenkriegszeit war im ganzen durch eine mäßige Aufsiedelung der bis 1914 neu erschlossenen Flächen an der Peripherie des damaligen Stadtgebietes gekennzeichnet. Im Viertel Grombühl, das bereits 1914 voll entwickelt war, stagnierte naturgemäß die Bevölkerungszahl. Die rund 15 000 zusätzlichen Einwohner der Zwischenkriegszeit verteilten sich vor allem auf die Stadtteile Zellerau, Steinbachtal mit St. Burkard, Sanderau und den östlichen Teil des Rennwegerviertels (späteres Frauenland) sowie Heidingsfeld. Da die industrielle Entwicklung der Zwischenkriegszeit durch mäßige Expansion, wenn nicht Stagnation gekennzeichnet war, traten vorerst keine Schwierigkeiten in der Bereitstellung von Flächen auf. Die nach 1933 zusätzlich in die Stadt verlegten militärischen Einheiten konnten in älteren Kasernenbauten untergebracht werden, eine neue Kaserne entstand auf bis dahin agrarischem Gelände an der Straße nach Veitshöchheim, während der Flugplatz mit Kasernenanlagen an der Straße nach Gerbrunn das Gelände des ehemaligen Exerzierplatzes einnahm.

Die Entwicklung der *Nachkriegszeit* ist in ihrem ersten, bis in die frühen 1960er Jahre reichenden Abschnitt gekennzeichnet durch den *Wiederaufbau* der zerstörten Stadt, Verdichtung des freien Geländes zwischen den Wachstumsspitzen der Vorkriegszeit und durch bauliche Arrondierungen darüber hinaus. Was in den äußeren Stadtteilen jenseits der wiederaufgebauten Flächen an zusätzlichem Wohnraum geschaffen wurde, spiegelt sich in den Vergleichszahlen der peripheren Stadtviertel zwischen 1933 und 1961 (Tabelle 5). So vermehrte sich die Einwohnerzahl der Zellerau um mehrere Tausend, neue Stadtteile wie Frauenland, Mönchberg und Keesburg wuchsen dank erheblicher Vermehrung der Bevölkerung aus den älteren Bezirken heraus. In dieser ersten, trotz zahlreicher Neubauten auf bis dahin agrarisch genutzter Fläche mehr durch Wiederaufbau und Verdichtung als durch stärkere Expansion in die Fläche gekennzeichneten Phase traten in der Bereitstellung von gewerblich-industriellem, öffentlichem oder privatem Bauland keine besonderen Schwierigkeiten auf. Würzburg hätte mehr Betriebe aufnehmen können, wenn sich die Stadt, u. a. durch das Angebot gewerblicher Flächen, stärker für zusätzliche Indu-

Tab. 5: *Bevölkerungsentwicklung der Würzburger Stadttteile 1925—1970*

Wohnbevölkerung

Stadtteil	Jahr							
	1925		1933		1961		1970	
	insgesamt	in %	insgesamt	in %	insgesamt	in %	insgesamt	in %
Stadtmitte								
Dom	7 406	7,8	7 198	7,1	3 372	2,9	3 072	2,6
Neumünster	8 728	9,2	8 334	8,2	4 717	4,0	3 673	3,1
Peter	7 941	8,3	7 984	7,9	5 492	4,7	4 924	4,2
Pleich*)	3 858 (7 717)	4,0	3 865 (7 730)	3,8	—	—	—	—
Innere Pleich	—	—	—	—	2 534	2,2	2 114	1,8
Haug	7 895	8,3	7 887	7,8	5 306	4,5	5 014	4,3
Stadtmitte insg.	35 828*)	37,6	35 268	34,8	21 421	18,3	18 797	16,0
Äußere Stadt								
Äuß. Pleich**)	3 858	4,0	3 865	3,8	2 427	2,1	1 951	1,7
Dürrbachau	—	—	—	—	1 353	1,1	1 289	1,1
Grombühl	14 868	15,6	13 896	13,7	15 037	12,9	12 081	10,3
Rennweg	7 941	8,3	10 096	10,0	5 865	5,0	5 271	4,5
Mönchberg	—	—	—	—	3 039	2,6	3 500	3,0
Frauenland	—	—	—	—	13 477	11,5	13 447	11,5
Keesburg	—	—	—	—	2 652	2,3	2 745	2,3
Sanderau	14 852	15,6	16 042	15,8	16 704	14,3	18 065	15,4
Heidingsfeld	5 203	5,5	5 936	5,9	8 488	7,3	9 742	8,3
Steinbachtal	—	—	—	—	1 748	1,5	2 181	1,9
Nikolausberg	—	—	—	—	2 875	2,5	2 415	2,1
Burkard	3 408	3,6	3 692	3,6	—	—	—	—
Mainviertel	—	—	—	—	3 051	2,6	2 860	2,4
Zellerau	9 154	9,6	12 208	12,1	18 746	16,0	17 573	15,0
Lindleinsmühle/ Schwarzenberg	—	—	—	—	—	—	5 230	4,5
Äußere Stadt	59 284	62,2	65 735	64,9	95 462	81,7	98 350	84,0
Würzburg insg.	95 112	100	101 003	100	116 883	100	117 147	100

*) Die Zahlen des Stadtteils Pleich wurden nur zur Hälfte berücksichtigt.
**) Für 1925 und 1933 wurde hier die Hälfte des Wertes von „Pleich" eingesetzt.

Tab. 6: *Anteil der Würzburger Einwohnerschaft an den Wirtschaftsbereichen im Jahre 1907*

Wirtschaftsbereich und Sonstige	Anteil an der Einwohnerschaft		Herkunft		
	insgesamt	in %	aus Würzburg	sonstigem Unterfranken	sonstigen Gebieten
Industrie	27 000	35	13 500	8 000	5 500
Handel	22 000	29	9 500	7 000	5 500
Beamte und Militär	11 000	14	3 000	—	—
Landwirtschaft	2 000	3	—	—	—
Berufslose	14 000	18	3 200	6 000	4 800

Quelle: Beiträge zur Statistik Bayerns, H. 69, München 1912, S. 217 f.

strie und Gewerbe interessiert hätte. Immerhin umfassen Industrie und Gewerbe in Würzburg heute rund 262 ha.

Die in den 1960er Jahren einsetzende expansive *Entwicklungsphase* ist gekennzeichnet durch das Bemühen von Würzburg, über den restaurierten, konsolidierten und arrondierten Bereich hinaus neue Industrie- und Wohngebiete zu entwickeln. In Ausbau oder Planung sind an Industrie- und Gewerbeflächen:

Lage des Industriebezirks	Größe in ha
Veitshöchheimer Straße	47
Nürnberger Straße	36
Winterhäuser Straße	21
Heuchelhof	39
insgesamt	143

Diese Industriebezirke liegen durchweg verkehrsgünstig in der Nachbarschaft von Wohngemeinden. Da es sich um Industriegebiete ohne Belästigung für ihre Umwelt handelt, ist das ein Vorteil, da sich für einen Teil der Arbeitnehmer die Möglichkeit zur Berufsausübung in Nachbarschaft ihrer Wohngebiete ergibt. Andererseits stellen sich aus den relativ kleinen Dimensionen der Industrie- und Gewerbefläche hinsichtlich mancher Einrichtungen gewisse Beschränkungen ein. Verlängerte man das Industriegebiet an der Winterhäuser Straße nach Süden in das derzeitig noch agrarisch genutzte Gelände bis zum Autobahnbogen, ließe sich ein gut 100 ha großer Industriebezirk schaffen. Es könnte damit eine Anlage vom Typ britischer Industrieparks entstehen, die selbst nach europäischen Maßstäben als groß (in England ab 40 ha) zu bezeichnen wäre. Eine Verdoppelung des Industriegeländes vom Heuchelhofviertel nach der zu erwartenden Eingemeindung von Rottenbauer würde auch dort ein großes Industriegebiet von ca. 80 ha entstehen lassen. Damit sind jedoch Fragen angesprochen, die bereits den Rahmen dieses Themas überschreiten.

Die in den 60er Jahren begonnene zweite Phase in der Flächennutzung der Stadt ist ferner durch die Errichtung großer, neuer *Wohnviertel* an der Peripherie nach einheitlicher Planung und nach städtebaulicher Konzeption gekennzeichnet. Bereits fertiggestellt wurde das von 5230 Einwohnern (1971) bewohnte Viertel Lindleinsmühle/Schwarzenberg (75 ha) und im Süden der Autobahn, in klimabegünstigter Hochflächenlage (Schonklima) ist das Heuchelhofviertel im Bau. Es soll mit eigenen Einrichtungen der Grundversorgung (Geschäfte, Kindergärten, Schulen, Sportanlagen, Kirchen) 18 000 Bewohner aufnehmen.

Der Expansion an der Peripherie steht eine fortgesetzte, durch Zerstörung und Neubau stark geförderte Entleerung der Stadtmitte gegenüber. Wohnten darin im Jahre 1925 noch 37,6 %/o der städtischen Gesamtbevölkerung, so waren es im Jahre 1970 nur noch 16 %/o (Tab. 5). War für die Zwischenkriegszeit, bedingt durch unzulänglich gewordene Wohnverhältnisse in der historischen Innenstadt, eine Zunahme in attraktiven Randbezirken von Würzburg kennzeichnend, so setzte vor allem ab 1960 ein Auffüllen der Randgemeinden jenseits der Stadtgrenze ein. Kennzeichnend für diese Entwicklung ist die räumliche Verschiebung der „besten Wohngegend" von innen nach außen. Noch in der Rokokozeit lag sie in Nähe von Dom und Markt (z. B. Haus zum Falken), in der Biedermeierzeit war sie in die Theaterstraße gewandert; im 19. Jahrhundert waren Ludwigstraße und bestimmte Bezirke am Ringpark „beste Wohngegend"; in der Zwischenkriegszeit wurden es Teile von Frauenland und des Bezirks Steinbachtal, in der Nachkriegszeit kamen hinzu als „beste Wohngegenden" Teile von Sieboldshöhe, von Lindleinsmühle/Schwarzenberg und jenseits der Würzburger Gemeindegrenze bestimmte Bezirke in einzelnen Randgemeinden: z. B. Lagen an leichtgeböschten Hängen über dem alten Dorf Veitshöchheim.

Die Bevölkerungszunahme der Randgemeinden hat zur Entstehung einer Agglomeration geführt, so daß im Rahmen von Raumforschung und Raumordnung das Gebiet der Stadt Würzburg nicht mehr isoliert betrachtet werden kann. Deren Fläche hatte sich zunächst weitgehend ringförmig ausgedehnt (Abb. 2/1—6); in der späteren Phase seit 1900 wurden, bedingt durch Gelände und Verkehrswege, sektorale (Grombühl) und lineare Spitzen vorgeschoben (Abb. 2/7—8). Die Agglomeration tendiert seit etwa 1960 durch Auffüllen von Freiräumen, insbesondere durch Besiedlung der Hochflächen zwischen den Tälern, erneut zu einem ringförmigen Formal- und Funktionsgefüge mit der Stadt Würzburg als Kern (vgl. Abb. 3—7).

V. Stadtregion Würzburg 1939 – 1950 – 1961 – 1970 als Dokumentation eines Verflechtungskontinuums

1. Verflechtungskontinuum

Die räumliche Expansion fast jeder großen Stadt hat ein Siedlungsgebilde entstehen lassen, „in dem verschiedene Übergangsformen städtischen und ländlichen Daseins zu einer neuen Form der Stadt verschmolzen. Es entstanden Siedlungsräume städtischer Einwohner in ländlichen Gebieten, ohne daß diese sich in städtische Siedlungen im engeren Sinn umwandelten (BOUSTEDT 1970, Sp. 3207). Dieser fließende Übergang tritt auch im Rahmen einer Typisierung der städtischen Bevölkerung der UN deutlich hervor (Demographic Yearbook 1952): „Es gibt im Kontinuum von großen Agglomerationen bis zu kleinen Gruppensiedlungen ... keinen Fixpunkt, wo Urbanität verschwindet und Ländlichkeit beginnt; die Unterscheidung zwischen städtischer und ländlicher Siedlung ist notwendigerweise willkürlich" (Übersetzung). Das Stadt-Land-Kontinuum ist bereits Gegenstand von verschiedenen theoretischen und empirischen Untersuchungen gewesen (PFEIL 1972, S. 171 ff.).

2. Das Modell der Stadtregion

Auch im Raum von Würzburg hat sich ein Siedlungs- und Verflechtungskontinuum entwickelt. Es läßt sich am besten erläutern anhand des Modells der Stadtregion. Die Stadtregion wird untergliedert in Zentralzone (Kernstadt und Ergänzungsgebiet) und in eine innere Randzone (verstädterte Zone) und eine äußere Randzone (engere und weitere Randzone). Die Schwellenwerte für die Abgrenzung der einzelnen Zonen entsprechen dem Modell der Akademie für Raumforschung und Landesplanung. Lediglich als Zentrum der Zentralzone ist ein Bereich als innere Zentralzone hervorgehoben. Es handelt sich hier um den Raum der sogenannten „City".

Die Bezeichnungen Zentralzone und Randzone mit Untergliederung in eine innere und äußere Zone wurden von JÄGER, LAMPING und PINKWART 1969 im Rahmen eines Deutsch-französischen Seminars gebraucht (vgl. LAMPING 1969, S. 315).

Innerhalb der Zentralzone wird eine Bevölkerungsdichte von mehr als 500 Einwohnern je qkm erreicht, die Agrarquote bleibt unter 10 %.

Bei einer weniger geschlossenen Siedlungsweise zeigt sich bei den Gemeinden der inneren Randzone eine starke gewerbliche Ausrichtung (weniger als 30 % in der Landwirtschaft) mit überwiegender arbeitsfunktionaler Ausrichtung auf die Zentralzone. Die in die Zentralzone Auspendelnden erreichen mehr als 30 % der Erwerbspersonen insgesamt und mehr als 60 % der Auspendler insgesamt.

Bei der äußeren Randzone nimmt der Anteil der landwirtschaftlichen Erwerbspersonen wieder zu, er beträgt 30 bis 65 % der Erwerbspersonen insgesamt; der Anteil der in die Zentralzone Auspendelnden erreicht jedoch mehr als 20 % der Erwerbspersonen insgesamt und macht mehr als 60 % der Auspendler insgesamt aus.

Eine andere zonale Gliederung, die auf einer Erfassung des Personenverkehrs basiert, liegt bereits für Würzburg vor (vgl. PINKWART 1972, S. 95 ff.).

3. Entwicklung der Stadtregion

Die Stadtregion Würzburg 1939 — 1950 — 1961 — 1970 (vgl. Abb. 3—6) zeigt Veränderungen, die Ausweitung und zunehmende Intensivierung der Verflechtungen dokumentieren, sowohl im Vergleich der Stadtregion insgesamt, aber auch im Vergleich innerhalb der zonalen Gliederung.

	1939	1950	1961	1970
Einwohner insges.	131 521	127 052	191 885	210 845
Zentralzone Einw.	ca. 102 000	83 078	132 510	144 199
% Anteil	77,6 %	65,4 %	69,1 %	68,4 %
Innere Randzone Einw.	ca. 16 400	16 783	29 799	54 438
% Anteil	12,5 %	13,2 %	15,2 %	25,8 %
Äußere Randzone Einw.	13 045	27 191	29 576	12 208
% Anteil	9,9 %	21,4 %	15,4 %	5,8 %

Für die Entwicklungsphasen 1949 — 1950 — 1961 ist besonders die zunehmende räumliche Ausdehnung der Stadtregion hervorzuheben. Für den Zeitraum 1961—1970 ist bemerkenswert die Steigerung der Verflechtung. Dies gilt besonders für die äußere Randzone, in der es zu einer Steigerung um mehrere Stufen kommt (vgl. Abb. 7).

Die Ausweitung und Intensivierung der Verflechtungen, wie sie bei einem Vergleich der unterschiedlichen Stadien der Stadtregion sichtbar wurden, haben ihren Niederschlag auch in Wirtschafts- und Nutzflächen der Gemarkungen der Gemeinden im Umland der Stadt Würzburg gefunden. Teilweise zeigen sich ähnliche Entwicklungen, wie sie sich in der Stadt bereits zu einem früheren Zeitpunkt vollzogen haben. Am Beispiel von Gerbrunn wurden diese Veränderungen bereits dargestellt (JÄGER 1971). Will man das formale und funktionale Gefüge der heutigen Agglomeration Würzburg, wie es sich aus dem Miteinander von Stadt und Randgemeinden ergibt, erfassen und erklären, so muß die Arbeit auf dem zuletzt aufgezeigten Weg einer Untersuchung der ganzen Stadtregion fortschreiten.

Literaturhinweise

BOUSTEDT, OLAF: Stadtregionen. In: Handwörterbuch der Raumforschung und Raumordnung, Herausgeber: Akademie für Raumforschung und Landesplanung (ARL), Hannover 1970, Sp. 3207—3237.

Demographic Yearbook, 1952, Hrsg. United Nations, New York 1955.

DINKLAGE, KARL: Würzburg im Frühmittelalter. In: Vor- und Frühgeschichte der Stadt Würzburg (Mainfränkische Heimatkunde 3), Würzburg 1951, S. 63—154 (mit Gemarkungskarte).

Glacis, das Würzburger. Hrsg. Verschönerungsverein Würzburg, Würzburg 1964.

GÖBL, S.: Würzburg. 3. Auflage, Würzburg 1899.

GÖBL, S.: Würzburg, die Stadt des Rokoko. Würzburg 1920.

HEROLD, ALFRED: Würzburg. Analyse einer Stadtlandschaft. In: Berichte zur Deutschen Landeskunde 35, 1965, S. 185—229.

HEUMÜLLER, HILDE: Die Stadt Würzburg und ihr Lebensraum (Fränkische Studien, N.F. 2), Würzburg 1939.

JÄGER, HELMUT: Typen urbanisierter Agrargemeinden großstädtischer Agglomerationen. In: Les Congrès et Colloques de l'Université de Liège, Vol. 58, Liège 1971, S. 239—250.

JÄGER, H. und SCHERZER, WALTER: Siedlung und Wald südwestlich Würzburg 1400—1950. In: Deutscher Agraratlas, L. IV, Bl. 3, Wiesbaden 1969.

KÖRBER, JÜRGEN: Würzburg, Ulm und Freiburg im Breisgau nach der Zerstörung 1944/45. In: Berichte zur deutsch. Landeskde. Bd. 20, 1958, S. 25—60.

KORHERR, R.: Würzburg. Seine Entwicklung in Wort und Zahl. Würzburg 1937.

LAMPING, HEINRICH: Stadt- und Planungsregionen in Unterfranken. In: Mainfränkische Wirtschaft 1969, S. 273/74; 314—16.

LINDNER, CLAUS: Untersuchungen zur Frühgeschichte des Bistums Würzburg und des Würzburger Raumes. Veröffentlichungen des Max-Planck-Instituts für Geschichte 35, Göttingen 1972.

LUTZ, WERNER: Die Geschichte des Weinbaus in Würzburg im Mittelalter und in der Neuzeit bis 1800. Mainfränkische Hefte 43, Würzburg 1965.

MAIERHÖFER, ISOLDE: Würzburg. In: Bayerisches Städtebuch I. (Hrsg. K. Kayser u. H. Stoob), Stuttgart 1971.

PFEIL, ELISABETH: Großstadtforschung. Entwicklung und gegenwärtiger Stand. Veröffentlichungen der Akademie für Raumforschung und Landesplanung, Abhandlungen, Bd. 65, 2. Aufl., Hannover 1972.

Pinkwart, Wolfgang: Stadtregionen und ihre vom Personenverkehr bestimmten Zonen. In: Würzburger Geographische Arbeiten, H. 37, 1972, S. 95—114.

Rottenbach, Bruno: Unsichtbare Grenzen zwischen Stadt und Land. In: Würzburg Heute, Nr. 14, 1972, S. 29—38.

Schäfer, Dieter: Der Weg der Industrie in Unterfranken. Würzburg 1970.

Scherzer, Walter: Würzburg — Forst, Tiergarten, Burgberg und Markung 779. In: Archive und Geschichtsforschung, Neustadt a. d. Aisch 1966, S. 12—22.

Seberich, Franz: Die Stadtbefestigung Würzburgs. I. Teil: Die mittelalterliche Befestigung mit Mauern und Türmen, Würzburg 1962. II. Teil: Die neuzeitliche Umwallung, Würzburg 1963 (Mainfränkische Hefte 39 und 40).

Stadt Würzburg (Hrsg.): Der ideale Standort: Würzburg. O. J. (1972).

Die Stadtregionen in der Bundesrepublik Deutschland. Veröffentl. der Akademie für Raumforschung und Landesplanung, Forschungs- und Sitzungsberichte, Bde. 15 und 32.

Ausgewertet wurden ferner die im Text zitierten und weitere Handschriften aus dem Stadtarchiv Würzburg (Bestand Ratsakten), Statistiken und Topographische Karten sowie Flurkarten aus mehreren Jahrhunderten. Die wichtigsten sind zusammengestellt in: Alt-Würzburg im Bild. Eine Sammlung von Stadtansichten aus 6 Jahrhunderten. Würzburg 1953—1963. Weitere Unterlagen wurden Würzburger Adressbüchern mit Aufsätzen zur Geschichte und Struktur der Stadt entnommen. Die Würzburger Marktbeschreibungen sind u. a. gedruckt in Ernst A. Ebbinghaus: Althochdeutsches Lesebuch, 15. Auflage, Tübingen 1969.

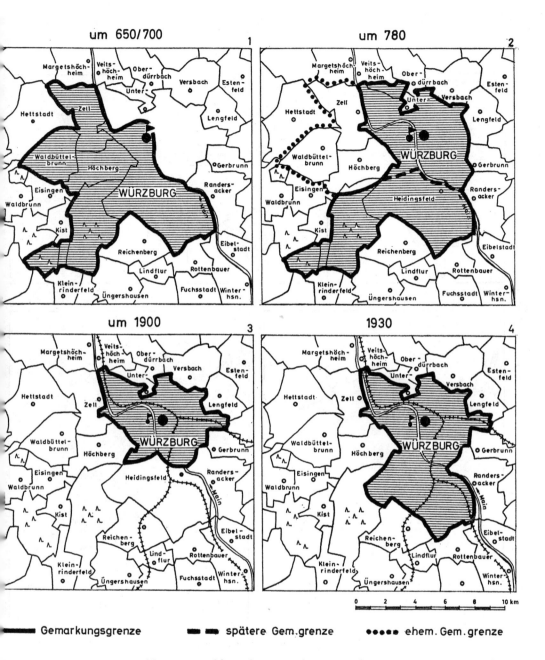

Abb. 1: Entwicklung der Gemarkung Würzburg

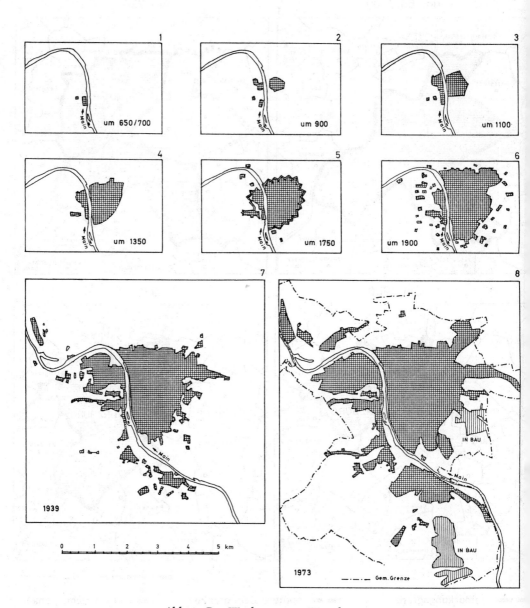

Abb. 2: Das Wachstum von Würzburg

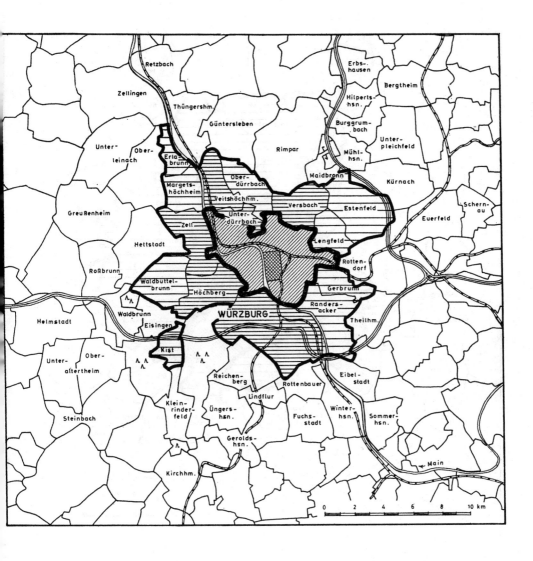

Abb. 3: Stadtregion Würzburg 1939

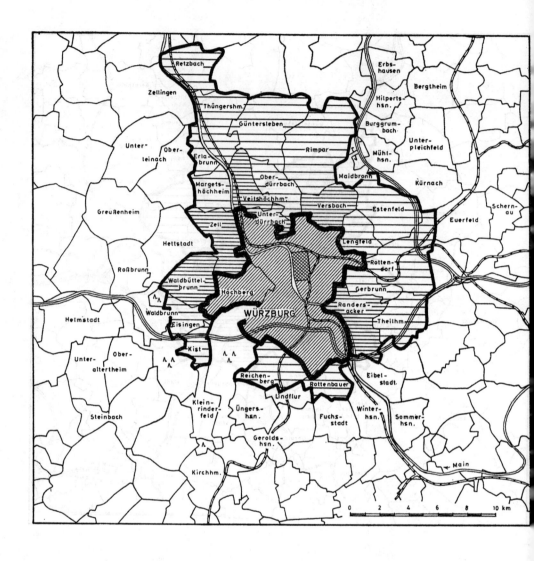

Abb. 4: Stadtregion Würzburg 1950

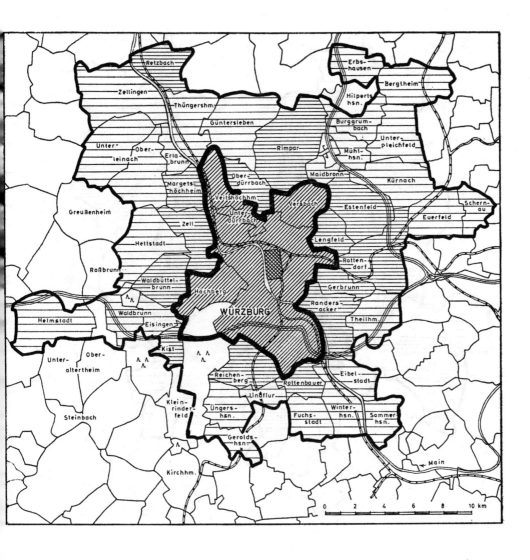

Abb. 5: Stadtregion Würzburg 1961

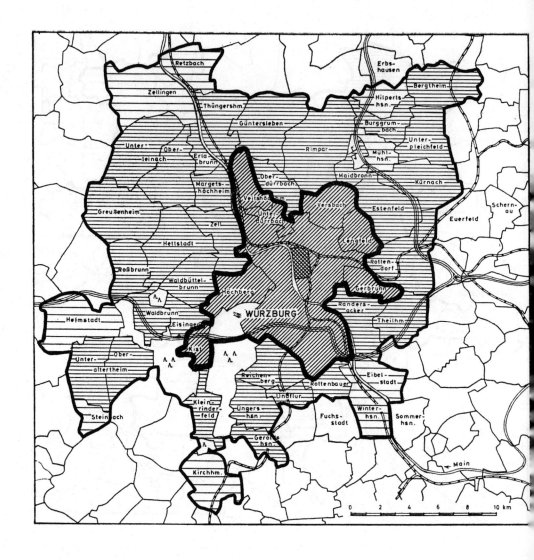

Abb. 6: Stadtregion Würzburg 1970

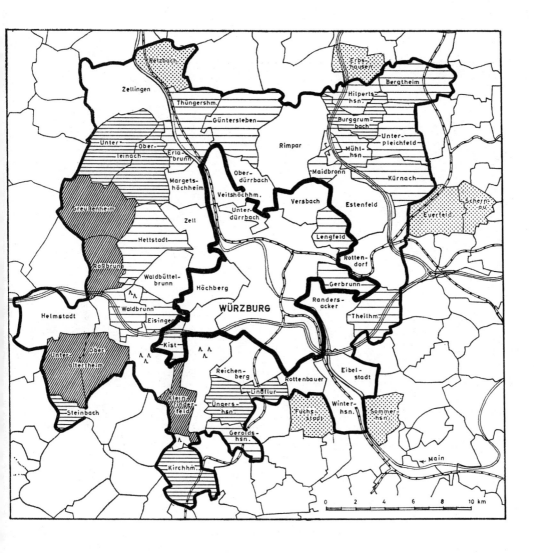

Steigerung der Verflechtungsintensität

um 1 Stufe

um 2 Stufen

um 3 Stufen

Abnahme der Verflechtungsintensität

Zentralzone

Randzone

Abb. 7: Verflechtungsintensität, Zentralzone - Randzone, Vergleich 1961—1970

Die Stadt Zwettl und ihr Umland
– Ein Musterbeispiel hochmittelalterlicher Stadt- und Raumplanung –

von

Heinrich Koller, Salzburg

I. Die Besiedlung des Raumes um Zwettl

Es ist allgemein bekannt, daß im Hochmittelalter der Ausbau der Länder und die Gründung von Siedlungen oft nach wohldurchdachten und überlegten Systemen erfolgten; wenn jedoch die moderne Forschung die dabei zugrunde liegenden Pläne erarbeiten will, kann sie keineswegs in allen von der inneren Kolonisation erfaßten Gegenden die notwendigen Untersuchungen ansetzen; sie ist gezwungen, die Verhältnisse in jenen Räumen, hauptsächlich aber im östlichen Mitteleuropa zu studieren, wo die Erschließung durch ältere Anlagen weniger gestört war und daher die Absichten besser sichtbar wurden. Eine der seltenen Ausnahmen, daß auch in alten Kulturlandschaften — und dazu gehört das Gebiet des heutigen Österreich — die Organisatoren des 12. Jahrhunderts ungehindert wirken konnten, finden wir dank besonderer Voraussetzungen jedoch auch noch nördlich der Donau, im Kern des Waldviertels, in einer an der oberen Thaya und am oberen Kamp gelegenen Hochfläche, die in ihrer Geländebeschaffenheit keineswegs siedlungsfeindlich ist, aber wegen der Armut an verwertbaren Erzen, wegen der kargen Böden und des rauhen Klimas lange gemieden wurde[1]).

Wie die Bodenfunde beweisen, die neben den geographischen Bezeichnungen bis zur Stauferzeit die einzigen Belege für das Geschehen sind, betraten die Menschen das Gebiet, das wir mit einer über die Orte Weitra, Gmünd, Waidhofen, Krumau, Großreinprechts und Martinsberg, gegen Südwesten über den Weinsberger Wald und den Freiwald verlaufenden Linie begrenzen dürfen, erst in der jüngeren Steinzeit[2]) — nach PITTIONI war dagegen der Raum sogar bis zur Zeit des römischen Imperiums menschenleer[3]). Doch selbst damals wurde die Landschaft wie auch in den ersten Jahrhunderten der Völkerwanderungszeit eher gemieden. In der karolingischen Epoche wird sie etwas besser erschlossen. Zunächst sollen Slawen eingedrungen sein, deren geringe Siedlungsspuren, so meint man allgemein, von einer in der Mitte des 11. Jahrhunderts einsetzenden baierischen Kolonisation überdeckt wurden. Diese hochmittelalterliche Rodung soll unter der Leitung der Kuenringer schon um 1130 beachtliche Erfolge erzielt haben[4]). Nach der 1139 durch diese Familie entscheidend geförderten Gründung des Zisterzienserstiftes Zwettl betrieben

---

[1]) Grundlegend: Das Waldviertel, 7. Band (2 Bücher), herausgegeben von E. STEPAN (1937). — F. EPPEL: Das Waldviertel (1963).
[2]) Atlas von Niederösterreich (und Wien) von E. ARNBERGER (1951—58), Taf. 29—35.
[3]) Atlas der Republik Österreich 1 (1961), Bl. 5.
[4]) K. LECHNER: Besiedelungs- und Herrschaftsgebiete (Waldviertel 7/2) S. 79 ff. — A. KLAAR: Die Siedlungsformen (Ebenda), S. 306 ff. Zusammenfassend zuletzt K. LECHNER: Grundzüge einer Siedlungsgeschichte Niederösterreichs vom 7. bis 12. Jahrhundert (Archaeologica Austriaca 50, 1971), S. 332 ff., und K. GUTKAS: Geschichte des Landes Niederösterreich 1³ (1973) S. 43 ff. Dazu M. MITTERAUER: Formen adeliger Herrschaftsbildung im hochmittelalterlichen Österreich (Mitteilungen des Instituts für österr. Geschichtsfor. 80, 1972), S. 275 ff.

dann Mönche die weitere Erschließung des Raumes, die am Ende des 12. Jahrhunderts ihr Ende fand, als das Waldgebiet durchgehend gerodet war[5]).

Dank der jetzt zur Verfügung stehenden modernen Ortsnamenforschung[6]) und einiger neuer Editionen hoffe ich jedoch nachweisen zu können — dies soll in anderem Rahmen geschehen[7]) —, daß in der Karolingerzeit bereits Slawen und Deutsche gemeinsam in das Gebiet vordrangen, aber nur schmale Siedlungszungen entlang des oberen Kamp, im Tal des Rothbaches und an einer von Zwettl nach Süden über Sprögnitz und Waldhausen verlaufenden Straße in Besitz nahmen. Genau auf diesen beiden Linien finden wir aber die zwei ältesten, schon in der Mitte des 12. Jahrhunderts nachweisbaren Wege, den Böhmensteig und den Polansteig, deren Trassierung den Flußläufen folgte und die am ehesten in das 8. oder 9. Jahrhundert zu datieren wären[8]).

Der Annahme, daß schon 1130 die Kolonisation weit fortgeschritten war, möchte ich nicht folgen. Die Forschung stützte sich bis jetzt auf ein Privileg Konrads III. von 1139, das bereits von mehreren Dörfern spricht. Da jedoch dessen Echtheit auch sorgfältige neue Untersuchungen nicht bestätigen konnten, scheint mir eine Urkunde Innozenz II. verläßlicher zu sein, nach der 1140 im Raum von Zwettl nur sieben Grangien, aber noch keine Dörfer bestanden[9]). Diese Quelle würde aber dann zwingen, die Erschließung der Landschaft um Zwettl etwas später, nämlich um 1150, anzusetzen und den Zisterziensern zuzuschreiben. Dies scheint auch wahrscheinlicher zu sein, da das ausgedehnte Gebiet der späteren klösterlichen Herrschaft, wenn wir die Dorfanlagen untersuchen, nach einem sorgfältigen Plan kolonisiert wurde. Eine so umfangreiche Aufbauarbeit war aber durch eine Adelsfamilie kaum zu bewältigen, wohl aber ist sie den Zisterziensern zuzutrauen, die noch dazu in diesem Falle die besondere Hilfe des Königs hatten. Meines Erachtens ist dieser Ausbau um 1150 mit einem zweiten Privileg Konrads III. in Zusammenhang zu bringen, der 1147, als er seinen Kreuzzug antrat, ein großes Waldgebiet nordwestlich der Abtei dem Konvent übertrug[10]).

In diesem ehemals bewaldeten Gebiet können wir die Vorgangsweisen der Mönche besonders gut herausarbeiten. Der gewunden verlaufende Böhmensteig wurde begradigt, was bis jetzt übersehen wurde; ihm entlang legte man die Bauerndörfer an, die bald den Meierhöfen vorgezogen wurden; bei dieser Gelegenheit wandelte man nämlich selbst Grangien, wenn sie dem Konzept nicht entsprachen, in bäuerliche Siedlungen um. Man weiß ferner, daß im Waldviertel die Angerdörfer überwiegen, doch werden unterschied-

---

[5]) LECHNER, Grundzüge 345.
[6]) G. STRASSBERGER: Siedlungsgeschichte des nordwestlichen Waldviertels im Lichte seiner Ortsnamen (Forschungen zur Landeskunde von Niederösterreich 11, 1960). Dazu — leider ohne erschöpfende Verwertung des Materials — H. WEIGL: Historisches Ortsnamenbuch von Niederösterreich 1—4 (1962—72) (noch nicht abgeschlossen).
[7]) H. KOLLER: Die Besiedlung des Raumes um Zwettl (Niederösterreich) — Blätter für deutsche Landesgeschichte 110, 1974, S. 43 ff.
[8]) P. CSENDES: Die Straßen Niederösterreichs im Früh- und Hochmittelalter (Dissertation der Universität Wien 33, 1969), S. 206 ff. CSENDES verläßt sich auf die schriftlichen Belege und berücksichtigt, um sich nicht zu verzetteln, die Ergebnisse der Siedlungsgeschichte wenig. Ich möchte daher bezüglich des Böhmen- und Polansteiges seinen Vorschlägen nicht folgen und den Thesen von K. LECHNER (Besiedlungsgeschichte, Geschichtliche Übersichtskarte 1) den Vorzug geben, dessen Vorschläge mir eher einleuchten.
[9]) Nunmehr sind entscheidend die Ergebnisse von H. HAUSMANN in MG. D K III 36. Das wichtige Privileg Innozenz II. von 1140 bei J. v. FRAST: Das Stiftungenbuch des Cistercienser-Klosters Zwetl (Fontes rer. Austriac, II/3, 1851), S. 37 f. JL. 8079. Dazu A. BRACKMANN, Germania pontificia 1 (1911) 232.
[10]) MG. D K III 174.

liche Typen angenommen[11]). Für den eigentlichen klösterlichen Machtbereich ist jedoch diese These kaum haltbar. Ursprünglich waren die Dörfer sowohl in ihrer Anlage, aber auch in ihrer Größe alle gleich. Sofern ich recht sehe, war man bemüht, jeden Ort mit 24 Höfen auszustatten, die in zwei Reihen um den linsenförmigen Anger angeordnet waren. Die Siedlungen waren durch Hecken abgesichert und sperrten auch die durchlaufenden Straßen. Die Größe der Höfe kann zwar nicht genau angegeben werden, da nicht bekannt ist, welche Ausdehnung der Wald in der Stauferzeit noch behielt. Ein Bauer verfügte aber damals, wie wir aus der Dichte der Orte und den Häuserzahlen des 12. Jahrhunderts abschätzen können, vielleicht über 50 Hektar; es wäre aber nicht ausgeschlossen, daß jedes Lehen sogar noch beträchtlich größer war.

Das bis dahin praktisch unerschlossene Land wurde demnach durch genormte Siedlungen und einheitliche Höfe für die Agrarwirtschaft erschlossen; daneben gab es um 1150 keine Förderung irgendeines anderen Wirtschaftszweiges durch die Zisterzienser. Doch nicht nur für die ökonomischen Bedürfnisse der Bauern wurde gesorgt, auch kirchliche Mittelpunkte wurden schon um 1150 eingerichtet. Zwar wird in der einschlägigen Literatur die Entstehung eines leistungsfähigen Pfarrnetzes spät angesetzt[12]), das Alter der Gotteshäuser, die nur in wenigen Orten auf das Hochmittelalter zurückgeführt werden können[13]), läßt jedoch erkennen, daß schon in der Stauferzeit beim Ausbau der Dörfer kirchliche Zentren eingerichtet wurden, so daß jeder Bewohner des Gebietes höchstens eine Wegstunde entfernt von einer Kirche wohnte. Nördlich von Zwettl sind Sallingstadt, Groß-Globnitz, Echsenbach und Vitis kirchliche Mittelpunkte, die seit dem 12. Jahrhundert, auch wenn ihnen zunächst keine Pfarrechte zugestanden worden waren, solche Funktionen übernahmen[14]); das heißt, hier wurden die Sonntagsmessen gelesen, die Sakramente gespendet und endlich die Toten neben dem Gotteshaus bestattet. Auch diese Organisation verrät eine vorzügliche Planung. Die in früheren Zeiten übliche, viel zu dichte Streuung der Gotteshäuser, die wegen des Priestermangels dann nicht richtig betreut werden konnten, ist im Hochmittelalter in dieser Gegend vermieden[15]).

Wenn wir nun nach den Gründen für diese Besiedlung fragen, dann kann die von der modernen Sozialgeschichte als wesentlich erachtete Bevölkerungszunahme[16]) die Vorgänge im Raum um Zwettl nicht erklären. Denn wenn es wirklich notwendig gewesen wäre, nur den Menschenüberschuß unterzubringen, dann hätte man die Bauern mehr zusammengedrängt untergebracht und mit kleineren Lehen ausgestattet, die für den Eigenbedarf genügten. Die Struktur der Dörfer verrät jedoch ziemlich klar, daß eine Überproduktion erwartet wurde, deren Absatz vom Historiker erschlossen werden muß. Eine Versorgung der nächstgelegenen dicht besiedelten Landschaft an der Donau kann wohl nicht erwogen worden sein, da es in dieser Gegend reiche Erträge gab, die zur Ernährung der Anwesenden durchaus genügten.

---

[11]) KLAAR: Siedlungsformen 308. Dazu Atlas von Niederösterreich Taf. 48, wo allerdings nicht alle Siedlungen berücksichtigt werden konnten, so daß sich die von Zwettl geschaffenen Orte als Einheit nicht klar abzeichnen.
[12]) H. WOLF: Niederösterreich, Erläuterungen zum Historischen Atlas der österr. Alpenländer II/6 (1955), S. 22 ff. und S. 238 ff.
[13]) EPPEL: Waldviertel; die beste Übersicht vermittelt hier die beigegebene Karte.
[14]) P. BUBERL: Die Denkmale des politischen Bezirkes Zwettl (Österreichische Kunsttopographie 8, 1911), S. 29 ff., S. 323 ff., S. 396 ff. Die in Frage kommenden Objekte werden gegenüber der Datierung von BUBERL jetzt früher angesetzt; dazu R. FEUCHTMÜLLER: Kunst in Österreich (1972), S. 34 ff.
[15]) Zur Dichte der Kirchen in karolingischer Zeit vgl. H. KOLLER: Zur Salzburger Missionsmethode der Karolingerzeit (Österreich in Geschichte und Literatur 14, 1970), S. 273 ff.
[16]) W. ABEL: Landwirtschaft 900—1350. In: Handbuch der deutschen Wirtschafts- und Sozialgeschichte, hrsg. v. H. Aubin und W. Zorn, 1 (1971), S. 169 ff.

Doch auch die Erklärung, daß die Dörfer an Händler ihre Produkte absetzen sollten, kann nicht befriedigen. Es gab wohl wichtige, über Zwettl verlaufende Verkehrswege, wie wir bereits sahen, und daß eine Fernstraße aus Böhmen über Zwettl und Krems, endlich weiter durch das Traisental und über den Kaumberg nach Ungarn führte, ist längst bekannt. Doch diese Verbindung konnte sich an keine Wasserläufe anlehnen, die im Mittelalter vor allem beim Transport schwerer Lasten immer wieder eine große Rolle spielten. Aus diesem Grunde wurden auch Umwege der Donau entlang meistens vorgezogen[17]). Dem Handel wäre außerdem mit der Gründung einer Stadt eher geholfen gewesen als mit der Förderung der Zisterzienser. Da ferner, wie noch offenbar werden wird, die Stadt zunächst keineswegs auffallend unterstützt wurde, müssen wir für die Erschließung der Landschaft um Zwettl andere Beweggründe suchen.

Wenn wir nun die Tatsache berücksichtigen, daß die entscheidende Förderung des Stiftes am Beginn eines großen Kreuzzuges erfolgte und die Abtei Zwettl, hinter der als Förderer kein geringerer als Otto von Freising stand, einer der wichtigsten Anführer auf dem Orientzug[18]), im 12. Jahrhundert ganz enge Bindung zur Kreuzfahrerbewegung unterhielt, dann gibt es wohl kaum einen Zweifel, daß die ansonsten in ihrer Art ganz unverständliche Besiedlung des Gebietes ihre entscheidenden Impulse aus der Begeisterung empfing, das Heilige Land für die Christenheit wiederzugewinnen. Es ist nun nicht notwendig, alle Argumente für diese Hypothese auszubreiten, wohl aber sei der Hinweis gestattet, daß die für den Handel wenig günstige Straße über Zwettl und Krems und durch das Traisental für Reiterheere bestens geeignet war und daß in der Gegend um Zwettl heute noch auffallend viel Hafer angebaut wird. Damit hätten wir die wichtigsten Beweggründe für die Kolonisation aufgedeckt, die zwar zunächst überraschen, aber die ansonsten unverständliche Gliederung der Landschaft besser erklären als alle anderen bisher betonten Motive.

II. „Stadt" und Kloster im 12. Jahrhundert

Wie schon mehrmals anklang, gab es für den in der Mitte des 12. Jahrhunderts erschlossenen Raum am oberen Kamp zwei zentrale Orte, eine Siedlung unmittelbar neben der Mündung der Zwettl und die Abtei, die sich von diesem Punkt ungefähr 2,5 km Luftlinie entfernt gleichfalls direkt am Kamp befand. Zu unserem Glück ist die Frühgeschichte des Konvents problemlos. Nicht immer ist der Forschungsgegenstand so günstig. Viele monastische Gemeinschaften waren im frühen 12. Jahrhundert über ihre Aufgaben und Ziele oft unschlüssig, wechselten Regeln und Standorte und fanden sich bisweilen erst nach einer längeren Entwicklungsphase zurecht[19]). Der Abtei Zwettl blieb diese Unruhe erspart; sie wurde unter der Obhut von Heiligenkreuz abseits von Straßen und Siedlungen errichtet, unmittelbar am Flußufer, in ruhiger aber verkehrsfeindlicher Lage. Das Flußbett ist östlich des Stiftes bereits mit steilen Hängen tief in die Hochebene eingeschnitten und schwer passierbar. Entlang des Flusses kommt man nicht mehr weiter. Hier endeten daher die von der Natur begünstigten Wege. Es wurde offenkundig bei der Wahl des Standortes die Forderung erfüllt, die Mönche sollten sich in die Einsamkeit, in die

---

[17]) E. Neweklowsky: Die Schiffahrt und Flößerei im Raume der oberen Donau 1 und 3 (1952 und 1964). — F. Tremel: Wirtschafts- und Sozialgeschichte Österreichs (1969), S. 87 f. — M. Mitterauer: Verkehr, Handel und Stadtwirtschaft im mittelalterlichen Österreich (Wirtschaftsgeschichte Österreichs, hrsg. v. Institut für Österreichkunde, 1971), S. 51 f.
[18]) F. Prinz: Klöster und Stifte. In: Handbuch der Bayerischen Geschichte, hrsg. v. M. Spindler 1 (1968), S. 395 ff.
[19]) J. Wodka: Kirche in Österreich (1959), S. 70 ff.

Wüste, in die Wildnis oder, wie in unseren Gegenden mitunter vorgeschlagen wurde[20]), in den Wald zurückziehen.

So klar die Situierung des Klosters ist, dessen erste Entwicklungsphase wir dank der strengen Bauvorschriften der Zisterzienser gleichfalls leicht erschließen können[21]), so schwer ist es, über die Anfänge der Stadt Zwettl Auskunft zu geben. Da sich schon in der Karolingerzeit die Wege bei der Mündung der Zwettl in den Kamp gabelten, dürfte es hier einen alten Stützpunkt gegeben haben. Er wird auf dem Statzenberg, einem Bergrücken südlich der Zwettlmündung, vermutet, bei der Propsteikirche, einem Gotteshaus, das um 1100 zu datieren und Johannes dem Evangelisten geweiht ist[22]). Unterhalb dieser Wehranlage, deren Reste heute noch deutlich zu sehen, aber noch nicht archäologisch untersucht sind, wird eine kleine Siedlung vermutet, das „Dorf" Zwettl, das gleichfalls spätestens seit 1100 bestanden haben soll[23]). Die Stadt selbst, deren älteste Anlage aus dem heute noch gut sichbaren mittelalterlichen Grundriß zu erkennen ist, hatte im Mittelalter in der Nähe der heutigen Pfarrkirche, die ein Marienpatronizium besitzt, ihre Grenze nach Südosten und zog sich auf der Höhe nordöstlich der Zwettl hin. Allgemein wird für diesen Ort eine planmäßige Gründung des gesamten Komplexes angenommen, der nach HERMANN schon 1170, nach LECHNER und KLAAR aber erst am Ende des 12. Jahrhunderts entstanden sein soll. Die Kuenringer erweiterten dann in der Mitte des 13. Jahrhunderts die Stadt nach Norden[24]). Nach diesen Hypothesen, zu denen noch lange nicht das letzte Wort gesprochen worden ist — wir müssen abermals das Fehlen archäologischer Erkenntnisse bedauern —, wäre der Verkehrsknotenpunkt an der Zwettlmündung lange Zeit ohne größere Siedlung ausgekommen. Das Stift lag nämlich für diese Aufgabe ungünstig und weit ab, war überdies durch die Ordensregeln gehindert, weltliche Kreuzfahrer zu betreuen, die Burg am Statzenberg war wieder so hoch, daß sie von den Reisenden wohl auch nicht gern aufgesucht wurde, ganz abgesehen davon, daß sie klein war und nur wenigen Menschen Platz bot.

Es ist daher ganz unwahrscheinlich, daß man das Kloster errichtete, in der Umgebung ein Dorf nach dem anderen entstehen ließ, an dem Punkt jedoch, wo die wichtigsten Straßen sich gabelten, keine größere Siedlung errichtete. Auch darüber wird in anderem Zusammenhang ausführlicher berichtet werden[25]). Für unsere Ausführungen muß die Feststellung genügen, daß in der Nähe der Marienkirche, der späteren Pfarrkirche, wohl schon in der Mitte des 12. Jahrhunderts ein größerer Ort gewesen sein muß[26]). Die Stadt ist ferner in ihrer nicht sehr günstigen Gestaltung — sie zog sich um 1200, wie schon erwähnt, auf der Höhe am linken Ufer der Zwettl entlang und war nicht gut zu verteidigen — meines Erachtens wohl eher zwischen 1150 und 1190 allmählich gewachsen. Planmäßig errichtet wurde wohl nur der Teil um das Grätzel, den ich aus allen diesen Gründen noch der frühen Stauferzeit zuweisen möchte. Damit soll nicht gesagt sein, daß diese Siedlung schon als „Stadt" angesprochen werden darf. Doch würde ich meinen, daß der Stadt Zwettl, deren Bürger 1200 von den babenbergischen Landesfürsten nach Krem-

---

[20]) F. PRINZ: Salzburg zwischen Antike und Mittelalter (Frühmittelalterliche Studien 5, 1971), S. 13 ff., mit weiterer Literatur.
[21]) L. J. LEKAI: Geschichte und Wirken der weißen Mönche (1958), S. 27 ff. W. BRAUNFELS: Abendländische Klosterbaukunst (1969), S. 111 ff.
[22]) BUBERL: Denkmale, a. a. O., S. 426 ff.
[23]) LECHNER: Besiedlungsgeschichte, a. a. O., S. 80 ff. J. HERMANN: Die Stadt Zwettl (1964), S. 9.
[24]) K. UHLIRZ: Das Archiv d. l.f. Stadt Zwettl (1895), S. 6 ff. — LECHNER: Besiedlungsgeschichte 81. — KLAAR: Siedlungsformen, a. a. O., S. 318 ff. — HERMANN: Stadt Zwettl, a. a. O., S. 10.
[25]) Vgl. oben, Anm. 7.
[26]) BUBERL: Denkmale, a. a. O., S. 436 ff. — WOLF: Niederösterreich, a. a. O., S. 278 f. — EPPEL: Waldviertel, a. a. O., S. 241.

ser Vorbild Handelsrechte erhielten[27]), ein schon früher errichteter wichtiger zentraler Ort vorausging, der mindestens 50 Jahre älter ist. Demnach gab es schon um 1150 nebeneinander zwei Mittelpunkte, eine große weltliche Siedlung, die später zur Stadt wurde, und das Kloster.

Da das Straßennetz immer auf die Stadt ausgerichtet war, muß von Anfang an eine Aufteilung der Agenden der beiden Schwerpunkte vorgesehen sein. Der Handel, den das Privileg von 1200 betonte, und der weltliche Reiseverkehr flossen wohl immer durch die Stadt, wo schon früh ein Markt zu vermuten und 1251 eine Zollstätte nachweisbar ist[28]). Da diese Abgabe bei den Stadttoren eingehoben wurde, war wohl der Ausbau der Stadt, die sich rühmen konnte, die Kaufleute zu schützen, der Anlaß, eine Maut einzuheben. Der Zoll dürfte daher noch in der frühen Stauferzeit eingeführt worden sein. Da aber Zwettl nie eine Münzstätte bekam, war der Initiative der Stadtbewohner auf wirtschaftlichem Gebiet kein großer Spielraum gegeben.

Im 13. Jahrhundert können wir auch Ansätze für die städtische Selbstverwaltung feststellen[29]). Ob die Stadt das Umland schon damals mit den Erzeugnissen ihres Gewerbes versorgte, von dem wir leider in älterer Zeit gar nichts erfahren, bleibt dunkel. Allenfalls könnten noch die militärischen Aufgaben, die in den böhmischen Händeln den Bewohnern übertragen worden waren, das Ansehen der Stadt gesteigert haben. Doch auch das wog nicht schwer[30]).

Im Vergleich zu diesen relativ wenigen Agenden blieb im 12. Jahrhundert den Zisterziensern eindeutig ein Übergewicht, das nicht zuletzt auf ihrem Landbesitz und der Ausdehnung der später konsolidierten Herrschaft beruhte. Da wegen der Entvogtung die Abtei auch die Gerichtsbarkeit ausüben konnte, die von der Kurie nach 1185 wiederholt bestätigt wurde[31]), dominierte sie auch als Gerichtsstätte gegenüber der Stadt.

Das Stift war überdies noch Bildungszentrale; in der Stadt gab es noch lange keine Institution, die alle für die Christenheit wichtigen Kenntnisse vermitteln konnte, so daß man weiterhin auf die im Kloster Zwettl ausgebildeten Kleriker angewiesen war. Alle im Zwettler Einflußgebiet errichteten Kirchen mußten daher zunächst auch von den Zisterziensern betreut werden. Spät konnte der zuständige Passauer Bischof Rechte geltend machen; sein Einfluß ist erst nach 1180 spürbar[32]). (Eine Urkunde Bischof Konrads von Passau aus dem Jahre 1160, der sich angeblich mit diesen Fragen befaßte, ist wohl eine Fälschung)[33]). Außerdem wurde die Regelung der inkorporierten Pfarren, wodurch manches klarzustellen war, auch erst an der Wende vom 12. zum 13. Jahrhundert getroffen[34]).

---

[27]) H. FICHTENAU — E. ZÖLLNER: Urkundenbuch zur Geschichte der Babenberger in Österreich 1 (1950), S. 150 f., n. 115.
[28]) HERMANN: Zwettl, S. 18.
[29]) HERMANN: Zwettl, S. 12 f.
[30]) 1176 ist Zwettl bereits umkämpft — vgl. HERMANN, Zwettl, S. 9, Anm. 8. Zu den Kämpfen und den Friedensschluß vgl. H. FICHTENAU: Urkundenbuch zur Geschichte der Babenberger in Österreich 4/1 (1968), S. 188 f., n. 862. Nach diesem Dokument war der Raum um Zwettl umstritten und wurde von Kaiser Friedrich Österreich zugesprochen.
[31]) Zur Entvogtung vl. MG. D K III 36. — FRAST: Stiftungen-Buch, S. 62 ff.
[32]) FRAST: Stiftungen-Buch, S. 76 ff.
[33]) FRAST: Stiftungen-Buch, S. 54 ff. — L. GROSS: Über das Urkundenwesen der Bischöfe von Passau im 12. und 13. Jahrhundert (Mitteilungen des Institutes für österr. Geschichtsforschung, Ergbd. 8, 1911), S. 537 konnte das Stück nicht in die echte Überlieferung einreihen, fand aber noch keinen Grund, Bedenken zu hegen. Inzwischen wurde bekannt, wie heftig der Streit zwischen dem Kloster Zwettl und dem Pfarrer zu Zistersdorf war; vgl. O. HAGENEDER: Die geistliche Gerichtsbarkeit in Ober- und Niederösterreich (Foarschungen zur Geschichte Oberösterreichs 10, 1967), S. 66, S. 70 ff., S. 275 und S. 281 f.
[34]) Mit dem Problem der Inkorporation hatte man sich in der Diözese Passau erst seit dem 13. Jahrhundert zu befassen; vgl. HAGENEDER: Gerichtsbarkeit, S. 27 und S. 72 ff.

Doch diese Bestimmungen hatten für den Raum um Zwettl zunächst wenig Gewicht, da die Kirchen als Vikariate oder Kapellen eingestuft, wahrscheinlich ungehindert jene Rechte handhabten, die den Pfarren zustanden. Die Abtei war daher entgegen allen Bestrebungen des Bischofs durch Jahrhunderte kirchlicher Mittelpunkt.

Als weitere wichtige Funktion fielen dem Konvent noch soziale Aufgaben zu, unter denen das Beherbergungs- und Bewirtungsrecht als selbstverständlich angesehen wurden. Ausgeweitet wurden daneben Krankenpflege und Altersfürsorge, die wahrscheinlich bald nach der Gründung des Klosters aufgenommen wurden und am Beginn des 13. Jahrhunderts durch den Neubau eines reich dotierten Spitals vor dem Kloster weiteren Auftrieb erhielten[35]).

Doch noch ein anderer Aspekt sei erwähnt: Das Stift muß im 12. Jahrhundert auch Vorbild für die Bautätigkeit und alle damit verbundenen Gewerbe gewesen sein. Durch lange Zeit konnte nämlich die Stadt auf diesem Gebiet keine nennenswerten Leistungen gegenüberstellen, so daß sich Baumeister und Maurer, Bildhauer und Maler bei den Mönchen und nicht bei den Bürgern zusammenfanden. Dabei verdient nicht nur Beachtung, daß viele Materialien, wie Marmor, bunter Sandstein und andere Steine aus weiter Ferne herantransportiert wurden[36]), sondern daß auch das harte bodenständige Gestein, der Granit[37]), verwendet und zu vollendeten Werkstücken, zu prachtvollen Schlußsteinen und Säulen, zu Kapitellen und Plastiken, verarbeitet wurde. Man muß demnach in der Abtei hochwertige Eisengeräte besessen haben, die wohl von der geschätzten Eisenproduktion der Zisterzienser hergestellt worden waren[38]).

Dieses Werkzeug, dessen Qualität in der Bearbeitung der Steine im Klosterbau offenbar wird, war aber sicherlich auch in der Agrarwirtschaft eingesetzt. Wir müssen weiter annehmen, daß alle diese Geräte nicht nur für den Eigenbedarf angefertigt wurden, sondern in dieser frühen Epoche auch den Bauern der Umgebung, die in der Mehrzahl Hintersassen des Stiftes waren, überlassen wurden. Folglich hatte die Abtei alle wichtigen Produktionszweige in der Hand und behielt dank dieser Möglichkeiten und der damit verbundenen Kenntnisse auch die Agrarwirtschaft des Raumes fest im Griff. Die Mönche besaßen demnach in der Mitte des 12. Jahrhunderts eine klare technische Überlegenheit gegenüber den Bewohnern des zentralen Ortes Zwettl, dessen Gewerbe in dieser Epoche kaum sehr leistungsfähig gewesen sein dürfte.

Unter diesen Bedingungen war es fast selbstverständlich, daß das Kloster später die Herrschaft über die Stadt anstrebte[39]). Wenn man dabei auch keinen Erfolg hatte, so geht doch auch daraus hervor, wie man sich im Lager der Reformer des Hochmittelalters die idealen Zustände vorstellte; hier im Raume um Zwettl wurden sie nahezu mustergültig verwirklicht: Der Konvent war der Welt entrückt, genauer gesagt, er war von Handel und Geld distanziert, alles andere behielt aber das Stift in der Hand und konnte dadurch, ungeachtet seiner räumlichen Abgeschiedenheit, das Schicksal der Gegend bestimmen. Die Theorie von der vorbildlichen Trennung von geistlicher und weltlicher Gewalt, wie es in der Zweischwerterlehre ausgedrückt war, ist hier in einem Sinne verwirklicht, der nach den Erfolgen des Investiturstreites dem Klerus selbstverständlich war. Dennoch sollte sich bald herausstellen, daß die nähere Zukunft den Laien gehörte; auch dem Zwettler Konvent blieb diese Erfahrung nicht erspart.

---

[35]) P. BUBERL: Die Kunstdenkmäler des Zisterzienserklosters Zwettl (Österr. Kunsttopographie 29, 1940), S. 131. Dazu FICHTENAU — ZÖLLNER: Urkundenbuch der Babenberger 1, S. 268 ff. n. 193.
[36]) BUBERL: Zisterzienserkloster Zwettl, S. 164.
[37]) BUBERL: Zisterzienserkloster Zwettl, S. 22 ff.
[38]) R. SPRANDEL: Das Eisengewerbe im Mittelalter (1968), S. 47 ff.
[39]) FRAST: Stiftungen-Buch, S. 69. — LECHNER: Besiedlungsgeschichte, S. 81.

III. Stadt und Kloster seit dem 13. Jahrhundert

Dieses wohldurchdachte System des Zusammenwirkens von Stadt und Kloster überlebte sich bald und wurde, abgesehen von der inneren Entwicklung, die Veränderungen hervorrief, auch noch durch zwei Entscheidungen betroffen, die außerhalb der Landschaft fielen. Schwere Folgen hatte zunächst der Rückgang der Kreuzzugsbewegung, deren Niedergang sich in den Quellen des Ostalpenraumes widerspiegelt. Bis zur Mitte des 12. Jahrhunderts stoßen wir immer wieder auf Belege, die eine dauernde Pilger- und Kreufahrertätigkeit erahnen lassen. In der Epoche Kaiser Friedrichs I. gehen jedoch die Anzeichen für diese Begeisterung zurück. Die Aktionen wurden deshalb nicht aufgegeben, sie wurden sogar besser geplant, in ihrer Gesamtheit wurden sie aber im Donauraum seltener. Als dann noch im 13. Jahrhundert die begeisterten deutschen Ritter eher in den Dienst ihres Ritterordens traten und nach Preußen zogen, statt nach Jerusalem zu pilgern, war das Konzept, das zu Zwettl entwickelt worden war, endgültig überholt.

Noch schwerer wog die zweite Tatsache, daß sich an der Donau das politische und wirtschaftliche Schwergewicht verschob. Nach der Erhebung Österreichs zum Herzogtum wandten sich die Babenberger von den bis dahin bevorzugten Gegenden um Ybbs und Melk, Krems und St. Pölten ab und förderten Wien, so daß starke Umschichtungen unvermeidlich waren[40]. Die besonderen Anzeichen dafür sind der Niedergang der Kremser Münze und der Aufstieg des Wiener Pfennings, die im Vergleich zu anderen Städten hervorgehobene Privilegierung Wiens[41], ganz besonders aber die Unterstützung des Wiener Handels und Marktes[42]. Es war unvermeidlich, daß sich der Verkehr diesen Gegebenheiten anpaßte, zumal sogar das Straßennetz entsprechend dieser neuen Lage ausgebaut wurde, wie die Eröffnung des Wegs über den Semmering beweist[43]. Die Fernverbindungen, die bis dahin eher nach Krems ausgerichtet gewesen waren und daher von Österreich nach Böhmen über Zwettl gingen, mußten nach Wien orientiert werden[44]. Zwettl, 1150 noch an einer wichtigen Verkehrsader liegend, wurde dadurch benachteiligt. Der Handel folgte nunmehr der Linie von Gmünd über Horn und Stockerau nach Wien, wie auch heute noch die wichtigsten Bahnen und Straßen geführt werden. Nur in besonderen Fällen, so zum Beispiel im Eisenhandel, der stark an die Traisen und die Ybbs gebunden war, wurde der Weg über Krems und Zwettl bisweilen noch vorgezogen[45]. Als jedoch Wien im 14. Jahrhundert noch Residenz wurde[46], verfestigten sich die Zustände und wurden bis zur Gegenwart beibehalten.

Das alles trug bei, daß die österreichischen Landesfürsten an der Landschaft um Zwettl das Interesse verloren und diese sich selbst überließen. Doch gerade aus diesem Grunde konnte die allgemeine Entwicklung, die hier von keinem mächtigen Herrscher manipuliert wurde, ungestört ablaufen, so daß der Raum am oberen Kamp die Grundzüge des Ge-

---

[40]) M. MITTERAUER: Zur räumlichen Ordnung Österreichs in der frühen Babenbergerzeit (Mitteilungen des Instituts für österr. Geschichtsforschung 78, 1970), S. 94 ff. — H. KOLLER: Das „Königreich" Österreich (Kl. Arbeitsreihe des Inst. f. E. und Vg. Rechtsgeschichte Univ. Graz 4, 1972), S. 11 ff. mit weiterer Literatur.

[41]) K. GUTKAS: Das Städtewesen der österreichischen Donauländer und der Steiermark im 14. Jahrhundert (Stadt und Stadtherr im 14. Jahrhundert, Beiträge zur Geschichte der Städte Mitteleuropas 2, 1972), S. 229 ff.

[42]) H. FICHTENAU — E. ZÖLLNER: Urkundenbuch zur Geschichte der Babenberger in Österreich 2 (1955), S. 56 ff. n. 237.

[43]) CSENDES: Straßen Niederösterreichs, S. 242 ff.

[44]) TREMEL: Wirtschaftsgeschichte, Taf. 1.

[45]) TREMEL: Wirtschaftsgeschichte, S. 197 ff. und Taf. 2.

[46]) G. HÖDL: Friedrich der Schöne und die Residenz Wien (Jahrbuch des Vereins für Geschichte der Stadt Wien 26, 1970), S. 7 ff.

schehens besonders klar widerspiegelt. Das hervorstechendste Merkmal dieses Prozesses ist, wie vorweg genommen werden darf, der Aufstieg der Laien und ihrer Stadt, die sich im Laufe des Spätmittelalters als Gegengewicht zur Kirche — hier gegen das Stift Zwettl — durchzusetzen verstand, einen Ausgleich herstellen konnte und sogar auf entscheidenden Gebieten das Übergewicht erlangte. Dieses Ziel war auch zu erreichen, da die Zisterzienserbewegung schon im 13. Jahrhundert stagnierte.

Wir müssen daher gar nicht fragen, welche Aufgabe das Kloster im Spätmittelalter an sich zog — sein Verhalten war durchweg defensiv, die Möglichkeit weiter auszugreifen, wurde kaum genützt —, sondern nur überprüfen, wie die Stadt, die im Hochmittelalter eindeutig unterlegen war, nun zur echten Konkurrentin der monastischen Gemeinschaft wurde. Begünstigt wurde dieser Prozeß durch die Kuenringer, die 1231, nachdem im Verlauf einer Fehde ihre Burg am Statzenberg in Flammen aufgegangen und nicht mehr aufgebaut worden war, als Stadtherren nach Zwettl übersiedelten und sich hier ein repräsentatives Haus errichteten[47]). Die Stadt, wo 1256 bereits ein Richter[48]), 1295 ein aus zwölf Männern bestehender Rat nachzuweisen ist[49]), wurde aber auch Mittelpunkt des Gerichtswesens. Zwischen 1251 und 1255 taucht erstmalig das „iudicium provinciale in Zwetil" auf[50]). Da im Spätmittelalter die Zuständigkeit eines Gerichtes oft fraglich war und sogar dem Gutdünken der Parteien überlassen blieb, wenn man sich zum Beispiel an einen Schiedsrichter wandte, mußte die Aktionsfähigkeit des Zwettler Gerichtshofes für das gesamte Umland wichtig werden. Man darf ferner vermuten, daß auch die Kuenringer bemüht waren, möglichst viele Prozesse in die Stadt zu ziehen.

Die Familie war ferner bedacht, Zwettl als Mittelpunkt einer größeren Pfarre auszubauen, deren Sitz allerdings noch lange bei der Johanneskirche auf dem Statzenberg blieb. Deshalb wurden rege Kontakte zu den Passauer Bischöfen unterhalten, die für die Präsenz von Weltgeistlichen sorgten. Ob diese schon im 13. Jahrhundert einen Unterricht gaben, bleibt unbekannt. Im späten 14. Jahrhundert hatte jedoch die Stadt schon einen Schulmeister, der den Kindern der Bürger Wissen und Bildung vermittelte, so daß im 15. Jahrhundert Zwettler Studenten an der Wiener Universität nachzuweisen sind[51]). Das Umland dürfte allerdings von diesem Aufschwung kaum profitiert haben; unter den Hörern der Hohen Schule fand ich niemanden, der mit Sicherheit aus der Umgebung stammte. Auch das Sozialwesen der Stadt, das in deren Anfängen kaum bemerkenswert war, wurde noch im späten 13. Jahrhundert entscheidend verbessert. Am Ende dieses Saeculums wurde ein Spital eingerichtet, das zwar in erster Linie für die Bürger gedacht war[52]), aber gewiß auch den Kranken der Gegend offen stand, sofern sie die nötigen Mittel aufbrachten. Diese Institution trat mit der des Klosters in Wettstreit und dürfte sich dabei, wie ihre prächtige Kirche des 15. Jahrhunderts zeigt, gegenüber dem Zisterziensersiechenhaus, wo man mit der alten romanischen Kirche auskam, durchgesetzt haben[53]).

Der Handel, der um 1200 der wichtigste Faktor in der Stadt gewesen war, wurde gefördert, um die so begehrten Einnahmen aus dem Zoll zu erhöhen. Wir erfahren ferner,

---

[47]) BUBERL: Denkmale, S. 462 ff.
[48]) FRAST: Stiftungen-Buch, S. 137.
[49]) HERMANN: Zwettl, S. 12, Anm. 5.
[50]) O. v. MITIS: Eine interessante Familienurkunde der Kuenringer (Jahrbuch für Landeskunde von Niederösterreich NF. 13/14, 1915), S. 160.
[51]) HERMANN: Zwettl, S. 16. Die Matrikel der Universität Wien 1 (1956), S. 711.
[52]) J. TRAXLER: Stadt Zwettl und nächste Umgebung (1906), S. 169 f. — HERMANN: Zwettl, S. 19.
[53]) BUBERL: Denkmale, S. 449 ff.

daß neben dem Eisen vor allem Fische und Salz gehandelt wurden[54]). Doch allzu viel war dabei nicht zu gewinnen. Es spricht jedoch für die Initiative der Bürger, daß sie in der Umgebung der Stadt Silber suchen ließen. Ein im Jahre 1289 unternommener Versuch hatte aber nicht den erwarteten Erfolg[55]). Aus diesem Vorfall dürfen wir schließen, daß sich die technischen Kenntnisse und Interessen der Stadtbewohner erheblich verbessert hatten. Aus schriftlichen Quellen erfahren wir über diesen Aufschwung wenig. Wohl aber beweist auch die Qualität der Baudenkmale, daß inzwischen die Stadt Baumeister und Künstler zu beschäftigen wußte. Wie weit die Marienkirche als Bauwerk der Gemeinde anzusehen ist, entzieht sich unserer Kenntnis. Das Haus der Kuenringer, dessen Bestehen am Beginn des 14. Jahrhunderts schon erwähnt wurde, gab aber bereits Zeugnis von der Fähigkeit des städtischen Baugewerbes[56]), und wenn auch nicht viel von den Leistungen des Spätmittelalters erhalten ist — die Spitalskirche wäre allenfalls noch zu erwähnen —, so dürfen wir doch vermuten, daß die Bürgerschaft kulturell und zivilisatorisch sich von den Bauern der Umgebung bereits im Spätmittelalter klar abhob. Man war bemüht, stets allen Verpflichtungen, die einer Bürgerschaft auferlegt waren, nachzukommen. Daher blieb die Stadt auch wichtiger militärischer Stützpunkt, der sich als Bollwerk gegen die Hussiten bewährte. Von diesem Einsatz zehrt das Selbstvertrauen der Stadt noch in der Gegenwart[57]).

Leider gibt es keine guten schriftlichen Unterlagen über das städtische Gewerbe im Spätmittelalter. Die wenigen alten Urkunden nennen nur wenige Namen und Berufe[58]). Die Archivalien setzen erst mit dem 17. Jahrhundert ein und bezeugen für diese Zeit die Anwesenheit von Handwerkern, die Geräte und Bedarfsartikel für die Agrarwirtschaft, Lederwaren und Textilien herstellten oder bearbeiteten[59]). Diese Produkte dürfen hauptsächlich in der Umgebung abgesetzt worden sein. Bäcker und Fleischhauer, die auch nachzuweisen sind, versorgten wohl nur die Stadt selbst. Wahrscheinlich gehen jedoch alle diese Gewerbe in das 13. Jahrhundert zurück, als die Stadt erweitert wurde. Demnach dürfte das Umland, das bis 1200 eher auf die Zusammenarbeit mit dem Kloster eingestellt war, im Spätmittelalter allmählich die Stadt als Zentrum der Versorgung von jenen Gütern akzeptiert haben, die von den Bauern gewünscht, aber nicht hergestellt wurden.

Damit sind wir bei der Frage angelangt, wie sich die Umgebung Zwettls im Spätmittelalter entwickelte. Die Siedlungskunde kann angeben, daß damals die Agrarwirtschaft nicht weiter ausgebaut wurde und die Bevölkerung eher zurückging, wie aus den Wüstungen erschlossen werden darf[60]). Ferner ist erkennbar, daß manche Dörfer kleiner wurden[61]). Da aber dieser Verminderung ein Wachstum der Pfarrgemeinden gegenübersteht[62]), wurde der Verlust wieder ein wenig ausgeglichen. Trotz aller Krisen dürfen wir vermuten[63]), daß im großen und ganzen das Umland im 14. und 15. Jahrhundert nicht stark verändert wurde. Es wäre nur zu ergründen, ob nicht vielleicht innerhalb der Gemeinden, vor allem in den Kirchenorten, ein eigenständiges Handwerk

---

[54]) HERMANN: Zwettl, S. 18.
[55]) HERMANN: Zwettl, S. 19.
[56]) BUBERL: Denkmale, S. 462 ff.
[57]) TRAXLER: Zwettl, S. 29 ff. — HERMANN: Zwettl, S. 13 f.
[58]) UHLIRZ: Archiv Zwettl, S. 14 ff.
[59]) UHLIRZ: Archiv Zwettl, S. 8 ff.
[60]) Zusammenfassend ABEL: Landwirtschaft, S. 300 ff.
[61]) Die nach ihrem Grundriß im 12. Jahrhundert ungefähr 25 Häuser umfassenden Dörfer des Zwettler Herrschaftsgebietes haben im 14. Jahrhundert oft weniger als 20 Häuser. Vg. FRAST: Stiftungen-Buch, S. 497 ff.
[62]) Vg. FRAST: Stiftungen-Buch, S. 508.
[63]) Dazu F. GRAUS: Das Spätmittelalter als Krisenzeit (Mediaevalia Bohemica, Suppl. 1, 1969).

entstand, das mit dem der Stadt hätte konkurrieren und deren Bedeutung hätte gefährden können.

Die schriftlichen Quellen wissen davon nichts. Das besagt nicht, es hätte auf den Dörfern kein Handwerk gegeben. Doch wenn wir die Zeugnisse der Baudenkmale überprüfen, dann vermissen wir jeden Hinweis auf die Leistungen eines bemerkenswerten Gewerbes. Die Dorfkirchen blieben schlicht, ansehnliche Häuser entstanden nicht. Es gab in der näheren Umgebung Zwettls im Spätmittelalter nicht einmal auffallende Adelssitze[64]). Daraus dürfen wir schließen, daß die Stadt Zwettl in dieser Epoche ihre zentralen Funktionen gegenüber dem Umland behaupten konnte, das jenen Charakter behielt, den ihm die Planer des 12. Jahrhunderts gegeben hatten, ungeachtet der Tatsache, daß sich die Verhältnisse grundlegend geändert hatten. Doch gerade dieses Übergewicht der Stadt war ein willkommener Anlaß für den Landesfürsten, die Bürgergemeinde in seinem Sinne einzusetzen.

IV. Die Stadt Zwettl als „staatlicher" Verwaltungsmittelpunkt der Neuzeit

Noch im 15. Jahrhundert begann für Zwettl eine neue Phase der Entwicklung, in der die Stadt nunmehr zum Sitz der staatlichen Verwaltung wurde. Eingeleitet wurde dieser Prozeß durch die Übernahme der Stadtherrschaft, die der Landesfürst Albrecht V. im Jahre 1419 den Liechtensteinern abkaufte[65]). Die ersten Auswirkungen dieses Handels sind allerdings kaum erkennbar. Einige kleinere Vergünstigungen, die der Habsburger den Bürgern gewährte und deren energischer Kampf gegen die Hussiten lassen vermuten, daß der Herrscher die Stadt als Stützpunkt seiner Macht eingerichtet hatte[66]). Deutlich werden die landesfürstlichen Absichten unter Kaiser Friedrich III., der wohl gleichzeitig mit der Verbesserung der Dekanatsorganisation zu Zwettl 1487 eine Popstei einrichtete, die exemt sein und die Zwettler Pfarre innehaben sollte[67]). Dieses komplizierte System läßt erkennen, daß der Kaiser seine Herrschaft auf dem Umweg über die kirchliche Organisation festigen wollte und offensichtlich, dem Denken seiner Zeit folgend, in der Kirchenreform die Möglichkeit sah, auch den Staat zu reorganisieren.

Maximilian I. kam dann der Stadt abermals entgegen; er bestätigte deren Rechte und gewährte einen weiteren Markt[68]). Zwettl sollte demnach kirchlicher und weltlicher Mittelpunkt, aber auch Handelszentrum bleiben. Damals scheint sich das Gewerbe besonders günstig entwickelt zu haben. Wieder suchten die Bürger Silber. Ein wichtiger Erwerbszweig, die Leinenerzeugung, dürfte gleichfalls am Beginn der Neuzeit seinen Höhepunkt erreicht haben und erst im 18. Jahrhundert stärker zurückgegangen sein[69]). Diese Bevorzugung durch Maximilian I. könnte auch die Folge gehabt haben, daß die Stadt in den schweren Bauernunruhen des 16. Jahrhunderts nicht nur im Besitz der Obrigkeit, sondern auch verläßliche Basis der landesfürstlichen Gewalt blieb[70]).

---

[64]) Die beste Übersicht dazu bietet derzeit EPPEL: Waldviertel, S. 43 ff.
[65]) UHLIRZ: Archiv Zwettl 7. Dazu K. GUTKAS: Anfänge des Städtewesens in Bayern und Österreich (Die Städte Mitteleuropas im 12. und 13. Jahrhundert, Beiträge zur Geschichte der Städte Mitteleuropas 1, 1963), S. 85 ff.
[66]) UHLIRZ: Archiv Zwettl, 17 f., n. 14 und 17.
[67]) BUBERL: Denkmale, S. 427. — WOLF: Niederösterreich, S. 279.
[68]) UHLIRZ: Archiv Zwettl 23 n. 32 ff.
[69]) TRAXLER: Zwettl 83. — HERMANN: Zwettl 19.
[70]) HERMANN: Zwettl 13. Dazu G. FRANZ: Der deutsche Bauernkrieg (1939), S. 183 f.

Im 17. Jahrhundert wurde diese Bindung wieder lockerer; das Aufkommen der ständischen Macht, die im Protestantismus ihren Rückhalt hatte[71]), könnte die landesfürstliche Absicht gehindert haben, von der Stadt Zwettl aus dem Umland fester in den Griff zu nehmen. Die Kaiser förderten zwar, wohl um ein Gegengewicht zu schaffen, 1613 und 1621 abermals die Selbstverwaltung der Stadt[72]), konnten jedoch damit die Bürgerschaft nicht entscheidend stärken. Der Ort blieb in den Glaubenskämpfen bedeutungslos und mußte mitunter sogar ohne Gegenwehr die Bedrückung der Parteien über sich ergehen lassen[73]). Der von Nix nachgewiesene Verfall hat daher nicht nur das Umland, sondern auch die Stadt Zwettl ergriffen[74]). Nach den Kriegen verbesserte sich die Lage ein wenig, wir erfahren, daß Handel und Gewerbe wieder aufblühten, man hat aber den Eindruck, daß die Zwettler Bürgerschaft nicht allzuviel Reichtum und Ansehen gewann, sondern daß der Landadel und auch das Stift besser abschnitten. Dafür gäbe es die Erklärung, daß durch die seit dem 17. Jahrhundert unternommenen Versuche, die Agrarwirtschaft zu heben[75]), die Zisterzienser im Raum am oberen Kamp wieder einflußreicher wurden. Die Bürger blieben dabei untätig und kamen in zunehmendem Maße in die Abhängigkeit von den Entscheidungen, die seit dieser Zeit durch die Verschärfung des zentralistischen Systems[76]) am Wiener Hofe gefällt wurden.

Der unter Maria Theresia und Josef II. erzielte Aufschwung hat dann gleichfalls eher die Landgemeinden betroffen, die in dieser Epoche erstmals ein Wachstum erlebten, das die mittelalterlichen Anlagen zu klein werden ließ. Im Vergleich dazu gedieh die Stadt Zwettl schlecht. Wir finden hier eine Brauerei und einige kleinere Betriebe, die Textilien und Eisenwaren herstellten, wir vermissen jedoch eine bedeutendere Fabrik, die ansonsten den Städten zur Blüte verhalf[77]). Die Gemeinde Zwettl wuchs daher kaum; sie hatte 1753 nur 1184 Einwohner[78]). Der Ort fristete als Sitz eines Gerichtes und als wenig bedeutsamer kirchlicher Verwaltungsmittelpunkt ein bescheidenes Dasein.

V. Zwettl im 19. und 20. Jahrhundert

Die weithin vertretene Meinung, die entscheidenden Momente im Ablauf des 19. Jahrhunderts, Bevölkerungsexplosion und Industrialisierung, hätten überall die wichtigsten Veränderungen hervorgerufen, wird durch die Vorgänge in Zwettl widerlegt. Die Einwohnerzahl der Stadt vergrößerte sich nur langsam, von einer Industrialisierung kann keine Rede sein[79]). Dennoch fühlte sich die Bürgerschaft bald bewogen, den Ort zu modernisieren. Die Stadtmauern wurden noch vor 1850 niedergerissen, 1823 wurden Promenadenwege angelegt, 1831 wurde eine städtische Straßenbeleuchtung installiert und 1835 mit der Pflasterung der Gassen begonnen. Es versteht sich von selbst, daß

---

[71]) H. STURMBERGER: Der absolutistische Staat und die Länder in Österreich (Der österr. Föderalismus 1969), S. 67 ff.
[72]) UHLIRZ: Archiv Zwettl 44, n. 45 ff.
[73]) TRAXLER: Zwettl 33 ff.
[74]) J. NIX: Die Gerichtsbezirke Großgerungs und Zwettl zur Zeit der Gegenreformation mit besonderer Berücksichtigung der wirtschaftlichen Verhältnisse vor dem 30jährigen Krieg (Diss. Wien, 1973) Maschinenschrift, S. 126 ff.
[75]) O. BRUNNER: Adeliges Landleben und europäischer Geist (1949), S. 280 ff.
[76]) H. KOLLER: Zentralismus und Föderalismus in Österreichs Geschichte (Föderative Ordnung 2, 1970), S. 146 ff.
[77]) TREMEL: Wirtschaftsgeschichte, S. 281 ff., bes. Taf. 4. Instruktiv auch Atlas von Niederösterreich Taf. 95—97.
[78]) HERMANN: Zwettl 21.
[79]) HERMANN: Zwettl 22.

die Häuser umgebaut und mit zeitgenössischen Fassaden versehen wurden[80]). Aus dieser Geschäftigkeit spricht das bürgerliche Selbstbewußtsein des Vormärz, das in der Wirtschaftsentwicklung der Gemeinde jedoch keinen Niederschlag fand.

Die Vorgänge auf diesem Gebiet sind jedoch keineswegs einheitlich. Die meisten Gewerbe verloren zwar zu dieser Zeit ihre Bedeutung, die Tuchmacher, die im 17. Jahrhundert noch erwähnenswert gewesen waren, verschwinden ganz, die Weber — 1830 gab es noch 13 Vertreter dieser Gruppe — wurden bedeutungslos, dagegen nahmen die Schuhmacher zu[81]); das heißt, einige Wirtschaftszweige konnten weiterhin ihre Produkte im Umland absetzen und aus dessen Bevölkerungszunahme profitieren. In manchen Sparten büßte jedoch die Stadt ihre Funktion ein, die Umgebung versorgen zu können, ohne daß deshalb der Handel im Ort einen spürbaren Aufschwung nehmen konnte.

Den Bürgern war zwar klar geworden, daß die Lage der Verkehrswege das Wachstum des Ortes unterband, doch vorerst war auf diesem Gebiet keine Verbesserung möglich. Die wichtigen Straßen gingen nach wie vor an Zwettl weit vorbei[82]), die Versuche, den Kamp für die Wirtschaft zu nutzen, schlugen fehl. Auf dem Fluß war nur ein Holzschwemmbetrieb einzurichten, der keine Bedeutung gewann[83]). So kam es, daß Zwettl nicht einmal eine gute Postverbindung hatte. Erst 1835 wurde die Linie Krems—Zwettl eröffnet, bewährte sich aber nicht und wurde 1889 wieder aufgelassen[84]). Die Stadt blühte erst etwas auf, als sie nach 1848 Verwaltungsmittelpunkt des reorganisierten Staates wurde. 1849 begannen Bezirkshauptmannschaft, Bezirksgericht und das Steueramt ihre Tätigkeit[85]), 1850 wurden Notariat und Advokatur geschaffen[86]), 1851 wurde das Schulwesen reformiert und eine Hauptschule eingerichtet, die 1874 Bürgerschule wurde[87]). 1876 erhielt die Stadt das Bezirks-Gendarmerie-Kommando[88]), 1867 eine Telegraphenstation[89]). In diesem Zusammenhang darf auch erwähnt werden, daß man 1856 die Sparkasse der Stadt Zwettl gründete und 1883 die Postsparkasse eröffnete[90]). 1873 wurde das Siechenhaus zum allgemeinen öffentlichen Krankenhaus, das 1899 einen großen Zubau erhielt. Die Stellung Zwettls zu seinem Umland wird endlich auch durch das Lesekasino, das 1872 entstand, und die seit 1890 erscheinende Zwettler Zeitung deutlich[91]). Und wenn auch nicht alles glückte — das nach vielen Schwierigkeiten endlich im Jahre 1874 eröffnete Gymnasium mußte 1876 schon wieder geschlossen werden[92]) —, so konnte die Stadt ihre Bedeutung, Mittelpunkt der Verwaltung und des geistigen sowie kulturellen Lebens zu sein, nach 1848 doch heben. Aber auch in dieser Phase konnte die Wirtschaft nicht Schritt halten, da die Bemühungen, Zwettl zum Eisenbahnknotenpunkt zu machen, ihr Ziel nicht erreichten. Die Stadt blieb abseits und wurde erst 1896 an das Verkehrsnetz angeschlossen, als die in Schwarzenau von der Franz-Josefs-Bahn abzweigende Nebenlinie erbaut war. 1906 konnte zwar die Verlängerung bis Martinsberg in Betrieb genommen werden, da jedoch weitere Projekte unterblieben — die Trasse hat nie das gesteckte Ziel, den Anschluß an die Westbahn,

---

[80]) Traxler: Zwettl 192 ff.
[81]) Traxler: Zwettl 83 f.
[82]) Tremel: Wirtschaftsgeschichte, S. 268 f. und Taf. 3. Atlas von Niederösterreich, Taf. 100.
[83]) Neweklowsky: Schiffahrt 3, S. 589.
[84]) Traxler: Zwettl 107. — Tremel: Wirtschaftsgeschichte, Taf. 6.
[85]) Traxler: Zwettl 52 ff.
[86]) Traxler: Zwettl 156 f.
[87]) Traxler: Zwettl 135.
[88]) Traxler: Zwettl 154.
[89]) Traxler: Zwettl 107 ff.
[90]) Traxler: Zwettl 111 ff.
[91]) Traxler: Zwettl 148 und 169 f.
[92]) Hermann: Zwettl 16 f.

erreicht —, wurde Zwettl kein Mittelpunkt des modernen Verkehrs, nicht einmal der Nebenlinien[93]). Das dürfte die Wirtschaft des Raumes in ihrer Entwicklung so stark gehemmt haben, daß die wenigen um 1900 in der Stadt situierten Betriebe nicht richtig gediehen. Zwettl blieb daher auch nach dem Ausbau der Eisenbahn eine stille Kleinstadt, die nach wie vor nur einige Funktionen eines zentralen Ortes für das nahe Umland erfüllte[94]). Neben den Behörden, die der Stadt Bedeutung verschufen, waren nur wenige Gewerbe bemerkenswert; darunter fallen relativ viele Gasthöfe auf — man ist fast versucht, diese Eigenschaft Zwettls aus mittelalterlichen Gegebenheiten zu erklären —, die sich um die Hebung des Fremdenverkehrs bemühten. Die Möglichkeiten, die Produkte des Umlandes besser zu verwerten und eine Lebensmittel- oder Holzindustrie aufzubauen, blieben dagegen ungenutzt.

Erst die Motorisierung, die in der Mitte unseres Jahrhunderts mehr aufkam, schuf einen Wandel, der allerdings in seinen Folgen noch nicht abgesehen werden kann. Jetzt entstehen größere Betriebe, die eine Strukturänderung zur Folge haben. Auffallend ist daneben noch die Tendenz der Großstadtbewohner, in und um Zwettl Zweitwohnungen zu beziehen. Diesen Absichten steht ein stärkeres Beharrungsvermögen der Dorfbewohner gegenüber, die nicht mehr den Heimatort verlassen, um einen Dienstplatz aufzusuchen, sondern dank der Motorisierung auch über größere Entfernungen zur Dienststelle pendeln. Ein deutliches Wachstum aller Orte ergibt sich aus diesen Vorgängen. Wenn wir von den wenigen, im übrigen kaum grundlegenden Veränderungen des 18. und 19. Jahrhunderts absehen — was wohl zulässig ist —, dann dürfen wir behaupten, daß die Landschaft erst in der Gegenwart jenen Charakter verliert, den sie im 12. Jahrhundert erhielt. Da dieser Prozeß aber gerade erst angelaufen ist, wäre es wohl verfrüht, darüber schon jetzt unumstößliche Aussagen zu machen. Es ist daher besser, sich mit der Zusammenfassung jener Erkenntnisse zu begnügen, die aus einer achthundertjährigen Geschichte zu gewinnen sind.

VI. Zusammenfassung

Die Aufschließung des Gebietes um Zwettl wurde in nennenswertem Ausmaße erst in der Mitte des 12. Jahrhunderts vorgenommen. Die Absicht, die damals noch blühende Kreuzfahrerbewegung zu unterstützen, dürfte dabei eine wesentliche Rolle gespielt und auch für die Struktur des Raumes den Ausschlag gegeben haben, der in Stadt und Stift Zwettl seinen Mittelpunkt hatte. Zunächst hatte dabei das Kloster ein deutliches Übergewicht.

Obwohl die Kreuzfahrerbewegung bald ihre Bedeutung verlor, behielt die Landschaft ihren Charakter. Wesentliche Änderungen gab es dabei in den folgenden Jahrhunderten nur im Zentrum selbst, wo seit dem 13. Jahrhundert die Stadt den Zisterziensern klar den Rang ablief. Die Bürgerschaft spielte in dieser Phase allerdings nur für die Umgebung selbst eine Rolle. Die Versuche, den Ort zum Stützpunkt des Fernhandels zu machen, schlugen fehl, auch dürfte die Produktion des Gewerbes — das Schwergewicht lag damals auf der Erzeugung von Tuchen und Leinen — hauptsächlich im Umland selbst abgesetzt worden sein.

Seit dem ausgehenden Mittelalter wird Zwettl Stützpunkt der Landesfürsten, die beharrlich und konsequent, ungeachtet der Rückschläge in den Glaubenskämpfen, die staatliche Verwaltung in Zwettl ausbauen. Da jedoch gleichzeitig die wichtigsten Ver-

---

[93]) HERMANN: Zwettl 22 f.
[94]) TRAXLER: Zwettl 81 ff.

kehrswege weitab von der Stadt geführt werden, kommt es nicht zu dem an anderen Orten besonders seit dem 18. Jahrhundert sichtbaren wirtschaftlichen Aufstieg. Nichtsdestoweniger bemüht sich die Bürgerschaft im 19. Jahrhundert, die Stadt zu modernisieren. Der weitere Ausbau der staatlichen Verwaltung kommt dabei dem Ort zu Hilfe. Die aus dem Stadtbild abzulesende bescheidene Blüte kann aber nicht darüber hinwegtäuschen, daß Zwettl von der Industrialisierung nicht ergriffen und in seiner Entwicklung gehemmt wird. Da der Anschluß an das Eisenbahnnetz zu spät und auch nicht hinreichend erfolgt, kommt es nur zu geringen Veränderungen. Man darf daher behaupten, daß die Stadt Zwettl und ihr Umland im allgemeinen jenen Charakter, der im 12. Jahrhundert gegeben wurde, bis in die Gegenwart behielten, und daß erst in den letzten Jahrzehnten ein entscheidender Wandel einsetzte.

Das Beispiel zeigt die der Geschichtsforschung seit langem, anderen Fächern aber meistens nicht bewußte Langlebigkeit der Strukturen. Wenn einmal eine Landschaft in irgendeinem Sinne profiliert ist, behält sie ihre Eigenschaft oft im Gegensatz zu den großen Entwicklungslinien bei. Das Geschick Zwettls beweist aber auch, daß die Verkehrswege keinesfalls den naturgeographischen, sondern weitaus mehr den politischen Gegebenheiten folgen und daß durch die Einflußnahme auf die Straßenführung das Geschehen entscheidend gelenkt werden kann. Die oft zitierten „natürlichen" Voraussetzungen waren jedenfalls in der Geschichte Zwettls und seines Umlandes weitaus weniger entscheidend als die Manipulationen der jeweiligen Machthaber, deren Tragweite die eine oder andere Disziplin nach wie vor unterschätzt. Gerade in der Gegenwart, die sich gern mit der Hypothese beruhigt, „Gesetze" stünden hinter dem historischen Geschehen, sei mit Nachdruck daran erinnert, daß dem menschlichen Gestaltungswillen doch sehr viele Möglichkeiten zur Verfügung stehen.

Prichsenstadt
– Planungen, Innovationen und Strukturveränderungen
in einer fränkischen Kleinstadt¹) –

von

Hanns Hubert Hofmann, Würzburg

Wer sich im westlichen Vorland des Steigerwaldes zum Main von der Bundesschnellstraße 286 oder von Gerolzhofen her Prichsenstadt nähert, hat das fast voll-

---

¹) Grundsätzlich verweise ich auf die unter meiner Anleitung erstellte Dissertation von G. Wöppel (Prichsenstadt. Entwicklung und Struktur einer Kleinstadt in Franken. Selbstverlag der Stadt Prichsenstadt 1968), der alle nicht besonders belegten Angaben entnommen sind. Herrn Studienrat Dr. Wöppel danke ich auch für weitere Materialbeschaffung und Kontrollgespräche. Das (ungedruckte) Manuskript meines 1967 gehaltenen Vortrags zur 600-Jahrfeier der Stadt diente als Formulierungsbehelf.
In den Anmerkungen wird deshalb nur auf wesentliches seit 1968 erschienenes oder eigenes Schrifttum verwiesen. Insgesamt zur *Typologie*: K: Bosl: Typen der Stadt in Bayern. In: ZbLG 32, 1969; K. Fehn: Die zentralörtliche Funktion früher Zentren in Altbayern, Wiesbaden 1970; A. Scheuerbrandt: Südwestdeutsche Stadttypen und Städtegruppen bis zum frühen 19. Jahrhundert. Ein Beitrag zur Kulturlandschaftsgeschichte und zur kulturräumlichen Gliederung des nördlichen Baden-Württemberg und seiner Nachbargebiete (Heidelberger Geographische Arbeiten 32, 1972). Zum Vergleich: H. H. Hofmann: Ansbach. Physiognomie eines Territoriums und seiner Städte. In: ZbLG 34,3, 1971. — *Allgemein zum Vergleich:* E. Ennen: Zur Typologie des Stadt-Land-Verhältnisses im Mittelalter. In: Studium Generale 16, 1963; R. Ofner: Zur Definition der Stadt. In: Kölner Zs. für Soziologie und Sozialpsychologie 16, 1967; K. Blaschke: Qualität, Quantität und Raumfunktion der Stadt vom Mittelalter bis zur Gegenwart. In: Jb. f. Regionalgeschichte 3, 1968; K. Drollinger: Kleine Städte Südwestdeutschlands (Veröffentlichungen der Kommission für geschichtliche Landeskunde in Baden-Württemberg, B 48, 1968).
Allgemein: H. Ammann: Vom Lebensraum der mittelalterlichen Stadt. Eine Untersuchung an schwäbischen Beispielen. In: Berichte zur deutschen Landeskunde 31, 1963; *Ders.:* Wirtschaft und Lebensraum der mittelalterlichen Kleinstadt 1, 1950; H. Aubin — E. Ennen (Hg.): Beiträge zur Wirtschafts- und Stadtgeschichte. Festschrift für H. Ammann 1965; W. Besch u. a. (Hg.): Die Stadt in der europäischen Geschichte, Festschrift E. Ennen, 1972; K. Czok: Die Stellung der Stadt in der deutschen Geschichte. In: Jb. f. Regionalgeschichte 3, 1968; *Ders.:* Die Stadt. Ihre Stellung in der deutschen Geschichte, 1969; E. Ennen: Die europäische Stadt des Mittelalters, 1972; C. Haase (Hg.): Die Stadt des Mittelalters, I. Begriff, Entstehung und Ausbreitung (Wege der Forschung CCXLIII), 1969; *Ders.:* Die Stadt des Mittelalters II. Recht und Verfassung (Wege der Forschung CCXLIV), 1972; R. König u. a. (Hg.): Die Stadt als Lebensform (Forschung und Information 6), 1970; K. H. Kirchhoff (Hg.): Territorien und Städtewesen. In: Westfälische Forschungen 19, 1969; W. Rausch (Hg.): Stadt und Stadtherr im 14. Jahrhundert (Beiträge zur Geschichte der Städte Mitteleuropas 2, 1972; E. Maschke: Deutsche Stadtgeschichtsforschung auf der Grundlage des historischen Materialismus (Eßlinger Studien 12/13), 1966/67; P. Schöller: Die deutschen Städte (Erdkundliches Wissen 17), 1967; *Ders. (Hg.):* Allgemeine Stadtgeographie (Wege der Forschung CLXXXI), 1969; H. Stoob: Forschungen zum Städtewesen in Europa. 1: Räume, Formen und Schichten der mitteleuropäischen Städte, 1970; J. Sydow: Zur verfassungsgeschichtlichen Stellung von Reichsstadt, freier Stadt und Territorialstadt im 13. und 14. Jahrhundert. In: Les libertés urbaines et rurales du XIe au XIVe siècle, 1968; E. Uitz: Die europäischen Städte im Spätmittelalter. In: ZfG XXI/4, 1973; F. Vercauteren u. a. (Hg.): Die Städte Mitteleuropas im 12. und 13. Jahrhundert (Beiträge zur Geschichte der Städte Mitteleuropas 1), 1963. In dem von H. Stoob in Nachfolge von E. Keyser herausgegebenen Bayerischen Städtebuch I, 1970, haben (S. 440 ff.) H. und I. Maierhöfer den Artikel Prichsenstadt bearbeitet.
Generell verweise ich schließlich auf meine Aufsätze: Grenzen und Kernräume in Franken. In: Grenzbildende Faktoren in der Geschichte, Forschungs- und Sitzungsberichte der Akademie für Raumforschung und Landesplanung, Bd. 48, Hannover 1969, und: Stand, Aufgaben und Probleme fränkischer Landesgeschichte. In: ZbLG 35,2, 1972.

kommene Bild eines fränkischen Landstädtchens vor sich: zwischen einer Freilandzone von Gärten und Weihern, geborgen hinter weitgehend erhaltenen turmbestückten Mauern und einem wuchtigen Torwerk, überragt vom wehrhaften Kirchturm und einem mitten im Ort stehenden hohen Torturm, durchzogen von einem gekrümmten, marktartig erweiterten Hauptstraßenzug, an dem mit dem Rathaus ein paar reizvolle bürgerliche Häuser verschiedener Bauzeiten stehen. Anlage und Grundriß verweisen sofort auf die späte Landesausbauzeit, auffallend ist das deutliche Absondern einer in den Befestigungsring einbezogenen Vorstadt, die eben jener noch erhaltene große Turm trennt. Vor diesem Stadtkern liegen außer dem Kirchhof, mit der für das protestantische Franken so typischen Friedhofskanzel, die DAS WORT tröstend mitten zwischen die Gräber stellt, an der Straße nach Norden rund 40 um die Jahrhundertwende und nach der Jahrhundertmitte errichtete Gebäude, darunter der Bahnhof (1893), das alte Schulhaus, das Pfründnerspital und die Arztvilla. Im Westen stehen ein moderner Schulkomplex und einige Industriehallen, Keimzellen eines Neubaugebiets. Ein Gang durch den Ort zeigt einen scheinbar rein bäuerlichen Zustand: drei mäßige Wirtshäuser, ein paar bescheidene Gemischtwarenhändler, etliche Handwerker mit kleinem Laden, wenig höherwertiger Bedarf — erst seit kurzem wieder Apotheke, Raiffeisenbank, aber keine Tankstelle, kein Friseur; Dienstleistungen also sehr gering, sekundärer Sektor recht dürftig. Man scheut sich nun fast, den typologischen Terminus *Ackerbürgerstadt* noch zu gebrauchen, obwohl doch der altfränkische Habitus wie der Ortsname eindeutig den Stadtcharakter betonen, der der Gemeinde ja auch amtlich beigelegt ist.

Denn jene bäuerliche Siedlung *Briesendorf* mit Bauhof und von Weiherstau gesichertem festen, wohl turmhügelartigen Sitz, die 1258 im Besitz eines ritterlichen Dienstmannen und Kämmerers der Grafen Castell erstmals urkundlich genannt wird und dann in Händen der nahen Fuchs von Dornheim verbleibt, die dort auch im 14. Jahrhundert eine orts- und zeittypisch wehrhafte Pfarrkirche fundierten, war einer planmäßigen Stadtgründung gewichen, seit Kaiser Karl IV. 1366 Ort und Veste käuflich erwarb.

In der Kette der Ämter, Städte, Burgen und Vesten, Verträge, Dienst- wie Nutzleistungen und Rechte jeglicher Art, mit der der Luxemburger unter der römischen Kaiserkrone das böhmische Massiv mit der Wahlstadt Frankfurt am Main unter Ausnutzung aller reichs- und territorialpolitischen Möglichkeiten und mit dem Einsatz großer Geldmittel zu verbinden trachtete[2]), *„umb das ein jeglich kunig zu Behaimb und die seinen, von seinen wegen herberge haben mögen"*, sollte auch dieser Ort fortan ein Glied bilden. Mit recht bedenklicher Manipulation von Reichs- und Lehenrechten trug er am Neujahrstag 1367 für seinen erst fünfjährigen, aber schon mit der Wenzelskrone bedachten Erben mit der gleichfalls neu erkauften Veste Heidingsfeld bei Würzburg nun auch „Priesendorf" dem Reich zu Lehen auf und gab es sogleich als Kaiser wieder Wenzel zu Reichslehen. Er machte das Eigengut also freiwillig zu Lehen, um als Lohn dafür jetzt die Reichspfandschaften[3]) über die Dörfer Heidingsfeld und Mainbernheim der Krone Böhmen gleichfalls zu Reichslehen, d. h. in dauernden und unanfechtbaren Besitz zu überlassen. Daß das Dorf dabei schon als „Priesenstadt" angesprochen wurde, sollte zweifellos in den Augen der bei einer solchen Transaktion

---

[2]) H. H. Hofmann: Karl IV. und die politische Landbrücke von Prag nach Frankfurt am Main. In: Zwischen Frankfurt und Prag, hg. vom Collegium Carolinum, 1963; *Ders.:* Böhmisch Lehen vom Reich. Karl IV. und die deutschen Lehen der Krone Böhmen. In: Bohemia. Jb. des Collegium Carolinum II, 1961.

[3]) Vgl. G. Landwehr: Die Verpfändungen der deutschen Reichsstädte im Mittelalter (Forschungen zur deutschen Rechtsgeschichte 5), 1967.

mitspracheberechtigten Kurfürsten den Wert des so offerierten Objekts steigern, um die hohe Gegenleistung zu begründen.

Doch lag eine solche Privilegierung auch ganz im Sinne des so geschickt die Doppelrolle des Kaisers wie des Böhmenkönigs Handhabenden, der sie wenige Tage später, am Dreikönigstag 1367, erst förmlich vornahm. Wenzel erhielt nun das Recht, die neuerdings erworbene Dorfsiedlung und Veste zu einer Stadt machen zu dürfen, nämlich zu befestigen, den Königsbann des Halsgerichts mit Stock und Galgen darin auszuüben und wöchentlich einen Markttag halten zu lassen. Das Stadtrecht von Sulzbach, des Hauptortes des oberpfälzischen „Neuböhmen", galt als Norm.

Es war also eine *Stadt,* im Vollsinn des Rechtsbegriffs[4]), deren Gründung hier statuiert wurde, freilich schon im zeittypisch abgewandelten Sinn, der Befestigungs- und Marktfunktion hervorhob, die Bürgerschaft damit zur Selbstverteidigung aufrief und ihr dafür ein mehr oder minder begrenztes Maß der Selbstordnung ihrer Belange und vor allem der samthaften Aufbringung ihrer Aufgaben überließ. Damit konnte ebenso ein königlicher Stützpunkt wie ein ökonomischer Mittelpunkt geschaffen werden, ein Zentralort also im doppelten Sinn des Wortes, der zum Kristallisationskern weiterer herrschaftlicher Ausstrahlung oder Verdichtung werden konnte. Zielvorgabe der Stadtgründung und Zielkonzept dieses Stadtraumes waren eindeutig[5]).

Die Planstadt wurde neben dem alten Dorf unter Einbezug der kirchlichen und adeligen Wehrbereiche abgesteckt, die Bevölkerung dieser dann aufgelassenen Siedlung transferiert. Sie bildete mit anderen Zuzüglern nun die *bürgerliche* Bevölkerung einer typischen, planmäßig und funktionell gegründeten, zweitorigen kleinen Landstadt von knapp drei Hektar Fläche, die ihre Ackernahrung weiterhin in der recht bescheidenen Gemarkung von rund 400 Hektar finden mußte. Eingeschoben zwischen die an sich schon dicht genug sitzenden fünf älteren Schwestern in dem fruchtbaren westlichen Steigerwaldvorland mit ihren geschlossenen Marktgebieten konnte die neue Stadt, wollte sie gewerbliches Zentrum eines landwirtschaftlichen Bezirks werden, ihren Markteinzugsbereich bestenfalls kaum weiter als 5 km ringsum über 16 dörfliche Siedlungen ausbreiten, die jedoch sämtlich anderen Herrschaften gehörten. Denn territorial und jurisdiktionell war die Stadt ja allein auf ihre kleine Gemarkung beschränkt. Ökonomische wie territoriale Zielkonflikte waren damit schon absehbar.

Angesichts der Devastationen der zweiten großen Welle des Schwarzen Todes, der allen Landesausbau zum Erliegen brachte, wollte sie darum auch nicht recht reüssieren und bedurfte weiterhin der fördernden Hand ihres fernen königlichen Stadtherrrn, zumal der Würzburger Bischof ihre gerichtliche Autonomie keineswegs anzuerkennen gewillt war und Schultheiß wie Bürger vor seine Gerichte forderte, bis Wenzel durch anderweitiges politisches Entgegenkommen dies abbog. Und er gab nun auch eine zweite ökonomische Innovation, als er 1381 die nördlich der Stadt laufenden Ost-West-Straßenzüge (etwa im Verlauf der heutigen Bundesstraße 22) durch sie zu führen befahl und ihre Benutzer dem städtischen Zoll unterwarf, dessen Ertrag für den Mauerbau gebunden wurde. Fremde Planungsbetroffene, denen zudem noch ein erheblicher Umweg abgefordert wurde, sollten jetzt also die schwache bürgerliche Initiative der königlichen Planungsstadt materiell unterstützen, auch wenn kein Stapelzwang verbunden wurde, der Prichsenstadt zum Etappenziel des Handels machte.

---

[4]) Vgl. G. KÖBLER: Civis und Ius civile. In: ZRG GA 83, 1966; burg und stat — Burg und Stadt? In: HJb. 87, 1967; Zur Entstehung des mittelalterlichen Stadtrechts. In: ZRG GA 86, 1966.

[5]) H. H. HOFMANN: Territorienbildung in Franken im 14. Jahrhundert. In: ZbLG 31,2, 1968, und in: Der deutsche Territorialstaat im 14. Jahrhundert. Vorträge und Forschungen des Konstanzer Arbeitskreises 14, 1971.

Das Zollprivileg setzte damit jedoch auch eine Umstrukturierung der bloßen Ackerbürgerschaft voraus, die durch den kraft des Straßenzwangs anlaufenden Handel kapitalwirtschaftliche Momente aufzunehmen und notfalls gewaffnet durchzusetzen hatte[6]). Der *Schirm* des Stadtherrn blieb für Bürgermeister und Rat, wie sie nun immer wieder in den Quellen genannt werden, dabei auch fortan unerläßlich. Daß Wenzel in seiner zunehmend schwankenden Politik gegenüber Würzburg und den anderen Territorien 1397 nochmals die Privilegien seines Vaters bestätigte, und zwar auf Bitten der Bürgerschaft, zeigt jedoch, daß diese nun gegenüber dem profilneurotischen König initiativ wurde.

Als die Stadt wenig später, vermutlich noch vor Wenzels glücklosem Sturz durch ihn selbst, in den Pfandbesitz der Burggrafen von Nürnberg aus dem Hause Zollern überging, hatte sich ihre Handels- und Nahmarktfunktion aber doch bereits so gefestigt, daß sich auch für die Burggrafen der energische Einsatz für das abgelegene und territorial isolierte, jedoch so hochprivilegierte Objekt lohnte. Sie behielten sie darum auch nach wiederholten Rücklösungen des böhmischen Schwagers letztgültig, wenn auch der Pfandschaftscharakter bis zum Ende des Alten Reiches formal bestehen blieb. Diese verschiedenen Aktionen der Pfandnahme, Weiterverpfändung und Wiederlösung jedoch bereichern auch unser Bild der Stadt. Denn einmal zeugt die Pfandsumme von 1400 rh. Gulden im Jahre 1413, 40 000 Gulden im Jahre 1434 doch von einem erheblichen, rasch steigenden Wert. Zum anderen ist von Weinbau und Fischzucht die Rede, also von intensiver Agrarnutzung. Zum Dritten werden Juden genannt, denen schon das Stadtrecht Karls IV. die Niederlassung erlaubt hatte, die jedoch bekannterweise zu dieser Zeit nur an Handelsplätzen saßen. „Knechte" — und d. h. im Sprachgebrauch der Zeit: Reisige, Gewaffnete — des in der Veste gesessenen adeligen Amtmanns weisen ferner auf eine militärische Stammbesatzung hin, die in der Stadt selbst Hausbesitz hatte. Und schließlich zeigen zahlreiche Auseinandersetzungen um die umliegenden Zollstätten, daß der gewinnbringende Straßenzwang auch wirklich funktionierte.

Damit bot das der eigenen Territorienagglomeration vorgelagerte Prichsenstadt mit Halsgericht und Markt hinter starker Umwehrung und mit verteidigungsbereiter kräftiger Bürgerschaft den (seit 1415) Markgrafen von Brandenburg, Ansbacher Linie, genau das, was seit ihrem einzigartigen Fürstenprivileg von 1363 Axiom all ihrer Territorienbildung gewesen war: die Möglichkeit nämlich, jeglichen in irgendeiner Rechtsbeziehung zu ihnen stehenden „Mann" auf einen so ausgestatteten Zentralort hinzuordnen — falls sie solche Holden nur erwarben. Prichsenstadt konnte somit Kern territorialer Verdichtung werden, einen Stadtraum ausbilden[7]).

Zunächst zogen die Markgrafen nicht unbeträchtlichen Nutzen aus den relativ hohen, mit dem von der Bürgerschaft selbst gewählten Rat der Stadt geteilten Gefällen, Zinsen, Zöllen und der Stadtsteuer, verfügten auch über den Bauhof, der etwa ein Zehntel der Gemarkungsfläche besaß. Rund 160 Gulden fixe, etliche erhebliche unstete Geldeinnahmen, 4 Fuder Wein, 13 Malter Korn und 3 Malter Hafer herrschaftlicher Jahresertrag lassen um 1433 zugleich erkennen, daß der Gewinn aus der Stadtwirtschaft (Handel, Gewerbe und Grundbesitz) etwa drei Viertel, der aus agrarischer Nutzung ein Viertel betrug. Die dem Rat unterstellte zeitübliche Stiftung eines Spitals 1443 durch

---

[6]) Vgl. M. Mitterauer: Zollfreiheit und Marktbereich. In: Forschungen zur Landeskunde von Niederösterreich 19, 1969.

[7]) Für solche brandenburgische Territorialpolitik exemplarisch: H. H. Hofmann: Gunzenhausen-Weißenburg (Hist. Atlas von Bayern, Teil Franken, I, 8, 1960). Auf die Abhandlungen „Grenzen und Kernräume" (Anm. 1) und „Territorienbildung" (Anm. 5) verweise ich nochmals nachdrücklich.

einen aus Prichsenstadt stammenden Nürnberger Vikar gab der Stadt dann nicht nur ein paar bäuerliche Betriebseinheiten im Umland, die somit Ansbach territorial zustanden, sie zeugt ebenso von bürgerlicher Initiative wie sozialer Differenzierung. Daß sich aus der böhmischen Sondergerichtsbarkeit ein Asylrecht auf der Stadtmarkung entwickelt hatte, das bei der sich jetzt voll ausbildenden Kriminalisierung des Strafrechts rasch an Wert gewann und etliche Einkünfte bot, muß ebenso erwähnt werden, auch weil es die territorialen Zwistigkeiten nährte.

Und diese spitzten sich notwendig scharf zu. Die Würzburger Bischöfe mit dem Anspruch ihres ostfränkischen Herzogtums hatten sich ja von vornherein gegen den empfindlichen Pfahl im Fleisch ihrer sich kräftigenden Territorialität gestellt. Das große Abringen mit dem nach gleicher Machtfülle strebenden Marktgraftum beschwor die Katastrophe herauf. Konnte der „teutsche Achill" 1461 durch geschicktes Manövrieren den Wüzburger zum Abbruch der schon siebentägigen Belagerung zwingen, so nahm dieser dann 1462 mit übermächtigem Heer, dem Georg Podiebrad zugezogen war, nach vier Tagen stürmend die Stadt, äscherte sie ein, schleifte die Mauern und Türme, vertrieb die Bewohner und führte 330 *„ehrbare reisige Bürger"*, 8 Juden, 26 Pferde und alle Vorräte und fahrende Habe mit sich fort.

Der Prager Friede des folgenden Jahres restituierte dem Markgrafen die Brandstatt, die sogleich mit Hilfe eines hohen Darlehens des die Front wechselnden böhmischen Pfandherrn, der sie eben mit zerstört hatte, erheblichen Steuernachlässen und gezielten Förderungsmaßnahmen des Landesherrn und nicht zuletzt der Ausnutzung des nun erworbenen, 12 km entfernt liegenden „Bürgerwaldes"[8]) von 200 Hektar Fläche rasch, schöner und noch stärker befestigt wieder aufgebaut wurde und sich wirtschaftlich erstaunlich schnell erholte.

Dabei hatte sich nun auch die Möglichkeit geboten, die Bevölkerung der etwa 10 Höfe des nahegelegenen Weilers Kleinschönbach in einer erst nach dem Neubau der Mauer dafür angelegten und dann in den erweiterten Mauerzug einbezogenen Vorstadt anzusiedeln[9]). Der Weiler war der Zisterze Ebrach zuständig, die unter dem Schirm des Markgrafen stand, und war deshalb von den Würzburgern zerstört worden. Daß der Schirmherr diese Bauern nun in seine Vorstadt zog, wo sie zunächst als Nutzungsrechtler eine Sondergemeinde bildeten und dann erst allmählich voll in die Bürgerschaft integriert wurden, und ihre Gemarkung — die weiterhin mit Grund- und Zehntherrschaft dem Abt verblieb — der Stadtmarkung anschloß, ist ein eindringlicher Beweis für die territorialpolitischen Funktionsfähigkeiten und -möglichkeiten von *Schutz und Schirm*[10]). Hier hatte er jedenfalls die Anlage einer im Vergleich zur Stadt fast gleich großen agrarischen Vorstadt ermöglicht und den Stadtraum der Ackernahrungsfläche zugleich um 50 % vergrößert.

Der weitere territoriale Ausbau jedoch mißlang, zumal — nach dem Debakel des Bauernkriegs, bei dem die selbstverständlich beteiligte Bürgerschaft um ihrer Sonderstellung willen höchst glimpflich behandelt wurde — die 1528 förmlich eingeführte lutherische Lehre jetzt auch die konfessionelle Isolierung im Umland brachte. Hatte der

---

[8]) Für die Bedeutung eines Stadtwalds: G. PFEIFFER: Wasser und Wald als Funktionen der Stadtentwicklung in Franken. In: Jb. f. fränk. Landesforschung 32, 1972.
[9]) Zum Vergleich: E. MASCHKE — J. SYDOW (Hg.): Stadterweiterung und Vorstadt (Veröffentlichungen der Kommission für geschichtliche Landeskunde in Baden-Württemberg B 51, 1969 und: K. BLASCHKE: Altstadt — Neustadt — Vorstadt. Zur Typologie genetischer und topographischer Stadtgeschichtsforschung. In: VSWG 57, 1970.
[10]) Zum Problem: H. H. HOFMANN: Freibauern, Freidörfer, Schutz und Schirm im Fürstentum Ansbach. In: ZbLG 23,2, 1960, und: „Territorienbildung" (Anm. 5).

Bauernsturm die Veste zerstört, so gab die reformatorische Säkularisation nun Kirchen- und Stiftungsgut in die Verfügung des Rats, dem damit Kirchenpflege, Schul- und Sozialwesen oblag — die Stadt hatte also gewonnen. Bald wurde auch der Amtmann aus dem inzwischen renovierten Sitz abgezogen, so daß der dem Oberamt Uffenheim nachgeordnete bürgerliche (Stadtvogt und) Kastner, der in der Stadt wohnte, fortan allein die Rechte des Stadt- und Landesherrn wahrte.

Mit gut 100 Herdstätten hatte Prichsenstadt in der ersten Hälfte des 16. Jahrhunderts eine beachtliche Bevölkerungszahl[11]. Die Bürgerlisten weisen neben 2 Juden eine stattliche Reihe von Handwerkern auf. Über ein Drittel der Bürger besaß überhaupt keine agrarischen Nutzflächen, rein bäuerlich lebten neben den Vorstadtbewohnern nur wenige. Über vier Fünftel der Haushaltungen bestanden aus 2 bis 3 Personen. Das Sozialgefälle war beträchtlich, wie immer stand einer teilweise überraschend reichen schmalen Oberschicht, die vorwiegend den Rat stellte, eine breite Mittelschicht und eine fast noch größere Unterschicht gegenüber[12]. Wehrkraft und Bewaffnung, auch mit Feuerrohr und Geschütz, sind beachtlich hoch. Der Wirtschaftsorganismus scheint behäbig gesund.

Als Stadt ohne auf sie zugeordneten Amtsbezirk war Prichsenstadt jedoch nicht nur Markgraftum, sondern im gesamten, doch stets in Einheiten von städtischem Mittelpunkt und ländlichem Herrschaftsbereich strukturierten oberdeutschen Raum ein schier kurioser Sonderfall[13]. Und das heißt, daß das stadtherrliche Zielkonzept nicht erfüllt, sondern lediglich in der spezifisch sektoralen Bezugsebene eines rein ökonomischen Markteinzugs- und -ausstrahlungsbereichs realisiert war. Dies aber zeugt ebenso von gut und zielstrebig gefördertem bürgerlichen Wirtschaftsgeist und Wirtschaftssinn, der diesen fremdherrischen Nahversorgungsraum zu bilden und zu halten verstand.

Und diese erfuhren nun unverhofft eine — von keiner herrschaftlichen oder kommunalen Planung ausgelöste — ganz erhebliche Stärkung, als 1586 des glaubenseifrigen Fürsten auf dem Stuhl des Hl. Kilian, Julius Echter von Mespelbrunn, energische Gegenreformation[14] 66 evangelische Bürger aus der nahen, zentralörtlich weit bedeutenderen würzburgischen Amtsstadt Gerolzhofen vertrieb. 29 von ihnen fanden Aufnahme in Prichsenstadt, wo ein schon 23 Jahre früher gleichfalls aus Glaubensgründen übersiedelter Mitbürger bereits Aufnahme in den Rat gefunden hatte und in das Bürgermeisteramt gewählt worden war. Der Zuzug von mehr als einem Viertel der historischen Bürgerschaft bedeutete für Prichsenstadt einen sehr wesentlichen Impuls. Denn die Neubürger

---

[11]) Vgl. dazu M. M. POSTAN: Die wirtschaftlichen Grundlagen der mittelalterlichen Gesellschaft. In: Jbb. f. Nationalökonomie und Statistik 166, 1954, und das Sammelwerk W. KÖLLMANN—P. MARSCHALCK: Bevölkerungsgeschichte (NWB 54), 1972.

[12]) Zum Vergleich: W. MASCHKE — J. SYDOW: Gesellschaftliche Unterschichten in den südwestdeutschen Städten (Veröffentlichungen der Kommission für geschichtliche Landeskunde in Baden-Württemberg B 41), 1967, und: Städtische Mittelschichten (ebd. B 69), 1972. Zum Gesamtproblem: Untersuchungen zur gesellschaftlichen Struktur der mittelalterlichen Städte in Europa (Vorträge und Forschungen des Konstanzer Arbeitskreises XI), 1966.

[13]) In Südwestdeutschland hatte die Hälfte der badischen Ämter keinen städtischen Mittelpunkt, während umgekehrt Städte im Amtsbereich eines anderen städtischen Zentralorts als „Städtle" amtlich bezeichnet wurden. In Württemberg ist kein Amt ohne städtischen Mittelpunkt bekannt (freundliche Auskünfte von Herrn Reg.-Dir. Dr. M. SCHAAB, Heidelberg). In Franken sind gelegentlich Ämter auf Märkte zentriert (z. B. Heidenheim/Hahnenkamm), nur ein bambergisches Amt (Zentbechhofen) hat einen dörflichen Mittelpunkt, wobei als „Ämter" hier selbstverständlich solche mit landesherrlicher Gerichtsbarkeit verstanden sind und nicht mit rein grundherrlich-niedergerichtlichen Funktionen. Letztere sind natürlich auch in Dörfern zentralisiert.

[14]) Vgl. E. SCHUBERT: Gegenreformation in Franken. In: Jb. f. fränk. Landesforschung 28, 1968.

waren sämtlich sehr wohlhabende Handwerker, die eine Zeitlang noch vom neuen Wohnsitz aus ihre Geschäfte in Gerolzhofen versahen und ihre Grundstücke dort bewirtschafteten, bis der Fürstbischof auch das unterband. Der Kapitalzufluß von mindestens 50 000 Gulden Vermögen — der markgräfliche Landesherr zog zu dieser Zeit aus der Stadt jährlich etwa 200 Gulden Nutzung —, das handwerkliche Know-how vieler hier noch nicht vorhandener Branchen, der Gewinn an guten Geschäftsbeziehungen mußten ja zu einer Umstrukturierung der Bevölkerung, vornehmlich der Oberschicht, führen wie auch zu einer ganz erheblichen Vermehrung und Verbesserung der Produktion. Prichsenstadt gewann damit im sekundären wie tertiären Sektor einen weit höheren zentralörtlichen Rang, ja in Spezialgewerben überregionale Bedeutung.

Wenn bekanntlich jede mittelalterliche und frühneuzeitliche Stadt bei ihren — nicht zuletzt aus den sanitären Verhältnissen resultierenden — überdurchschnittlichen Sterbequoten stets hohen Zuzugs bedurfte, um ihre Bevölkerungsziffer auch nur zu behaupten, so wiesen hier die seit 1551 geführten Bürgeraufnahmelisten in der zweiten Hälfte des 17. Jahrhunderts 538 Neuaufnahmen auf. Etwa die Hälfte sind Söhne Alteingesessener. Der Zuzug kam in der Masse aus der nahen und weiteren Umgebung, etlicher — wohl durchwandernde Gesellen, die hier die Möglichkeit der Niederlassung fanden — auch aus fernen Zonen gleicher evangelischer Konfession. Unter den 224 angegebenen Berufen sind nur 50 Landwirte, sämtlich Bauern der Spitalstiftung, die ja Bürgerrecht besaßen. Bis auf zwei Pfarrer, drei Lehrer und einen Händler sind alle anderen Handwerker, darunter sogar ein Goldschmied, was auf recht zahlungsfähige Kundschaft (wohl auch unter dem umgesessenen evangelischen Adel) schließen läßt.

Neben sämtlichen bedarfsdeckenden Handwerken des Nahmarkts treten nun textil- und lederverarbeitende Gewerbe so stark in den Vordergrund, daß ihre Massierung auf arbeitsteilige, von größeren Verlagsunternehmen gesteuerte Produktion weist, die das Rohmaterial zuführte und den Fernabsatz über die nahen Mainhäfen auf Deutschlands meistbefahrenen Strom lenkte. Ob diese Verleger in Nürnberg oder gar Frankfurt zu suchen sind, bleibt natürlich unbekannt; örtliche Faktoren scheinen einzelne Handwerker oder Wirte zu sein, die ungewöhnlich hohe Vermögen aufweisen und selbstverständlich auch im Rat sitzen. Die frühere Ackerbürgerstadt war jetzt an der Schwelle des 17. Jahrhunderts eindeutig auf Gewerbeproduktion mit nur teilweise agrarischem Nebenerwerb orientiert[15]).

Zwar behielt man die alte Bebauungsfläche mit ihren zwei wiederholt verstärkten Verteidigungsberingen um Vorstadt und Innenstadt bei, die Besiedlungsdichte nahm dagegen ganz erheblich zu. Man bebaute nun auch die Zwingergassen beidseitig mit nur 5 m tiefen Häusern. Vor dem freien, teilweise durch Weiher geschützten Schußfeld vor den Mauern lagen nur Ziegelhütte und Wiesenmühle. 70 Wohnhäuser — neben der Kirche und dem Rathaus mit seinen Brot- und Fleischbänken und der Stadtwaage — in der Innenstadt und 62 in der Vorstadt drängten sich so auf knapp 6 Hektar Fläche. Pfarrhof, Amtshaus des markgräflichen Kastners, Badhaus, Kelterhaus und Stadtmühle nahmen eine Sonderstellung ein.

Hatte in dem unverändert engen Stadtraum der Gemarkung bislang durch wiederholte Teilungen fast jeder Bürger einen Garten vor den Mauern pachten können, der der agrarischen Teilselbstversorgung v. a. mit Kraut und dem Brotersatz der Hülsenfrüchte diente, so ist dort nun die zunehmende Ballung in Händen weniger, nämlich vorwiegend agrarisch lebender Besitzer zu beobachten. Auch bei der landwirtschaftlichen

---

[15]) S. Anlage 1.

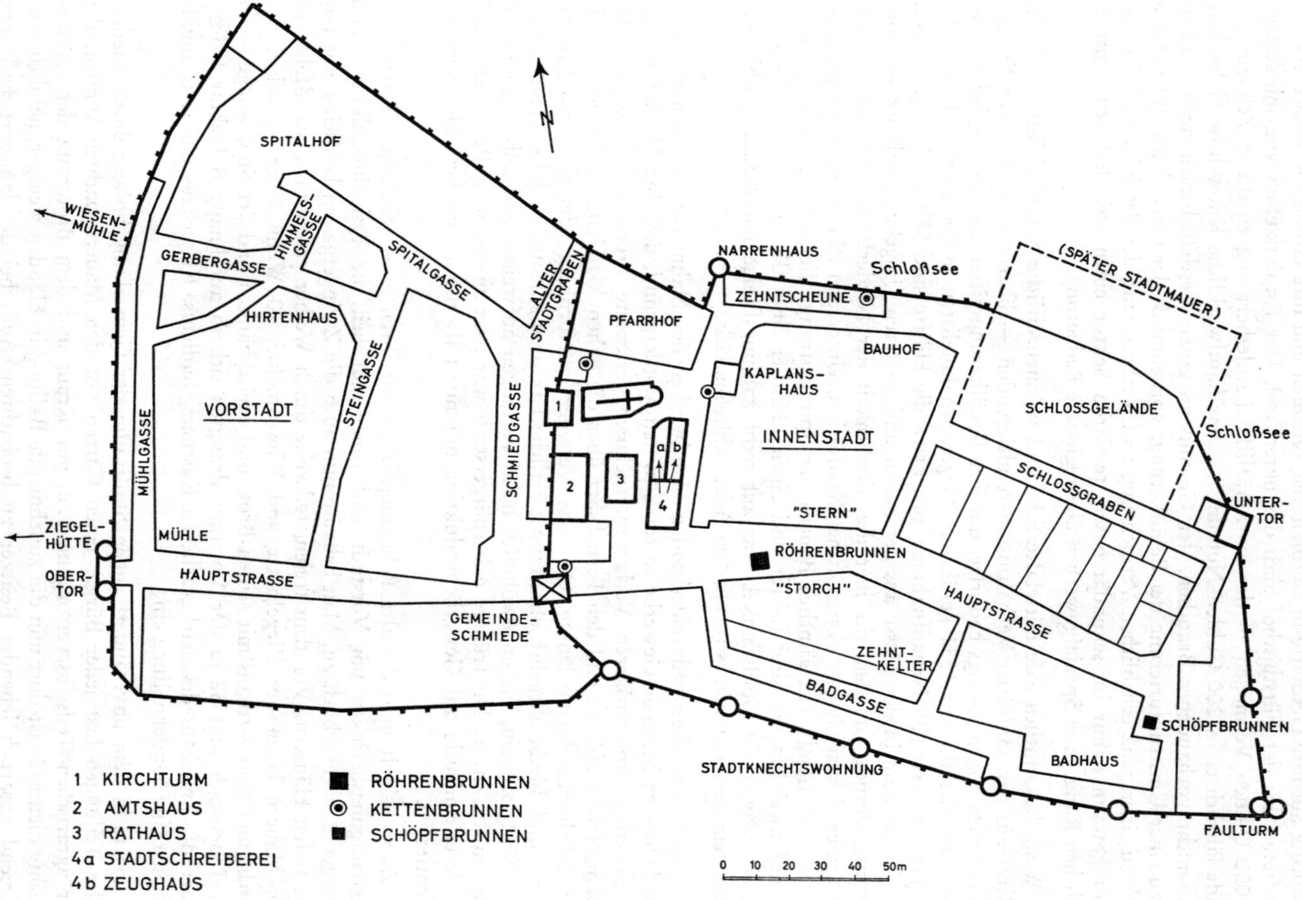

Abb. 1: Pricbsenstadt — Vereinfachter Stadtplan um 1600 (Wöppel)

Nutzungsfläche wird dieser Konzentrationsprozeß stärker, zumal mehr als der Halbteil der Gemarkung aus „walzenden" oder „fliegenden Lehen" besteht, die wie immer dem Ausgleich zwischen der grundherrlich gebundenen Betriebseinheit und deren Arbeitskapazität und -initiative dienten. Über 60 % der Gemarkung werden als Acker- (Korn und Hafer) und Gartenland genutzt, 10 % für die Viehzucht, die durch Weidepachtverträge mit den ländlichen Anrainergemeinden intensiviert wird, je 10 % für die Intensivkulturen des Weinbaus und der Fischzucht. 10 % dienten dem Brennholzbedarf, den ebenso wie den Bauholzbedarf der ferne Bürgerwald deckte, der noch etlichen Überschuß abwarf. Die Arbeitsteilung zwischen primärer und sekundärer Produktion ist also weitgehend vollzogen.

Der Sozialkörper zeigt auch weiterhin starke Differenzierungen, die sich weniger bei den Steuern, als bei der Waffenhaltung der vier Stadtviertel und im Hausbesitz nachweisen lassen, der starke Konzentrationen aufweist. Bei der Bevölkerungsdichte der Stadt ist Stockwerkseigentum weit verbreitet. Sozialtopographische Schwerpunkte sind leicht zu konstatieren. Die Verfassungsstruktur spiegelt das gewohnte Bild der Ballung aller Rechte in Händen des zwölfköpfigen Rats, der teils als Schöffenkolleg gestufter Gerichtsbarkeiten unter Leitung des landesherrlichen Beamten, teils als selbstverantwortliches Kommunalgremium unter Vorsitz der Bürgermeister fungiert. Analog zur Aufteilung zahlreicher Kosten und Gefälle ist auch der Stadtschreiber zugleich als Amtsschreiber verpflichtet. Eine ganze Reihe städtischer Kontrollfunktionen der Nachbarschaftsordnung wie über die Stiftungen wird von Rats- und Gemeindebürgern gemeinsam versehen. Der Stadthaushalt ist gut ausgewogen, hat jedoch nur das bescheidene Volumen von durchschnittlich 170 Gulden Einnahmen und 90 Gulden Ausgaben, bis Bauten und Kreditaufnahme ihn nach der Jahrhundertschwelle rasch ansteigen lassen. Der jährliche Durchschnittsertrag des Stadt- und Landesherrn beträgt rund 184 Gulden Bargeld und Naturalien im Wert von ca. 132 Gulden.

Landesherrliche Repräsentanz in Amt und Gericht, genossenschaftliches Zusammenwirken von Rat und Bürgergremien, kulturelle Fundierung in Pfarrei und Lateinschule(!), örtliche Dienstleistungs- und voll deckende Nahmarktfunktionen samt verlegerisch gesteuertem Fernabsatz der 29 teils sehr stark besetzten Gewerbe, dagegen nur noch bescheidene agrarische Erzeugung, die der Markt ausgleichen mußte, kennzeichneten also diese Stadt nach 1600. Bei erheblichem Wohlstand hinter festen Mauern, Türmen und Toren ist sie mit einer auch nach Seuchen rasch wieder durch Zuzug aufgefüllten Bevölkerung von etwa 800, wenn nicht mit dem zahlenmäßig schwankenden „gebrödeten Gesind" gar an die 1000 Seelen Prototyp der spät- und nachmittelalterlichen Gewerbebürgerstadt vor dem großen Verderben des 30jährigen Kriegs[16]). Im postfeudal strukturierten Franken muß sie damit durchaus als ein höherwertiger Zentralort gelten — jedoch von ausschließlich wirtschaftlicher Bedeutung. Denn auf ihre Sonderstellung als Stadt ohne rechten Stadtraum, ohne Herrschaftsfunktion für das Umland und auf die Sonderung durch den konfessionellen Gegensatz zu diesem muß dabei nochmals hingewiesen werden.

Dies kehrt sich nämlich nun erneut gegen Prichsenstadt, als nach dem Restitutionsedikt 1629 das Hochstift Würzburg aus der Pfandschaft der Markgrafen die starke Amts- und Mainhandelsstadt Kitzingen zurücknahm, die bislang die brandenburgischen Objekte im Steigerwaldvorland gedeckt hatte. Der Druck wuchs. Als Gustav Adolf 1631

---

[16]) Vgl. R. ENDRES: Zur wirtschaftlichen und sozialen Lage in Franken vor dem 30jährigen Krieg. In: Jb. f. fränk. Landesforschung 28, 1968.

ins fränkische Herzland des Reiches stieß und dort ein evangelisches Herzogtum errichtete, schien die durch Durchmärsche und Einquartierungen schon bös belastete Stadt zwar wieder politisch gesichert. Dann jedoch traf sie der Krieg mit voller Wucht, als die große Stellungsschlacht an der Alten Veste bei Nürnberg in weitestem Umkreis das Land mit einbezog. Am 3. August 1632 stürmten die Kaiserlichen die sich energisch verteidigende Stadt, ließen gut 60 Männer über die Klinge springen, plünderten und quälten gründlich und setzten schließlich den roten Hahn auf 15 Dächer. Über 100 Tote hatte man zu beklagen, darunter *„die vornehmsten und edelsten Leut"*. Der Ruin warf seine Schatten voraus.

Denn seither rissen die von den Nachbarn gern auf das fremdherrische Ketzernest gelenkten Überfälle nicht mehr ab. Die umfänglichen Schadensmeldungen lassen die Vermögens-, Produktions-, Vieh- und Vorratswerte erkennen, die Prichsenstadt aufzuweisen hatte. Am Ende blieb freilich 1648 wenig mehr als die nackte Existenz der wiederholt in die Wälder geflüchteten, langehin immer wieder noch durch Zuzüge genährten Restbevölkerung übrig. Der Wiederaufbau mußte zunächst allein auf der Agrarstruktur fußen, denn Handel und Wandel lagen danieder, der Gewerbeproduktion fehlten Material und kundige Hände, die Gemeinde war bankrott und überschuldet.

Zudem trafen kaiserliche Durchmärsche auch in den folgenden zwanzig Jahren immer wieder die lutherische markgräfliche Exklave besonders schwer, in der erst nur 61 Häuser, im Jahre 1674 dann 75 Häuser zur Quartierleistung herangezogen werden konnten. Noch 1711 waren „acht bis zehn öde Plätze" im Mauerring, obwohl oftmals ein Haus mit zwei Familien belegt war. Schon in den letzten bösen Kriegsjahren hatte der Markgraf mit erheblichen Steuer- und Abgabennachlässen zu helfen versucht und gewährte solche nun wiederholt, zweckgebunden für Befestigung, öffentliche Bauten und Ansässigmachung. Zwischen 1643 und 1661 hob sich trotzdem das Gesamtsteuervermögen nur von 3000 auf 10 300 Gulden. Die Reichskriege gegen das Frankreich Ludwigs XIV. forderten stets neue Opfer an Quartier und Kontributionen, und den einträglichen Straßenzwang konnte Ansbach nach etlichen Anläufen nicht mehr durchsetzen, so daß die Zolleinnahmen spürbar zurückgingen. Wenn der Neubau des Rathauses 1682 auch äußerlich die Wiederaufbauzeit abschloß, zeigen Steueraufkommen und Stadthaushalt erst nach Beginn des 18. Jahrhunderts die mühsam erreichte Sanierung.

Dabei hatte Prichsenstadt — abermals durch die energische landesherrliche Förderung und das konfessionelle Anzugsmoment — jetzt auch wieder seine alte wirtschaftliche Bedeutung gewonnen[17]). Der Zuzug betrug mehr als zwei Drittel der Bevölkerung, was sich auf die Besetzung des Rates stark auswirkte, den nun nach der agrarisch strukturierten Wiederaufbauzeit auch wieder fast allein die reichen Handwerke stellten. Die Neubürgerlisten — die ja mündige Bürgersöhne ebenso wie Zuwanderer aufführen und deshalb lediglich für die Gewerbestatistik interessant sind — lassen wieder die Massierung textil- und lederverarbeitender Gewerbe und damit die Verlagssteuerung für Fernhandel, volle Bedarfsdeckung, in höherwertiger Zentralität auch seit 1670 die Einrichtung einer Apotheke ersehen. Der herrschaftliche Bauhof wurde weitgehend und dann völlig in die städtische Agrarproduktion eingeordnet, die im Schatten der Gewerbe blieb. Die Jahreseinnahmen des markgräflichen Landesherrn betrugen zwischen 1713 und 1722 1065 Reichsthaler, davon lediglich 316 aus Naturalgefällen, die Ausgaben 338, der Gewinn also 727 Reichsthaler. Die Zahl der Jahrmärkte stieg nach Ausweis der städtischen Schaugeldaufzeichnungen von fünf im Jahre 1684 auf sechs im Jahre 1787 und dann weiter bis auf zehn.

---

[17]) S. Anlage 2.

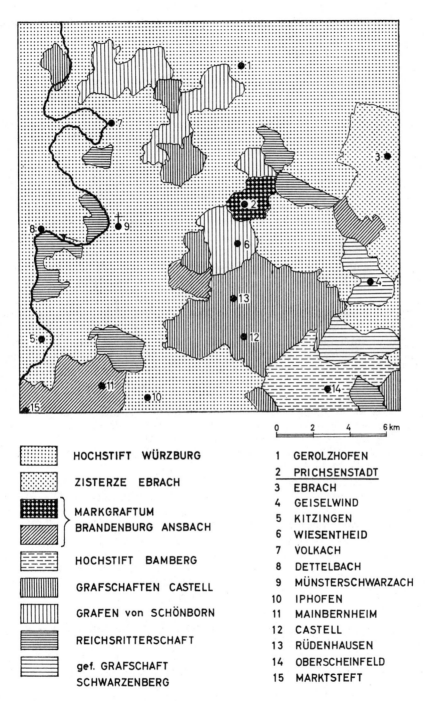

Abb. 2: Die territoriale Situation (Ende 18. Jh.)

Dies sollte allerdings mit landesherrlicher Hilfe der Konkurrenz begegnen, die sich im Zeichen der kameralistischen und — bei der territorialen Gemengelage freilich höchst unvollkommen auszuformenden — merkantilistischen Tendenzen der Anrainer recht unangenehm bemerkbar machte. Nur 8 km nördlich lag ja die Würzburger Amtsstadt[18]) Gerolzhofen, 12 km nordostwärts am Hauptstraßenzug (der heutigen B 22) die Zisterze Ebrach mit eigenem Markt, 11 km nordwestlich die Würzburger Amtsstadt Volkach am Main, davor das Kloster Münsterschwarzach mit Marktrecht. 18,5 Straßenkilometer waren es nach Südwesten zum großen würzburgischen Mainhafen Kitzingen, der die Geleitstraße Prag—Nürnberg—Frankfurt auffing (B 8), wobei ihm das seit 1730 energisch zum Hafen ausgebaute ansbachische Marktsteft heftige Konkurrenz machte, 12 km südlich zu dem gleichfalls an ihr gelegenen, ebenso exklavierten brandenburgischen Mainbernheim und zum würzburgischen Iphofen. Als 1682 die Freiherrn (1701 Reichsgrafen) von Schönborn, die machtvoll aufsteigenden Dynasten in der Germania Sacra der Vorderen Reichskreise, ihrer neugewonnenen Herrschaft Wiesentheid gleichfalls das Marktrecht verschafften, protestierte Prichsenstadt vergeblich gegen die knapp 3 km südlich entstehende Konkurrenz. Aber schließlich legten auch die evangelischen Grafen von Castell auf dem Steigerwald, mit denen die Stadt stets in etlicher Konjunktion gestanden, nach ihrem Hauptort 1742 (9 km südlich) ihrer zweiten Residenz Rüdenhausen (7 km südlich) ebenfalls Marktrecht bei.

Der Prichsenstädter Markt mußte sich also in seinem Nahversorgungsraum gegen verstärkte und vermehrte fremde territorialwirtschaftliche Entfaltung behaupten. Daß das Markgraftum Ende des 18. Jahrhunderts jährlich weiterhin über 700 Reichsthaler Gewinn aus den städtischen Abgaben zog, obwohl es 1745 den Bauhof verkauft und den agrarischen Eigenertrag so empfindlich geschmälert hatte, beweist, daß dies auch gelang. 200 Thaler waren darunter Zolleinkünfte, so sehr dieser Zoll auch immer umstritten blieb. Dabei zehrte am Wohlstand, daß bei Durchmärschen die umliegenden katholischen Orte gerne verschont, Prichsenstadt jedoch besonders hoch belastet wurde, so daß es ein schöner Triumph gewesen sein muß, als beim preußischen Einfall 1762, mit dem der Große König der „geistlichen Canaille" in Franken „den Krieg verleiden" wollte, es einmal umgekehrt zuging. Die Neubürger- wie die Steuerlisten des 18. Jahrhunderts bieten das gewohnte Bild der Ballung der zwei großen verlegten Handwerkergruppen — wobei sich hier nun auch *Faktoren* erschließen lassen, Gastwirte und Händler, die die örtliche Lenkung hatten — und der gut besetzten Bedarfdeckungs- und Dienstleistungsgewerbe, wobei die stattliche und dann langsam zurückgehende Zahl von Büttnern und Seilern wohl auch für den Mainhandel lieferte. Apotheker, Goldschmied, Buchbinder und Zinngießer sprechen für hochwertigen Absatz, den auch Hut-, Borten- und Strumpfmacher fanden, die aber sicher noch auch auf Abnahme durch Fernhändler angewiesen waren. Die Entwertung der Befestigung angesichts der fortschreitenden Kriegstechnik führte zur Anlage von Gärten auf den eingeebneten Gräben und zugeschütteten Weihern. Die Agrarproduktion konzentrierte sich wie früher.

Dies zeigt auch der Baubestand, der sich gegenüber dem vor dem großen Krieg um 12 auf 120 Wohngebäude verringert hatte und dann nur auf 124 stieg, wobei man weniger Scheunen und Ställe benötigte. Handwerker hatten dabei einen Teil der landwirtschaftlichen Nebengebäude erworben und darin Werkstätten eingerichtet. Das Sozial-

---

[18]) Vgl. H. J. DAUL: Verwaltungs- und Gerichtsorganisation im Hochstift Würzburg am Ende des Alten Reiches. In: Mainfränk. Jb. f. Geschichte und Kunst 23, 1971.

gefälle blieb stark[19]). Das Gesamtsteuervermögen der Bürgerschaft war auf etwa 8000 Reichsthaler geschätzt, was von etlichem Wohlstand zeugt. Ein Händler, der allein 5 %) des Gesamtsteueraufkommens trug, ein Weiß- und ein Rotgerber zahlten ebenso wie zwei Wirte und zwei Bauern über 200 Thaler jährlich, 15 weitere Bürger über 100, weitere 18 über 50 Thaler. Ein Sechstel der Bürgerschaft besaß so den Halbteil des Gesamtvermögens, eine nicht unbeträchtliche Zahl aber erreichte die bei etwa 10 Thalern liegende Rentabilitätsgrenze gar nicht. Wie weit diese Spitzenvermögen — zu denen sicher auch der nicht besteuerte Apotheker in einem der schönsten Häuser am Marktplatz zu rechnen ist — aus Unterverlag, Faktorentätigkeit oder einer mehr oder minder großen Führungsrolle in organisierten Absatzgenossenschaften resultierte, ist nicht sicher zu ermitteln.

Auch darf bei solchen Auswertungen nicht unterschätzt werden, daß der letztlich doch feudal strukturierte fränkische Landesstaat des 18. Jahrhunderts mit seinem agrarwirtschaftlich orientierten Besteuerungssystem die Landwirtschaft weit höher besteuerte als die stadtwirtschaftlichen Gewerbe, so daß nicht unbeträchtliche Verzerrungen entstehen. Dies führte auch dazu, daß gerade die übersetzten ärmeren Handwerke wie Weber und Schneider, aber auch die gut verdienenden holz- und eisenverarbeitenden wie die Baugewerbe keine Agrarnutzung suchten, während umgekehrt nur 5 %) der Bürgerschaft die Landwirtschaft ausschließlich und etwa 70 %) sie nebenbei betrieben, wobei die Betriebsgrößen zwischen 2 und 15 ha bei einem Durchschnitt von nur 5 ha(!) schwankten. Einen Garten besaßen jedoch bis auf sieben alle Hausbesitzer.

Die Gewerbe hatten sich auf landesherrlichen Befehl in zehn Zünften organisiert, deren Meister sich schroff gegen jede Übersetzung — und damit auch gegen die markgräfliche Peuplierungspolitik wandten, der doch das Auflassen der Verteidigungsflächen, das Überbauen des ehemaligen, seit dem Großen Krieg öd liegenden Schloßareals und die gerne genehmigte Aufteilung der grundherrlich gebundenen Betriebseinheiten dienen sollte. Die Zuwanderungsraten blieben so ziemlich gleichmäßig. Die Juden[20]) waren weitgehend rechtlich integriert; benachbarte Juden mußten für den Marktbesuch vierteljährlich Leibzoll entrichten, nach dem man sie im Amtsjargon „Quartaljuden" hieß. 2 Wirtshäuser, 7 Braustätten, 1 Badhaus, 6 Bäcker- und 3 (überbelegte) Judenhäuser, die Stadtmühle und 3 weitere Mühlen, die auch als Lohmühlen für die Gerberei dienten, 3 Schmieden samt einer Nagelschmiede heben sich aus der seit 1600 strukturell wie im Grundriß nur gering veränderten Stadtfläche heraus.

Der zunehmende Bevölkerungsdruck und der geminderte Marktabsatz zwangen zu neuen Innovationen. Gerber und Wirte wichen auf die Viehzucht auf nachbarörtlichen Weidepachtflächen aus, die mit Fleisch mehr denn mit Häuten recht gewinnbringend schien. Da die Fischzucht mit dem Trockenlegen der im Vorfeld liegenden Weiher eingegangen war, wurde der Weinbau dafür stärker intensiviert. Vor allem jedoch stieg die Zahl der Händler stark an. Die Auftrennung der Krämerzunft in Handel mit Wolltuch, Baumwolltuch, Spezereien und Eisenwaren könnte auf die Entfaltung kleiner Unternehmer hinweisen, die verlagsmäßig Rohprodukte und Halbfertigwaren zur Veredelung einführten. Die Gerber bezogen ihre Häute zweifellos in der Masse von auswärts, oder besser: sie bekamen sie vom Verlag geliefert, zudem sich deutlich arbeitsteilige Schuh-

---

[19]) Vgl. E. Maschke — J. Sydow (Hg.): Verwaltung und Gesellschaft in der südwestdeutschen Stadt des 17. und 18. Jahrhunderts (Veröffentlichungen der Kommission für geschichtliche Landeskunde in Baden-Württemberg B 58), 1969.
[20]) Zum Problem: H. H. Hofmann: Ländliches Judentum in Franken. In: Tribüne. Zs. zum Verständnis des Judentums 27, 1968.

fabrikation abzeichnet, der Absatz nur mainabwärts möglich war. Konjunkturschwankungen sind wiederholt zu beobachten, doch blieb die Vermögensstruktur im wesentlichen, wenn auch bei einigem Wechsel der Höchstbesteuerten, gleich. Taglöhner gab es erstaunlich wenige. Daß man jäh die Seidenraupenzucht aufgriff und rasch enttäuscht wieder fallen ließ oder den beglückt gemeldeten Fund von Marmor dann als gefärbten Gips abschreiben mußte, wirft jedoch einiges Licht auf die Sorgen, denen man gerade noch begegnen konnte — ebenso wie das Faktum, daß das noch immer gern gesuchte Asyl gegen Ende des Jahrhunderts mehr Bankrotteure als Totschläger aufnahm.

Die bestehende und noch immer blühende Wirtschaft hatte offensichtlich in diesen — im Grunde doch nachmittelalterlichen — Formen ihr höchstmögliches Volumen erreicht. Die Rezession zeichnete sich bereits ab. Das lag nicht nur an dem wachsenden Konkurrenzdruck der zahlreichen umliegenden Märkte und nicht minder der in der Zeit der Peuplierung durch alle Territorien und Reichsritter rasch angestiegenen Zahl dörflicher Handwerker. Es lag mehr wohl auch am starken Rückgang der main- und rheinabwärts gehenden Verlagsproduktion, seit das revolutionäre Frankreich die Rheinschiffahrt unterband und Holland unterwarf. Vor allem aber mußte nun mit dem immer stärkeren Rationalismus der aufgeklärten Staatlichkeit, die zu interterritorialer Koordination führte — was ja auch in dem brandenburgischen Nachgeben bei den Zollstreitigkeiten seinen Ausdruck fand — und die wirtschaftliche Kooperation eines geeinten Fränkischen Kreises anbahnte, das ansbachische Interesse an der exklavierten Außenposition erlahmen, das doch allein durch territorialpolitische Machtbehauptung, protektionistische Wirtschaftspolitik und gezielte Förderung diese Sonderstellung Prichsenstadts ermöglicht hatte.

Als die Krone Preußen 1792 die fränkischen Markgraftümer übernahm und der allgewaltige Minister Freiherr von Hardenberg dort in rigorosem Durchsetzen nach innen und außen einen modernen Staatsbau erzwang, der die „letzte edelste Spätblüte des aufgeklärten Despotismus" auf deutschem Boden bringen sollte[21]), wurde Prichsenstadt zunächst wohl diesem einbezogen. Das jetzt zum Uffenheimer Kreis gehörige „kombinierte Justiz- und Kammeramt" war dabei lediglich eine neue Bezeichnung für die alte Form, denn der nun kgl. preußische Einzelbeamte nahm auch weiterhin mit Hilfe des Amts- und Stadtschreibers allein sämtliche Aufgaben der Judikatur, Administration und Staatsfinanzhoheit wahr, war dabei nur neuformierten Mittel- und Oberbehörden nachgeordnet. Aber die Stadt verlor doch durch die Eingliederung in den neuen rationalistischen Staatsverband der preußischen Provinzen alle ihre Sonderheiten in Verfassung, Recht, Wirtschaft und Verwaltung. Die Aufteilung der letzten Domanialgrundstücke, die der energischen preußischen Siedlungspolitik diente und das Ansässigmachen weiterer agrarisch lebender Kleinbürger erlaubte, die Intensivierung des Obstbaus durch die Landwirtschaftsinspektion[22]), und die straffen wirtschaftspolitischen Maßnahmen des Ministers zugunsten der Gewerbe brachten noch einmal eine letzte Wachstumsspitze.

Dann jedoch kam der politische Umschwung. Schon bei jenen Revindikationen 1796, die gegen den erbitterten, doch vergeblichen Protest der Anrainerterritorien die preußischen Staatsgrenzen auf die Hochgerichts-Anspruchslinien des alten Markgrafums

---

[21]) Vgl. H. H. Hofmann: Die preußische Ära in Franken. Ein Beispiel der Raumordnung des Spätabsolutismus. In: Hist. Raumforschung 4, 1963. Wiederabdruck in: H. H. Hofmann (Hg.): Die Entstehung des modernen souveränen Staates, NWB 17, 1967.
[22]) Vgl. H. H. Hofmann: Beobachtungen zur preußischen Landwirtschaftsförderung in Franken. In: Wege und Forschungen der Agrargeschichte, Festschrift für G. Franz, 1967.

vorschoben, hatte Hardenberg allseits Ausgleichsverhandlungen angeboten[23]). Als der große Lastenausgleich des Reichsdeputationshauptschlusses sich abzeichnete, leitete er solche nun mit der in Franken fest Fuß fassenden kurpfalz-bayerischen Indemnisationsmacht ein, die schließlich mit dem Haupt-Landes-Purifikations-Vergleich vom 30. Juni 1803 ihren förmlichen Abschluß fanden. Zu den dem Kurstaat in großliniger Grenzbereinigung abgetretenen Objekten gehörte auch „der Ort Prichsenstadt" mit 267 Familien und insgesamt 1008 Seelen, darunter 929 Protestanten, 33 Katholiken und 46 Juden — wobei die Zahl der Katholiken ein schöner Beweis dafür ist, daß die energische Peuplierungspolitik in konfessioneller Toleranz auch schon den alten evangelischen Sondercharakter gegenüber dem Umland aufzuweichen begonnen hatte. — Die besondere Stellung der böhmischen Pfandschaft Prichsenstadt in brandenburgischem Besitz war zu Ende. Für den preußischen Adler lohnte sich der politische, staatsorganisatorische und finanzielle Aufwand für ein solches exponiertes Objekt in der territorialen Gemengelage Frankens nicht mehr. Die Zukunft gehörte dem zur vollen Souveränität strebenden Flächenstaat.

Am 18. Mai 1805 lieferte die schon seit Dezember 1803 zuständige preußische Vollzugskommission die Stadt den bayerischen Behörden aus, die förmlich Besitz ergriffen. Die bayerische Vollzugskommission gab sofort neue Zollinstruktionen und unterstellte Prichsenstadt dann ab 1. Januar 1806 dem inzwischen neu formierten Landgericht und Rentamt Gerolzhofen. Erstaunlicherweise verzichtete das neue Königreich, das doch mit der seit Ende Dezember 1805 unterworfenen Reichsritterschaft auch Ebrach, Schweinfurt und die von Preußen übernommenen Gebiete zurückhielt, schon am 1. Februar auf Prichsenstadt. Den böhmischen Pfandschaftscharakter hatte soeben der Preßburger Friede aufgehoben, auf Grund dessen nun Bayern „das Fürstentum Würzburg im Stande des Reichsdeputationshauptschlusses" in den ersten Monaten des Jahres 1806 den für den aus Salzburg transferierten Kurfürsten, den ehemaligen Großherzog Ferdinand von Toscana, fungierenden österreichischen Beauftragten zögernd auslieferte. Offensichtlich hatte das fränkische Generallandeskommissariat des Grafen Thürheim hier kein Interesse, zumal Wohlstand und Stadthaushalt erneut unter Einquartierungen litten und noch durch die folgenden zehn Jahre empfindlich leiden sollten.

Die Justiz- und Administrationsaufgaben hatte der mit der Stadt übernommene Amtmann schon in der bayerischen Epoche dem nunmehr kurfürstlich würzburgischen Landgericht Gerolzhofen[24]), das sich bald darauf Distriktskommissariat nennen sollte, überlassen müssen. Er wirkte nur noch als „Kameraladministration" für die Gefällerhebung, bis auch diese 1811 von der (seit der Akzession Würzburgs in den Rheinbund) großherzoglichen Regierung dem Rentamt Kitzingen zugewiesen wurde. Gegen erbitterte Vorstellungen des Magistrats waren damit alle Behörden aus der Stadt abgezogen worden und sollten auch bei dem erneuten Wechsel unter bayerische Herrschaft nicht mehr kommen, der nach dem Pariser Vertrag im Juni 1814 erfolgte. Die übernehmende bayerische Hofkommission Würzburg wie dann das 1817 gebildete Generalkommissariat des Untermainkreises beließen es bei der bisherigen Behördenorganisation der unteren Ebene.

War in den Statistiken dieser Jahre noch die im 18. Jahrhundert gewonnene Wirtschaftskraft der Stadt nicht zuletzt dadurch ersichtlich geworden, daß alle 162 Wohnhäu-

---

[23]) Grundsätzlich: H. H. HOFMANN: Franken am Ende des Alten Reiches (Hist. Atlas von Bayern, Teil Franken, II/2), 1955.
[24]) Vgl. H. J. DAUL: Die würzburgischen Landgerichte im Jahre 1810. In: Mainfränk. Jb. f. Geschichte und Kunst 21, 1969.

ser und 105 Nebengebäude mit Ziegeln gedeckt waren und der Brandversicherungswert damit fast 200 000 Gulden betrug — vier Fünftel der Gerolzhöfener Summe! —, so war auch das Gewerbe noch mit 121 Handwerkern (davon 37 Gesellen) besetzt, wobei lediglich die 24 Schuhmacher eine starke Gruppe bildeten. Die Bevölkerungszahl war etwas gesunken, 1816 waren es nur 949 Einwohner. Um 1820 ließ sich in Nachfolge des ehemaligen „Centchirurgus" ein Arzt nieder. Doch die Wirtschaftskraft schwand jetzt rasch. 1823 mußte die Stadt, die bei Vollzug der neuen Gemeindeordnung 1818 einen Magistrat III. Klasse behalten hatte, der einen hauptamtlichen Stadtschreiber bedingte, zur Haushaltsdeckung ihre alte Wohlstandsquelle, den Bürgerwald, verkaufen.

Gerolzhofen, Ebrach (nur Rentamt), Volkach, Kitzingen, Dettelbach, Iphofen (nur Rentamt) und durch das gräflich Schönborn'sche Herrschaftsgericht auch Wiesentheid hatten ihren zentralörtlichen Amtscharakter behalten. Und der brachte durch die Bringschuld der Steuern, Abgaben und Naturalgefälle an das Rentamt und durch die multizentrale Funktion des Gerichtsbarkeit, Verwaltung und Beurkundungswesen vereinigenden Landgerichts zweifellos auch einen starken und regelmäßigen Marktbesuch. Wiederholt mühte sich Prichsenstadt seither bei den mehrfach angestrebten Reformen der unteren Verwaltungsebene mit bewegten Klagen und lockenden Angeboten um einen Amtssitz — vergebens. Wohl stieg die Zahl der Wohngebäude bis 1841 noch um vier, doch die Bevölkerungszahl fiel nach vorübergehendem Anstieg bis über die Tausendergrenze bald spürbar. Die vom verlagsgesteuerten Fernabsatz getragenen Gewerbe[25], Leder- und Textilverarbeitung, fielen am schnellsten der Rezession zum Opfer. Nahrungsmittel- und Baugewerbe hielten sich noch länger, doch die Spezialhandwerker höherwertiger Produktion starben allmählich aus — soweit die Hausbesitzerstatistik von 1841 nicht nur die erlernten, jedoch nicht mehr ausgeübten Berufe angibt. Als 1852 wieder der Versuch scheiterte, Landgerichtssitz zu werden, dieser vielmehr nach Wiesentheid kam, dem Prichsenstadt nun zugeschlagen wurde, war die Seelenzahl auf 851 gefallen, die Zahl der Wohngebäude auf 309 zurückgegangen, die Bevölkerungsgruppe der Bauern dagegen auf 44 gestiegen, die der Nebenerwerbslandwirte in 11 Jahren von 10 auf 86. Es war nunmehr mehr als der Halbteil der Einwohner agrarisch tätig, 1840 war es noch ein Sechstel gewesen. Prichsenstadt wurde wieder zur Ackerbürgerstadt, die selbständigen Gewerbe verfielen bald vollends.

1866 zog man die Konsequenz, auf den kostspieligen Magistrat freiwillig zu verzichten, wenn der nunmehrigen Landgemeinde auch der amtliche Charakter *Stadt* erhalten blieb. Der Anschluß an die Fahrpost 1861 wirkte sich nur in sehr bescheidenem Maße absatzfördernd aus. Als 1893 der Anschluß an die — 1903 dann bis Schweinfurt weitergeführte — Nebenbahnlinie von Kitzingen nach Gerolzhofen gelang, für den sich die Stadt nachdrücklich eingesetzt hatte, erwies sich dies, wie ja häufig in Agrargebieten, absaugend als Verlockung zum Auspendeln und dann Absiedeln. Die Bevölkerungsziffer sank nach den Zählungen zwischen 1875 und 1900 auf 768, 761, 749, 760, 738 und endlich 701 Seelen. Nach etlichen Schwankungen war zu Beginn des Zweiten Weltkriegs der Tiefstand mit 618 Einwohnern erreicht.

Soweit nicht die seit den Fünfziger Jahren zunehmend intensivierten Feldkulturen des Gemüse-, Obst- und Weinbaus Erwerbsmöglichkeiten boten, pendelte ein Gutteil der Einwohner als Arbeiter aus, seit der Jahrhundertwende vor allem nach Volkach und Kitzingen. Waren 1911 neben 44 Haupterwerbslandwirten, Arzt, Apotheker, 3 Wirten, 3 Müllern und 12 anderen typischen Dorfhandwerkern noch 21 Handwerker und 4 Kaufleute ansässig, zumeist mit Gartenland und/oder agrarischem Nebenerwerb,

---

[25] S. Anlage 3.

so blieben jetzt nur noch außer dem Arzt mit seiner großen Landpraxis die eingangs genannten dörflichen Reparaturhandwerker, drei Wirte und einige Kleinhändler übrig. Etlicher Wohnraum stand leer. Prichsenstadt war ein Bauern- und mehr noch Arbeiterdorf geworden, in dem die zahlreichen Auspendler als „Feierabendbauern" Teilselbstversorger waren.

Ein Blick auf die seit der zweiten Übernahme durch Bayern mit gemeindlichen Rechten und Lasten integrierte, jedoch ihre eigene Armenversorgung wahrende israelitische Kultusgemeinde[26]) zeigt das überraschende Bild, daß diese nicht im gleichen Verhältnis abnahm. Im 17. und 18. Jahrhundert größenmäßig in der unteren Mittelklasse der jüdischen Landgemeinden Unterfrankens befindlich hatte sie anstelle eines älteren eigenen den Begräbnisplatz in Gerolzhofen mitbenutzt und erst um 1830 eine eigene Synagoge gebaut. Ihr Anteil an der Bevölkerung betrug bis dahin stets etwas über 4 %, stieg bis 1840 auf 5 % (50), 1867: 6 % (49), 1871: 7,6 % (59), 1875: 8,2 % (63), 1880: 9,7 % (74), fiel dann etwas durch, um 1910: 9,7 % (72) zu erreichen und sich bis 1933 auf rund 7,5 % (53) zu halten. Bis Kriegsbeginn 1939 wanderte die Hälfte (37) ab. 1938 war die 1912 neu erbaute Synagoge der „Reichskristallnacht" zum Opfer gefallen, mit den Deportationen seit 1941 ging eine der ältesten (seit 1380 nachweisbar) kontinuierlich bestehenden Judengemeinden Unterfrankens unter. Nicht nur relativ, sondern zeitweilig auch absolut war diese Gemeinde also gewachsen, während die Wirtschaftsbedeutung Prichsenstadts zurückging. Der nur sporadisch faßbare Sozialstatus weist seit 1821 einen agrarischen Neben- und dann Haupterwerb auf, in der Mehrzahl aber Vieh- und Pferdehandel, Kramläden und Hausiergeschäft und spärliches Handwerk, seit der Jahrhundertwende auch etliche kaufmännische Angestellte als Auspendler. Für die Israeliten hatte Prichsenstadt so gerade bei dem zunehmenden Austrocknen der vormals ritterschaftlichen ländlichen Judengemeinden weiterhin zentralörtliche Bedeutung, was auch die eigene, zum Distriktsrabbinat Schweinfurt gehörige Kultusgemeinde mit eigener Religionsschule und hauptamtlichem Kantor (zugleich Lehrer und Schächter) beweist.

Angesichts dieser Feststellungen und der eindeutigen Reagrarisierung sei jedoch nun die Frage gestellt, wie weit ein so erschreckender Verfall mit dem von der Gemeinde immer wieder beklagten Verlust behördlicher zentralörtlicher Funktionen zu begründen ist. Prichsenstadt hatte bislang bekanntlich ohne eigenen Amtsbereich gar keine solchen besessen, sieht man von der Handvoll mit Bürgerrecht begabter Bauern der Spitalstiftung in ein paar Nachbardörfern ab. Seine unstreitige wirtschaftlich-zentralörtliche Bedeutung resultierte vielmehr zu einem gewissen Teil aus konfessionellen Motiven, weil die Untertanen der nahegelegenen evangelischen Castell'schen, reichsritterschaftlichen und schwarzenbergischen Dörfer lieber dort als in den katholischen Würzburger Städten den Markt besuchten. Bis 1630 kam dazu ein Gutteil auch aus dem Nachhall des alten Straßenzwangs, der seither jedoch nur noch Zolleinnahmen brachte.

Der nur durch Verlagssteuerung überhaupt mögliche Fernabsatz der beiden Hauptgewerbegruppen spielte somit eine sehr wesentliche Rolle — aber nicht für den Markt, denn Rohstoffe und Halbfertigwaren lieferte üblicherweise der Verleger und nicht der örtliche Umschlag. Damit ist nur noch denkbar, daß Zwischenhändler etliche Produktion abnahmen und dann wohl auch in den Mainhandel nach Kitzingen, Marktsteft und Marktbreit brachten. Denn der Nahversorgungsbereich spielte in Prichsenstadt nie die entscheidende Rolle, minderte sich ja auch schon im 18. Jahrhundert erheblich. Der

---

[26]) Herrn cand. phil. K.-L. LÖFFLER danke ich für Einzelangaben. — Grundsätzlich vgl. den Aufsatz Anm. 20.

eigentliche Umbruch der Produktionsmethoden aber ist hierzulande erst um die und nach der Jahrhundertmitte zu konstatieren — also zwei bis drei Dezennien seit dem Niedergang der Prichsenstadter Gewerbe[27]. Daß um 1835 in der Stadt noch einiges Kapital in weiterblickend spekulierenden Händen lag, beweist der Ankauf von zwei Aktien für den Bau der ersten deutschen Eisenbahn Nürnberg—Fürth durch einen dortigen „Privatier"[28].

Hier bleibt einfach ein ungelöster Rest, so wie wir ja überhaupt über Markteinzugs- und -ausstrahlungsbereiche wie über Produktionsabsatz- und -zuflußzonen des Fernhandels, die vom 15. Jahrhundert bis zur Zeit der napoleonischen Kontinentalsperre über alle Territoriengrenzen hinweggehen, noch sehr wenig wissen[29]. Hier lassen uns auch die seit dem 17. Jahrhundert fast vollständig erhaltenen Prichsenstädter Stadtrechnungen im Stich, weil eben die wirtschaftenden Kräfte sich noch im staatsfreien Raum bewegten, Staat, Wirtschaft und Gesellschaft sich noch nicht identifiziert hatten.

Selbstverständlich gewannen dann im souveränen Flächenstaat des 19. Jahrhunderts diejenigen Stadtwirtschaftszentren stärker an Bedeutung, denen Behördensitze regen Zulauf brachten. Gerolzhofen, das 1862 zum Bezirksamt (mit dem Landgericht Wiesentheid) wurde, blieb jedoch in der Bevölkerungsziffer von 1840—75 fast konstant (rund 2050 Einw.), erreichte 1880 2275 Einwohner, stieg 1905 bereits auf 2535 und mehrte diese bis 1939 stetig auf 3414. Auch Wiesentheid hatte von 1055 Einwohnern im Jahr 1840 mit etlichen starken Schwankungen einen Anstieg auf 1645 im Jahr 1939 zu verzeichnen. Volkach, das 1862 das Bezirksamt (mit dem Landgericht Dettelbach) aufnahm, erlitt trotz der Auflösung dieser Behörde 1872 keine Einbußen seiner stetig steigenden Bevölkerungsziffer. Das bei dieser Auflösung 1872 dem Bezirksamt Kitzingen zugeschlagene Dettelbach mußte gleichfalls keinen Rückfall hinnehmen und weist genauso konstanten Zuwachs auf, wobei hier Weinbau und Wallfahrt eine gewisse Rolle gespielt haben mögen. Iphofen, das schon bald sein Rentamt verlor, unterlag als Weinbaugemeinde dagegen einer ähnlichen, wenn auch bei weitem nicht so kraß rückläufigen Bevölkerungsbewegung wie Prichsenstadt, während Ebrach, das auch seinen Rentamtssitz abgeben mußte, in dem gleichen Jahrhundert der Bezugszahlen von 1840 bis 1939 eine Verfünffachung der Einwohnerzahl erfuhr, wozu zweifellos die Einrichtung des Zuchthauses etliches beitrug. Die seit 1870 kreisfreie Stadt Kitzingen mit Fernstraßenzug, Haupteisenbahnlinie und Mainhafen, starkem Weinhandel, reich besetzten Gewerben und bald auch ein paar kleinen Fabriken stieg dagegen von 24 800 Einwohnern 1840 mit einem überraschend tiefen Einbruch 1871 (19 800 Einw.) bis 1875 nur auf ca. 30 000 Einwohner und hielt diesen Stand mit geringen Verlusten, weil auch hier die guten Verkehrsverbindungen absaugend wirkten[30].

Dabei darf nicht unerwähnt bleiben, daß die Landgerichte ä. O. (seit 1880 Amtsgerichte) durch die Bildung der Bezirksgerichte (ab 1880 Landgerichte j. O.) 1856 alle

---

[27] Vgl. K. ASSMANN — G. STAVENHAGEN: Handwerkereinkommen am Vorabend der industriellen Revolution. Materialien aus dem Raum Braunschweig—Wolfenbüttel (Göttinger Handwerkswirtschaftliche Studien 15), 1969. Zum Problem das Sammelwerk von R. BRAUN u. a. (Hg.): Gesellschaft in der industriellen Revolution (NWB 56), 1973.

[28] H. H. HOFMANN: Deutschlands erste Eisenbahn als Beispiel unternehmerischer Planung. In: Raumforschung im 19. Jahrhundert, Forschungs- u. Sitzungsberichte der Akademie für Raumforschung und Landesplanung, Bd. XXXIX, Hannover 1967; W MÜCK: Deutschlands erste Eisenbahn mit Dampfkraft, phil. Diss., Würzburg 1968.

[29] Vgl. meine oben Anm. 1 zitierte Problemstudie und zum Vergleich das dort ebenfalls zitierte Beispiel Ansbach.

[30] Zahlen aus: Historisches Gemeindeverzeichnis, Beiheft 192 der Beiträge zur Statistik Bayerns (1953).

Straf- und die Masse der streitigen Zivilgerichtsbarkeit und durch die Einrichtung der Notariate 1862 auch das Beurkundungswesen verloren, so daß ihr Parteiverkehr ganz erheblich abnahm. Die nicht am Bezirksamtssitz gelegenen Amtsgerichte wurden zudem dann in den Einsparungsmaßnahmen ab 1929 ebenso aufgelöst wie die meisten der (seit 1920 Finanzämter genannten) Rentämter, da das Reich seine untere Behördenebene viel rascher vereinfachte als der Freistaat Bayern. — Entgegen der nun ja auch bei der Gebietsreform[31]) so lautstark herausgestellten landläufigen Meinung vom Wert des Behördensitzes für zentralörtliche Bedeutung hatte dieser also auf das Bevölkerungswachstum der um Prichsenstadt liegenden Städte keinen so entscheidenden Einfluß, jedenfalls nicht mehr, als seit den Gründerjahren mit wachsender Bevölkerungszahl und steigendem Verkehrsaufkommen die Mobilität zunahm und der Arbeitsmarkt, d. h. das Arbeitsplatzangebot, beherrschend in den Vordergrund trat. Und hier hatte eben Prichsenstadt trotz des Bahnanschlusses nichts zu bieten, selbst als 1910 die Stadtgemeinde ein mit Dampfkraft betriebenes Elektrizitätswerk errichtete.

Es kann darum nicht wundernehmen, daß bei dem reichlich vorhandenen Wohnraum in und nach dem Zweiten Weltkrieg die Bevölkerungsziffer durch Evakuierte und Flüchtlinge auf 869 (1946) und 928 (1950), also um mehr als ein Drittel, stieg, schon 1952 aber wieder auf 870, 1961: 780, 1970: 756 fiel, als die Auspendler am Arbeitsort Wohnungen finden konnten, zumal hier der Wohnungsbestand langehin konstant blieb. Denn 1950 waren in Prichsenstadt 103 Personen beschäftigt, 94 pendelten aus (davon 26 nach Volkach[32]), 20 nach Wiesentheid, 17 nach Kitzingen, jedoch nur 3 nach Schweinfurt). Dieses Verhältnis blieb bei leichtem Anstieg der Auspendlerzahlen etwa gleich, bis 1966 die Würzburger Stahlbau- und Hallenfabrik Mero dort mit zunächst 17 Beschäftigten einen Zuliefererbetrieb für ihre neu aufgenommene Produktion von Elektronenrechnern errichtete, der Holz und Metall für Apparate-Doppelböden verarbeitet. Von (1968) 43 Arbeitnehmern kamen 18 aus dem Ort, 23 pendelten aus der 10-km-Zone ein, 2 aus dem 25-km-Bereich. Bis 1973 ist die Zahl der dort Beschäftigten auf rund 120 gestiegen, davon 30 aus Prichsenstadt, 70 aus dem näheren und knapp 20 aus dem weiteren Pendlerbereich; 65 Pkw stehen auf dem Parkplatz. Die Firma, die ihren Kantinenbedarf aus der Stadt deckt, benötigt lediglich 30 Facharbeiter, hat ausreichend Geländereserve, wickelt ihren gesamten Verkehr per Lkw ab, bezeichnet den Standort als durchaus günstig und freut sich, daß keine Fluktuation der Arbeitskräfte eintritt[33]).

Diese starke Innovation hatte zudem zur Folge, daß außer den rund fünfzig ortsansässigen Gewerbetreibenden nun auch in dem neuen Industriegelände eine Schreinerei mit 10 Beschäftigten, die nicht für Mero arbeitet, und ein Zweigbetrieb einer Kabelfabrik mit 30 Beschäftigten sich niederließen, so daß seit 1968 das Verhältnis von Ein- und Auspendlern (1:3) sich zunehmend zugunsten der ersteren verschiebt (1971: 122/139). Damit sind 1971 von 298 örtlichen Erwerbstätigen in Prichsenstadt 50 % in der Produktion, 22,1 % in der Landwirtschaft, 12,1 % im Handel und 15,8 % in sonstigen

---

[31]) Zur Gebietsreform vgl. die Arbeiten von H. LAMPING: Funktionale Raumentwicklung im Landkreis Gerolzhofen, 1970; Ostunterfranken. Wirtschaftsgeographische Struktur- und Funktionsuntersuchungen (Heft 7 der Schriftenreihe der IHK Würzburg), 1971; Gebietsreform in Unterfranken 1971. — Zur Wirtschaft: M. WILFERT: Strukturwandlungen der mainfränkischen Wirtschaft seit dem Jahre 1950. In: „Würzburg 1968", 1968.

[32]) Hier handelt es sich um vorübergehend beim Ausbau der Großschiffahrtsstraße Rhein—Main—Donau beschäftigte Erdarbeiter, also um ungelernte Arbeitskräfte, was etliches Licht auf die Erwerbsstruktur wirft.

[33]) Diese und die folgenden Angaben nach Auskünften der Stadtverwaltung Prichsenstadt und der Firma Mero, die mir großenteils Herr Dr. WÖPPEL beschaffte.

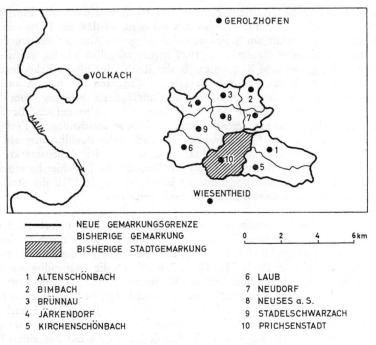

Abb. 3: Die Neubildung der Gemeinde Prichsenstadt am 1. 7. 1972

Erwerbssparten erfaßt[34]), denen allerdings 123(!) Rentner (und insgesamt 335 Angehörige) gegenüberstehen. Sind von 1901—1948 nur 21 neue Wohngebäude entstanden, so seither weitere 28, ein neues Wohngebiet[35]) wird soeben ausgewiesen.

Bei diesem Strukturwechsel täuscht also das eingangs gezeigte äußere Bild einer „Ackerbürgerstadt", da auch nur 56 von 162 Wohngebäuden in der Statistik von 1968 als *„landwirtschaftlich"* bezeichnet werden. Und seit dem 1. Juli 1972 eröffnet die Gebietsreform weitere neue Aspekte. Denn gegen die ersten Konzeptionen der Planungsbehörden haben sich neun Landgemeinden[36]) mit insgesamt 2593 Einwohnern der Stadt angeschlossen und damit auch die Zuteilung aus dem aufgelösten Landkreis Gerolzhofen zum Landkreis Kitzingen (statt zum Landkreis Schweinfurt) erreicht. Die Bevölkerung ist damit (zum 31. 12. 1972) auf 3095, der Stadtraum der Gemarkung von 644 ha um 4243 ha auf 4887 ha gewachsen, also fast versechsfacht. Wenn in diesem noch immer vorwiegend agrarisch strukturierten Bereich auch die seit 1950 absinkende Bevölkerungsziffer[37]) rückläufig bleibt [38]), so ist doch eine ganz neue Basis gewonnen.

---

[34]) 1972: 325 Erwerbstätige, davon 24 % im (landwirtschaftlichen) Primär-, 64 % im (gewerblichen) Sekundär-, 12 % im (Dienstleistungs-) Tertiärsektor.
[35]) Ca. 6 ha, 80 Bauplätze für etwa 100 Wohneinheiten.
[36]) Altenschönbach (353 Einw., 561,26 ha), Bimbach (202 Einw., 280,85 ha), Brünnau (212 Einw., 297,91 ha), Järkendorf (142 Einw., 337,79 ha), Kirchschönbach (437 Einw., 1077,75 ha), Laub (216 Einw., 576,82 ha), Neudorf (130 Einw., 209,53 ha), Neuses am Sand (121 Einw., 302,06 ha), Stadelschwarzach (480 Einw., 598,74 ha). Prichsenstadt (751 Einw., 643,68 ha).
[37]) 1950—70 minus 25,7 %, 1971—70 jedoch nur noch 5,6 %.
[38]) 1971: 37 Geburten, 152 Personen Zuzug; 43 Sterbefälle, 164 Personen Fortzug.

Die Verkehrslage ist günstig: Vom Hauptort sind es 5 km zur BAB Nürnberg—Frankfurt, je 3 km zu den Bundesstraßen 22 und 286, zum Mainhafen Volkach 10 km, zum Mainhafen Schweinfurt 30 km. Eine eigene Zufahrt vom BAB-Zubringer (B 286) wäre dringend notwendig, ist vorerst jedoch nicht geplant. Den Bahnhof Prichsenstadt passieren 16 Züge am Tag. Die Versorgung mit Wasser und Strom ist ebenso gesichert wie die Entsorgung durch Kanalisation und Kläranlage. Weitere Industrieniederlassungen sind also möglich, für die genügend Gelände (mit Bahnanschluß), jedoch örtlich keine Fachkräfte zur Verfügung stehen. Der Freizeitwert ist allerdings denkbar bescheiden, die gastronomischen Verhältnisse sind noch ländlich, wenn auch in Prichsenstadt ein Gasthaus renoviert hat, ein größerer Lebensmittel-Selbstbedienungsladen (Edeka) eröffnet wird und mit einer zweiten Bankfiliale auch weitere Geschäfte mit recht aktiver Förderung durch die Stadt entstehen. Für Fremde eröffnet sich nun eine neue Aussicht, seit die große Wohnwagenfabrik Tabbert (Bad Kissingen) in Kirchschönbach ein weites, schön gelegenes Gelände erwerben will, auf dem ein modernes Camping-Zentrum für 3000 Personeneinheiten mit allen notwendigen Anlagen und Bauten samt Hallenbad und Stausee-Freibad entstehen soll.

Die Hauptsorge kommender Planungen bleibt die Konkurrenz des nur 3 km südwärts entfernten, gewerblich wie mit Dienstleistungen und im Freizeitwert weit besser ausgestatteten Wiesentheid. Nicht zufällig verläuft die Südgrenze der neuen Großgemeinde starr westostwärts. Denn Prichsenstadt ist ganz auf den Einzugsbereich von Osten, Norden und Westen angewiesen. Und dies hat ein durchaus politisches Gemeindebewußtsein geweckt, das mit dem Zusammenschluß von 1972 sogar die alten, langehin so starren Konfessionsschranken überwand. Der 1967 gegründete Schulverband, für den mit Aufnahme von Landesmitteln ein großzügiger Neubau errichtet wurde, hatte nach dem damaligen Konfessionsschulprinzip zunächst nur die evangelischen, vormals ritterschaftlichen Dörfer Altenschönbach, Bimbach, Brünnau, Eichfeld und Neudorf vorgesehen, sich dann aber unter Einbezug katholischer Dörfer (und mit Abgabe von Eichfeld an Volkach) auf der Grundlage des heutigen Stadtraums formiert und eben damit dessen Zusammenschluß entscheidend vorbereitet — die Zielvorgabe auf einer sektoralen Bezugsebene also die Realisierung eines politischen Planungsprozesses bewirkt. Das Konfessionsverhältnis ist nun umgepolt: 55,5 % katholisch, 44 % evangelisch[39]).

Die zehn Gemeinden haben sich somit gegenüber den ursprünglichen Planungsvorstellungen von Regierung und Ministerium durchgesetzt, sowohl in dem auffallend großräumigen kommunalen Zusammenschluß als dann bei der Gebietsreform (Kreiszuteilung), wobei die Stadt — wie auch sonst — sehr geschickt taktierte. Inzwischen ist nun jedoch durch die Pläne der Regierungsbehörden der Schulverband mit seinen 13 Grund- und Hauptschulklassen in Gefahr. Er soll mangels ausreichender Schülerzahl entweder ganz oder wenigstens mit den Hauptschulzügen zu Wiesentheid (mit Feuerbach und Geesdorf) geschlagen werden, wo auch ein Gymnasium ist (die Realschule ist in Gerolzhofen). Dieser heftig umstrittene Zielkonflikt löst naturgemäß beiderseits massive Verstimmung aus, wobei in Prichsenstadt wie ja so häufig mit Recht auf die Fehlinvestition des neuen Schulbaus hingewiesen wird.

Auch wenn die Stadt für den Landessanierungsplan, der die Aufgabe der landwirtschaftlichen Anwesen im Stadtkern vorsieht, bis 1990 nur mit einer Bevölkerungszunahme auf 880 Seelen rechnet[40]), so ist doch in ihrer Wirtschafts- und Sozialstruktur ein ganz

---
[39]) Wahlverhalten am 19. 11. 1972: CSU 60 %, SPD 28 %, FDP 9 %.
[40]) Das neu ausgewiesene Wohnbaugebiet in der bisherigen Stadtgemarkung Prichsenstadt ist dabei nicht berücksichtigt.

erheblicher Umbruch eingetreten. Eine erneute Funktionsänderung zeichnet sich hier bereits deutlich ab. Die noch landwirtschaftlich strukturierte neue Großgemarkung — mit dem alten französischen Landadelssitz der Fuchs von Bimbach und dem Schloß in Altenschönbach, die Sozialträger erwarben — hat endlich einen zugeordneten Stadtraum geschaffen, der viele Möglichkeiten der Investition, aber auch der Naherholung für Schweinfurt, Würzburg und den Verdichtungsgroßraum Nürnberg-Fürth-Erlangen bietet.

Ob trotz günstiger und durchaus ausreichender Infrastruktur Prichsenstadt jetzt allerdings wirklich den Rang eines Kleinzentrums erreicht, wird wohl nicht so sehr von weiterer Industriesiedlung und damit Hebung des Lohnwerts abhängen, sondern von der Innovation und Entfaltung aller notwendigen Dienstleistungsgewerbe, die für die Wohnbevölkerung den Lebens- und Freizeitwert heben, der allein der Landflucht zu begegnen und zu Investitionen anzureizen vermag. Denn auf die Dauer bevorzugen Betriebe einen ortsansässigen Facharbeiterstamm und nicht eine so große Zahl von Einpendlern — die Firma Mero hat deshalb neuerdings eine Lehrlingswerkstatt eingerichtet. Dann auch kann erst die Disparität des Sozialgefüges mit seinem auffallend großen Rentnerüberhang behoben werden. Verkehrsanbindung, Naherholungs- und Fremdenverkehrsangebot können zu diesen Realisierungsbedingungen einiges beitragen, sind aber nicht entscheidend. Daß man örtlich diese Großgemeindebildung in einer gewissen Euphorie überschätzt und im Rathaus z. B. stolz darauf hinweist, es bestünden ja nun auch Tankstellen in der Gemeinde, sei als zeittypisch nicht verschwiegen. Dem Einwohner der städtischen Kernsiedlung bleibt doch schließlich auch weiterhin eine Fahrstrecke von rund 3 km zum Tanken in Neuses — oder in Wiesentheid, so daß Service und Kaufgewohnheiten zweifellos die größere Rolle spielen.

Die nächstliegende Lösung eines Zusammenschlusses von Wiesentheid und Prichsenstadt mit dem Ziel des gemeinsamen Ausbaus eines Kleinzentrums bei konsequenter und gerechter Aufteilung der Funktionen und besserer Nahverkehrsnutzung aber wird weder in den im Augenblick mit mancherlei Ressentiments und emotionalen Animositäten geladenen Gemeinderäten noch bei den Planungsbehörden erwogen. Dabei haben beide Orte doch einen so deutlich durch eine Ost-West-Linie aufgespaltenen Einzugs- und Ausstrahlungsbereich, daß ein solches Planungskonzept eigentlich zu erwarten wäre. — In der an Wechseln so reichen Geschichte Prichsenstadts sind jedenfalls die Seiten für ein neues Kapitel aufgeschlagen.

Anlage 1:

Die Gewerbe im Jahre 1599

- 1 Kastner
- 12 Räte*)
- 1 Stadtschreiber
- 4 Viertelmeister*)
- 2 Scharwächter
- 2 Stadtknechte
- 2 Stadtgerichtsprokuratoren
- 2 Torwächter
- 3 Torschließer
- 1 Gemeinschmied
- 1 Hebamme
- 2 Eicher
- 1 Kuhhirt
- 1 Flurer
- 1 Totengräber
- 1 Pfarrer
- 1 Kaplan
- 1 Lateinlehrer
- 12 Schuhmacher
- 5 Rotgerber
- 2 Weißgerber
- 1 Kürschner
- 6 Schneider
- 1 Tuchscherer
- 1 Manger
- 1 Weber
- 1 Leinenweber
- 4 Maurer
- 4 Schreiner
- 2 Büttner
- 2 Glaser
- 2 Ziegler
- 1 Wagner
- 1 Schlosser
- 1 Seiler
- 1 Hafner
- 1 Kandelgießer
- 1 Zimmermann
- 5 Bäcker
- 4 Wirte
- 2 Müller
- 1 Händler
- 1 Koch
- 1 Metzger
- 1 Bader
- 1 Hofierer

*) Rat und Viertelmeister waren kommunale Wahlämter. (Wöppel, Tabelle V).

Anlage 2:

Berufsangaben in den Neubürgerlisten

1650—1699

- 15 Schuhmacher
- 8 Rotgerber
- 2 Riemenschneider
- 2 Sattler
- 1 Weißgerber
- 1 Säckler
- 99 Schneider
- 7 Wollweber
- 4 Tuchmacher
- 4 Weber
- 3 Manger
- 2 Tuchscherer
- 1 Hutmacher
- 1 Schwarzfärber
- 8 Bäcker
- 7 Metzger
- 2 Seiler
- 4 Schreiner
- 4 Maurer
- 6 Zimmerleute
- 3 Glaser
- 3 Schlosser
- 2 Nagelschmiede
- 1 Schwarzbüttner
- 1 Zinngießer
- 1 Gemeinschmied
- 1 Kandelgießer
- 5 Büttner
- 2 Wagner
- 2 Hafner
- 6 Zeugmacher
- 1 Drechsler

5 Apotheker
4 Müller
1 Häcker
1 Landwirt
1 Ziegler

1 Salpetersieder
2 Taglöhner
1 Händler
7 Bader
2 Bauhofsbesitzer

1700—1800
35 Schuhmacher
20 Weißgerber
17 Rotgerber
8 Sattler
4 Säckler
3 Hirten
2 Riemenschneider
19 Weber
17 Schneider
9 Färber
7 Hutmacher
4 Bortenmacher
3 Strumpfmacher
2 Knopfmacher
2 Hafner
2 Kammacher
2 Siebmacher
2 Hufschmiede
2 Buchbinder
1 Salpetersieder
1 Seifensieder
1 Zinngießer
1 Goldschmied
1 Töpfer
19 Bäcker
18 Metzger
14 Müller

2 Nadler
16 Büttner
10 Seiler
8 Wagner
8 Maurer
8 Zeugmacher
6 Schreiner
6 Nagelschmiede
4 Schmiede
4 Schlosser
3 Zimmerleute
3 Glaser
3 Ziegler
2 Drechsler
13 Landwirte
10 Wirte
8 Häcker
5 Bierbrauer
5 Lebkuchenbäcker
14 Händler
13 Taglöhner
6 Bader
4 Apotheker
3 Stadtmusikanten
und
1 Türmer

Da die Neubürgerlisten sowohl mündig gewordene Bürgersöhne als Zuwanderer enthalten und **nur** bei etwa der Hälfte der Einträge der Beruf angegeben ist, kann diese Zusammenstellung nur einen Begriff über Differenzierung und Häufung der Gewerbe geben, nicht aber über die Stärke ihrer Besetzung. Die einzige Apotheke hat z. B. demnach neunmal den Besitzer gewechselt, also etwa alle 18 Jahre.
(Wöppel, Tabellen IX und XI).

Anlage 3:

Die Berufe der Hausbesitzer 1841

23 Landwirte
18 Schuhmacher
(17 Witwen)
13 Taglöhner
 9 Weber

2 Mehlhändler
2 Posamentierer

1 Maurer
1 Polizeidiener

6 Schneider
6 Bäcker
5 Büttner
5 Metzger
4 Müller
4 Wagner
3 Seiler
3 Händler
3 Kaufleute
3 Rotgerber
3 Säckler
2 Färber
2 Sattler
2 Bierbrauer
2 Schreiner
2 Glaser
2 Wirte
2 Schlosser
2 Nagelschmiede

1 Hafner
1 Hutmacher
1 ohne Beruf
1 Türmer
1 Kupferschmied
1 Konditor
1 Zimmermann
1 Gärtner
1 Spengler
1 Buchbinder
1 Weißgerber
1 Flurer
1 Stadtschreiber
1 Knopfmacher
1 Apotheker
1 Lohmüller
1 Totengräber
1 Stadtmusikant
1 Arzt

(Wöppel, Tabelle XVI).

Entwicklung und Stagnation in historischen Städten

von

Helmut Jäger, Würzburg

Unter den Städten, in denen historisches Erbe in Grundriß, Aufriß und Funktionszusammenhängen stark vertreten ist, gibt es nach dem Grad urbaner Dynamik zwischen stagnierenden und expandierenden Gemeinden eine breite Abfolge von Typen. In Würzburg standen drei Hauptvertreter zur Diskussion: Prichsenstadt als stagnierende, ja rückgebildete Stadt, Zwettl als mäßig und Würzburg als stärker entfaltete Stadt.

Im folgenden sei versucht, die wichtigsten Bedingungen und die treibenden Kräfte für die Entwicklung dieser historischen Städte und die Ursachen für Stagnation aufzuzeichnen. Dabei soll unter Ausschaltung nur lokaler Gesichtspunkte Allgemeines erfaßt werden. Als Grundlage dienen die Beiträge von HOFMANN (s. S. 43), JÄGER und LAMPING (s. S. 3) sowie KOLLER (s. S. 27), ferner ergänzende Untersuchungen des Verfassers.

Fragt man nach der für die Entwicklung einer Stadt wichtigen Qualität und Quantität ihrer Beziehungen zum Umland in Vergangenheit und Gegenwart, dann ist bei allen Zentren mit agrarischer Umgebung und Verflechtung die Landesnatur von Bedeutung. Denn von Relief, Boden und Klima hängen Ertragshöhe, überhaupt die Rentabilität der landwirtschaftlichen Betriebe und damit die Kaufkraft der Bewohner im städtischen Um- und Hinterland ab. Insofern ist neben den wirtschaftlichen und gesellschaftlichen Kräften auch das naturräumliche Gefüge von erheblichem, wenn auch indirektem Einfluß auf die Entwicklung von Städten. In den naturräumlichen Verhältnissen unterscheiden sich die drei Städte sehr. Würzburg (Altstadt um 175 m ü. d. M.) besitzt eine vorteilhafte Lage im klimabegünstigten Maintal mit Wein-, Obst- und Gemüsebau, insbesondere durch das umgebende Gäuland mit ertragsstarken Ackerböden aus Parabraunerden auf Löß (Ertragszahl 40—90 = mittel bis sehr gut), geringen Niederschlägen sowie hohen Sommertemperaturen. Daher führen die vorherrschenden Kulturen namentlich Braugerste, Weizen, Zuckerrüben und Spezialkulturen mit starker Marktorientierung zu relativ hohen Einnahmen und entsprechender Kaufkraft der Bevölkerung für städtische Produkte.

Um Prichsenstadt (248 m ü. d. M.), in der Osthälfte des Steigerwaldvorlandes gelegen, sind die für jenen Naturraum typischen Sand- und sandigen Lehmböden verbreitet. Ihre natürlich Fruchtbarkeit (Ertragszahl 20—59 = schlecht bis mittel) steht hinter den Böden des Gäulandes um Würzburg zurück. Im Klima hingegen unterscheidet sich das Steigerwaldvorland nur wenig vom Gäuland um Würzburg.

Zwettl (535—600 m ü. d. M.) liegt inmitten des niederösterreichischen Waldviertels, das sich im Umland der Stadt dank relativer Bodengunst über die durchschnittliche Naturausstattung jenes kärglichen Hochlandes erhebt. Seine kühle und feuchte Witterung mit strengen Wintern hat dem Waldviertel zwar in bildlicher Übertreibung, aber doch mit einem wahren Kern den Namen „österreichisch Sibirien" eingetragen. Diese abwertende Bezeichnung erscheint im Vergleich zum südlich angrenzenden wärmeren Donautal und zum östlich benachbarten Weinviertel berechtigt. Die Bodenqualität der weiteren Umgebung von Zwettl ist noch ungünstiger als im Vorland des Steigerwaldes. Verbreitet sind mäßig fruchtbare Pseudogleye und Braunerde-Podsole. Zusätzlich treten hinzu an Ungunstfaktoren gegenüber dem Steigerwaldvorland relativ starke Niederschläge (700—900 mm/Jahr) und auf den durchweg 600—650 m hohen Flächen um Zwettl niedrige Jahres-, Winter- und Vegetationszeit-Mittel der Temperatur. Während Würzburg z. B. eine Jahrestemperatur von 9,1° C hat, liegt sie in und um Zwettl bei 6—7° C (Donautal 8—9, Wiener Becken über 9° C). Entsprechend sind die Unterschiede in der Dauer der Schneedecke (Würzburg 18 Tage/Jahr, Zwettler Umland 60—75 Tage). Der Ungunst der naturräumlichen Verhältnisse entspricht um Zwettl der vorherrschende Anbau von Roggen, Hafer und Kartoffeln. Sie stehen dem Wert der um Würzburg erzeugten Produkte nach, so daß die vom Umland auf den übergeordneten zentralen Ort ausgehenden Impulse auf dem Agrarsektor im Falle von Zwettl bescheiden bleiben. Ähnlich sind die Verhältnisse in der Vergangenheit gewesen.

Die naturräumliche Ausstattung wird durch den Menschen in Wert gesetzt. Zunächst stecken Zahl und Verbreitung der Einwohner im Umland der Städte gewisse Möglichkeiten für deren Entwicklung ab. Wenn es auch das Material nicht zuläßt, für alle entscheidenden Entwicklungsstufen des städtischen Umlandes genaue Bevölkerungszahlen zu geben, so lassen einzelne Daten doch den Schluß zu, daß das Würzburger Umland schon im Mittelalter wesentlich stärker als das Gebiet um Zwettl bevölkert war. Dessen heutige Bevölkerungsdichte (25—50 Einwohner/qkm) war im main-fränkischen Kernraum schon um das Jahr 1600 in der Größenordnung (ca. 35 Einwohner/qkm) erreicht. Die heutigen Dichtewerte liegen im Gäuland um Würzburg bei 110—140 und im Steigerwaldvorland bei 80 Einwohnern je qkm. Seit 1861 hat sich die Bevölkerung im Gäuland und in den Tälern um Würzburg um 79 %/o vermehrt, im Steigerwaldvorland lag die Vermehrung in der gleichen Größenordnung, während sich die Bevölkerungszahl im Umland von Zwettl zwischen 1889 und 1951 strichweise bis zu 20 %/o vermindert hat. Nur Zwettl selbst verzeichnet seit 1869 eine stärkere Zunahme.

Eine höhere Bevölkerungszahl eines Raumes wirkt sich nur dann fördernd auf die in ihm gelegenen Städte aus, wenn diese zentrale Orte sind. In jener Hinsicht besteht zwischen den drei Städten ein erheblicher Unterschied.

Würzburg ist spätestens seit dem 8. Jahrhundert politisches, administratives, kirchliches und kommerzielles Oberzentrum für das altbesiedelte mainfränkische Gäuland. Eine wesentliche Voraussetzung für das Zustandekommen enger Beziehungen zwischen Stadt, Umgebung und Hinterland waren und sind die Verkehrsverbindungen. In Würzburg liefen schon im Mittelalter 6 Handelsstraßen zusammen, hinzu trat der schiffbare Main als wichtiger Verkehrsweg. Diese günstige Verkehrslage, die frühere politische Funktion von Würzburg als Hauptstadt eines volkreichen Territoriums, seine heutige als Ort einer Bezirksregierung, sein traditionsreicher Bischofssitz, ferner seine Mittelpunktlage im früheren Deutschen Reich und der heutigen Bundesrepublik haben die Niederlasung von bedeutenden Betrieben des Groß- und Einzelhandels und die starke Entfaltung der 1575 zum zweiten Male gegründeten Universität begünstigt. Dabei ist ihm ein weitreichendes Funktionsgebiet zugewachsen.

Am Beispiel einer größeren Stadt wie Würzburg mit hohem Diversifikationsgrad ihres sekundären und tertiären Wirtschaftssektors und günstiger Verkehrslage läßt sich eindeutiger als bei einer peripher gelegenen Kleinstadt die Abhängigkeit des städtischen Wachstums von der Entwicklung der allgemeinen Konjunktur der entsprechenden Volkswirtschaft ablesen. Die beiden bedeutenden Phasen des Wirtschaftsaufschwungs von Würzburg fallen mit konjunkturellen Aufschwüngen im Deutschen Reich bzw. in der Bundesrepublik Deutschland zusammen. Diese sind auch durch eine erhebliche Zunahme der Bevölkerung gekennzeichnet und bis zu einem gewissen Grade mitgetragen worden. Die Stadt vermochte die Gunst der wirtschaftlichen und gesellschaftlichen Situation für ihre urbane Expansion relativ gut zu nutzen, weil sie wenigstens bis in die 1960er Jahre genügend Flächenreserven auf eigener Gemarkung besessen hat. Die erst 1973 wirksam gewordene Erschließung eines neuen Baugebietes (Heuchelhof) kam jedoch um einige Jahre zu spät, um ein stärkeres Anwachsen der politisch selbständigen Randgemeinden abfangen zu können. Inwieweit damit eine neue Expansionsphase der Stadt eingeleitet ist, wird vor allem von den exogenen Faktoren des ungewissen Wirtschaftswachstums der Zukunft abhängen. Außerdem dürfte die allgemein in der Bundesrepublik rückläufige Bevölkerungszahl nur noch eine bescheidene Entwicklung zulassen.

Als Zwettl im Jahre 1200 Stadtrecht erhalten hatte, war es politischer, administrativer und kirchlicher Mittelpunkt eines durch Rodung und Ausbau geschaffenen Hoheitsgebietes an der Nordgrenze des neuen Herzogtums Österreich. Seit dieser Zeit nimmt es innerhalb der ihm übergeordneten administrativen Einheiten (Niederösterreich, Österreich) eine mäßig günstige Randlage ein. Die nordwestlich von Zwettl gelegene, schon im 12. Jahrhundert angelegte Grenzstadt Gemünd, die nördlich von Zwettl befindliche, um 1220 gegründete Stadt Waidhofen a. d. Thaya und die älteren günstiger gelegenen Städte Horn und Krems haben nach Osten und Südosten dem potentiellen Hinterland von Zwettl enge Grenzen gesetzt. Daher hat sein zentralörtlicher Funktionsbereich nie mehr Raum eingenommen, als vergleichsweise ein größerer deutscher Landkreis besessen hat. Über sein Um- und Hinterland hinaus, das nur etwa den 15. Teil des Würzburger Funktionsbereichs umfaßte, konnte Zwettl nie eine weitere Zone als Einflußgebiet gewinnen. Andererseits besaß es in seiner Umgebung keine Konkurrenz, so daß es von vorneherein die ihm lagemäßig zugeordnete zentrale Funktion voll ausgeübt hat. Das wäre auch ohne das Stift der Fall gewesen. Sozusagen eine Anerkennung der regionalen Mittelpunktslage von Zwettl war die 1849 im Zusammenhang mit der Verwaltungsneuordnung in der Donaumonarchie (vgl. KOLLER, S. 27 ff.) erfolgte Errichtung der Bezirkshauptmannschaft in Zwettl für den gleichnamigen Bezirk.

Über Zwettl führte im Mittelalter nur eine wichtige Straße des Fernverkehrs (Prag—Budweis—Kornneuburg—Wien), doch liefen hier mehrere Regionalwege zusammen. Im Prinzip hat sich die Abstufung der Verkehrsbedeutung zwischen Zwettl und Würzburg bis heute erhalten. Würzburg besitzt unmittelbaren Anschluß an zwei Bundesautobahnen, Bundesstraßen und den Großschiffahrtsweg Rhein—Main—Donau. Schon seit 1854 ist es mit dem Hauptstrecken verbunden und hat sich seitdem zu einem wichtigen Knotenpunkt im Netz der Fernzüge ins In- und Ausland entwickelt. Als Zwettl 1896 an das Bahnnetz angeschlossen wurde, hatte in Österreich wie in Deutschland bereits die Lokalbahnperiode begonnen. Die Fortsetzung der Nebenbahn über Zwettl nach Süden bis zum Markt Martinsberg ist erst 1906 vollendet worden. Da eine direkte Linie zu den größeren Städten Linz, Krems und St. Pölten fehlt, besitzt die Bahn nur geringen Verkehr, zumal sie nicht allein durch große Umwege zu den wirtschaftlichen Landeszentren, sondern auch durch viele Kurven und erhebliche Steigungen belastet ist. In neuerer Zeit sind die Straßen so ausgebaut worden, daß Zwettl an vier österreichischen Bundesstraßen liegt. Auf der Grundlage dieser verkehrszentralen Lage und seiner administrativen Funktion ist Zwettl heute auch im kulturellen (u. a. Bundesgymnasium, Realgymnasium) und kommerziellen Sektor das von der österreichischen Landesplanung anerkannte Mittelzentrum für das mittlere Waldviertel. Daß die Sektoren Verwaltung und Rechtswesen, Handel und Gewerbe sowie Schul-, Kultur- und Gesundheitswesen annähernd gleich stark entwickelt sind, trägt zur Aufrechterhaltung dieser Stellung bei. Die mittelzentrale Funktion, fortgesetzte Bevölkerungszunahme von

(1951—1970 um 12 %) und rege Bautätigkeit führten zu erheblichen Eingemeindungen, so daß Zwettl vom Jahre 1970 auf 1971 seine Stadtgemarkung beträchtlich und seine Einwohnerzahl von 4 254 auf 11 686 vermehrt hat.

Das erst 1367 als Stadt entstandene Prichsenstadt konnte vorübergehend einen kleinen Marktbereich den älteren und größeren Städten seiner Umgebung (Gerolzhofen, Iphofen, Volkach) abgewinnen. Mehr war auf Grund der schon bei seiner Gründung vorhandenen zentralörtlichen Situation nicht zu erreichen. Auch der fehlende Anschluß an eine bedeutende Handelsstraße mußte sich nachteilig auf die spätmittelalterliche Entwicklung auswirken. Wie restriktiv das politisch-administrative Gefüge gewesen ist, zeigt anschaulich die territoriale Situation Ende des 18. Jahrhunderts (HOFMANN, S. 53, Abb. 2), die sich im Prinzip nicht von früheren Konstellationen abhebt. Über sein bescheidenes Umland hinaus konnte Prichsenstadt jedoch als vorübergehend wichtiger markgräflicher Außenposten mit Hilfe entwickelter Spezialgewerbe und durch Beteiligung am Fernhandel zeitweise Teilfunktionen gewinnen, die über ein Kleinzentrum hinauswiesen (HOFMANN, S. 54 ff.). Als diese Sonderstellung durch staatliche Neuordnung ihr Ende fand, mußte sich wegen des allzu kleinen Umsatzes die Stellung von Prichsenstadt sofort erheblich schwächen. Dieser Abstieg begann mit der Eingliederung in eine preußische Provinz und der bald darauf erfolgten bayerischen Besitzergreifung. Prichsenstadt blieb ohne ein Amt der unteren gebietlichen Verwaltungsebene, während sieben kleinere Städte und Märkte ringsum wenigstens ein Rentamt, wenn nicht einen Amtssitz erhielten. Auch der 1893 erfolgte Anschluß an eine Nebenbahn brachte keine Verbesserung seiner Situation. Der letzten Endes auf einen fehlenden Einflußbereich und die bis an die Schwelle der Gegenwart vorhandene periphere Lage zurückgehende Bedeutungsschwund von Prichsenstadt hat bis heute angehalten, so daß es in der bayerischen Landesentwicklungsplan weder als Kleinzentrum ausgewiesen, noch vorgesehen ist (Zentrale Orte 1972). Bemerkenswert ist, daß diese Situation auch durch die Nachbarschaft zur Bundesautobahn Frankfurt—München und Hannover—München sowie zur Bundesstraße 22 (Würzburg—Bamberg) und die Lage an der sehr gut ausgebauten Bundesstraße 186 (Neustadt/Aisch-Schweinfurt) nicht wesentlich geändert wird. Als Kleinzentrum ist das benachbarte, noch näher zur Autobahn gelegene und mit gleich guten sonstigen Anschlüssen versehene Wiesentheid vorgesehen.

Aus dem Vergleich der drei Städte lassen sich einige allgemeinere Gesichtspunkte für die Entwicklung herausstellen. Man kann dabei in der Stadt selbst begründete und von außen kommende Faktoren unterscheiden. Zwischen diesen beiden Faktorengruppen gibt es gegenseitige Abhängigkeiten. Starke exogene Faktoren sind die Maßnahmen übergeordneter Administration, die damit in Beziehung stehende Lage innerhalb übergeordneter administrativer Einheiten, die Entwicklung der Bevölkerungszahl der Umgebung, ihre wirtschaftliche Situation, die Lage im regionalen und überregionalen Verkehrsnetz und die allgemeine Konjunktur der Volkswirtschaft. Die wesentlichen Impulse, die aus der Stadt selbst kommen, hängen in ihrer Quantität und Qualität von deren Bevölkerungszahl, von der Flächengröße ihrer Stadtgemarkung, von dem Diversifikationsgrad und der Leistungskraft ihrer Wirtschaft ab. Diese wiederum wird beeinflußt von der Größe des der Stadt zugeordneten Funktionsbereichs. Bei allen drei Städten waren wesentliche der in allen Entwicklungsphasen wirkenden exogenen Faktoren bereits im Mittelalter in einer bestimmten Richtung derartig festgelegt, daß sich die Entwicklung bis zum heutigen Tage im ganzen innerhalb jenes früh gesetzten Rahmens bewegt hat.

Literaturhinweise

Außer den genannten Referaten wurden ausgewertet:

Atlas von Niederösterreich und Wien. Hg. von der Kommission für Raumforschung der Österreichischen Akad. d. Wissenschaften und vom Verein f. Landeskunde von Niederösterreich und Wien, 1951—58.

Statistisches Handbuch für die Republik Österreich XXI. Jg., NF. Wien 1970, XXIII. Jg., NF. Wien 1972.

Bayerische Gemeindestatistik, 1970, München 1972.

Bodengütekarte von Bayern 1 : 100 000.

Deutscher Planungsatlas, Bd. V, Bayern, 1960.

JÄGER, H: Die mainfränkische Kulturlandschaft zur Echter-Zeit. In: F. Merzbacher (Hrsg.): Julius Echter und seine Zeit, Würzburg 1973.

LECHNER, K. (Hrsg.): Donauländer und Burgenland. Handb. d. Hist. Stätten Österreich, I. Bd., Stuttgart 1970.

Prinzipien und Probleme ungeplanter Städtebildung in industriebestimmten offenen Urbanisationsfeldern

von

Peter Schöller, Bochum

Die Entwicklung von Stadtgebietsflächen um alte historische Kernstädte vollzieht sich in drei möglichen *Wachstumsformen:*
1. in gürtel- und ringförmiger Erweiterung — dem Ringprinzip;
2. dem radialen, etwa an Ausfallstraßen orientierten Wachstum — dem Sternprinzip;
3. der ein- oder mehrseitig sektoral-zonalen Erweiterung — dem Sektoralprinzip.

In der spezifischen Ausprägung und Kombination von Ring-, Stern- und Sektoralprinzip läßt sich jede individuelle Entwicklung zentral-peripher bestimmter Stadtzonen fassen und einordnen. Auch die Existenz doppel- oder mehrkerniger Stadträume führt nur zu Überschneidungen und Kombinationsstrukturen, bildet aber kein grundsätzlich neues Raummodell. Das ergibt sich nur in funktionaler Hinsicht durch die mehrseitige Orientierung der Raumbeziehungen. Das Prinzip des kernbestimmten Wachstums wird dadurch nicht aufgehoben.

Ein grundsätzlich anderes, *neues Modell* zeigt sich in unseren Siedlungslandschaften nur dort, wo der bestimmende, den Raum konzentrisch organisierende Kern fehlt und ein *dispers strukturierter, lokal und funktional vielseitig bestimmter Siedlungsraum zum Stadtgebiet erhoben wird.* Derartige Stadtstrukturen sind keineswegs auf die Revierbildungen des 19. Jahrhunderts beschränkt. Es gab sie überall dort, wo ursprünglich dünn besiedelte ländliche Gewerberäume mit dispersen industriellen Lokalisationsbedingungen — etwa die Wasserkraftnutzung in Mittelgebirgsräumen — durch Industrialisierung und Bevölkerungswachstum zu verdichteten Leistungsräumen heranwuchsen, ohne durch bestehende Steuerungszentren und Planungsinitiativen siedlungsmäßig geformt zu werden.

Wie wir im alten bergisch-märkischen Industriebezirk der Kleineisenindustrie verfolgen können, ist die Herausbildung neuer Stadtzentren ein jahrhundertelanger Prozeß von Schwerpunktverlagerungen, räumlichen Angleichungen, Umorientierungen und Konzentrationen. Im Extremfall konnte es, wie das Beispiel der Bildung von Groß-Remscheid in unserem Jahrhundert zeigt, sogar dazu kommen, daß alte bedeutende Städte wie das mittelalterliche Lennep einer erst im 19. Jahrhundert zusammenwachsenden Industriezone zugeschlagen und derem neuen Stadtkern untergeordnet wurden.

In den vom Kohlenbergbau bestimmten Schwerindustriegebieten des 19. Jahrhunderts verlief die Entwicklung schneller, aber entsprechend der vorgegebenen Raumstruktur auch verwickelter. Das betrifft insbesondere die *Herausbildung neuer Industrie- und Bergbaustädte in den nördlichen Entwicklungszonen des Ruhrgebiets,* die im Zuge der Emscherzone nur dünn besiedelt und nicht durch eigene starke Zentren bestimmt waren. Am Fall von Castrop-Rauxel im nordöstlichen Ruhrgebiet werden von Dr. Hommel die Probleme und Prozesse aufgezeigt werden, die sich bei einem solchen Gegenbeispiel zum traditionellen Stadtmodell mit seinem klaren Kern-Randgefälle erkennen lassen. Hier sind *weder Stadt noch Stadtraum historisch vorgegeben. In einem allseitig offenen Urbanisationsfeld mit industriebezogener Bevölkerungs- und Siedlungsdynamik erfolgt die administrative*

Stadterhebung, die zur geographischen Stadtbildung führt. Die neue Stadt ist selbst noch agglomerativ und unzentriert. Sie muß sich ihr Gebiet, das als ihr Stadtraum angesprochen werden kann, durch ein neues Beziehungsfeld erst bilden.

Dieser Prozeß der inneren Stadtbildung vollzieht sich in fünf Richtungen, fünf Aspekten, die zugleich kommunalpolitische Aufgabenbereiche darstellen:

1. der siedlungsmäßigen Konzentration,
2. der verkehrs- und funktionsräumlichen Zentrierung,
3. der sozialen Differenzierung und Mischung,
4. der zentralörtlichen Ausstrahlung,
5. der gesellschaftlichen und politischen Integration.

Ohne eine bemerkenswerte Entwicklung in allen fünf angesprochenen Bereichen würde eine Großgemeinde trotz hoher Einwohnerzahl und erheblicher Wirtschaftskraft siedlungsgeographisch noch heute kaum als *„Stadt"* bezeichnet werden können. Nun, Castrop-Rauxel ist heute Stadt, und ebenso Wanne-Eickel, Bottrop und Gladbeck, Herne, Marl, Datteln und Oer-Erkenschwick. Selbstverständlich sind Ausgangsbedingungen, Gestaltungskräfte und Entwicklungsabläufe in den genannten Gemeinden nicht völlig gleichartig. Doch gegenüber den mittelalterlich-frühneuzeitlichen Stadtmodellen und auch den frühen Gewerbestädten verbinden diese Siedlungen der vom Steinkohlenbergbau bestimmten Phase der Hochindustrialisierung wesentliche Gleichartigkeiten.

Aus Einzeluntersuchungen, insbesondere der vorzüglichen Studie „Zeche und Gemeinde" von CROON/UTERMANN[1]), aber auch aus eigenen (freilich nicht zu Ende geführten und deshalb unveröffentlichten) Untersuchungen und Archivuntersuchungen im Gebiet von Datteln, Marl und Oer-Erkenschwick darf gefolgert werden, daß der hier darzulegende Fall Castrop-Rauxel nicht eine Ausnahmesituation faßt, sondern einen *eigenen Typ moderner Siedlungsentwicklung* repräsentiert. Es scheint uns wichtig, daß er gerade von Historikern nicht als ein obskurer Sonderfall im Raritätenkabinett der Geschichte von Stadt und Stadtraum abgestellt wird.

Ordnet man ihn ein in eine *Strukturtypologie,* so stellt er einen eigenen *vierten Wachstumstyp* dar, der sich beim industriellen Umbruch des 19. Jahrhunderts in Europa herausgebildet hat[2]). Damit wären dann zu unterscheiden:

1. Kernbestimmte Bürgerstädte, die auf älterer gewerblicher Grundlage zum Standort moderner Industrien werden. Zum Beispiel Bocholt, Lüdenscheid, Iserlohn.
2. Zentralstädte, die vorwiegend durch die Vermehrung der Hoheits-, Verkehrs- und Dienstleistungsaufgaben der modernen industriellen Gesellschaft wachsen. Zum Beispiel Münster, Oldenburg.
3. Industriestädte, die durch kontinuierliche räumliche Konzentration und Verdichtung von Verarbeitungsbetrieben, Wohngebieten und verkehrsbezogenen Zentreneinrichtungen zu geschlossenen Stadträumen mit neuen Stadtkernen werden. Zum Beispiel Remscheid, Barmen, Gevelsberg.
4. Bergbauorte, die durch disperse Zechen- und Koloniebildung und wirtschaftliche und soziale Monostruktur bestimmt sind. Bei ihnen ist der Prozeß der inneren Stadtwerdung noch nicht abgeschlossen.

---

[1]) H. CROON/K. UTERMANN: Zeche und Gemeinde. Untersuchungen über den Strukturwandel einer Zechengemeinde im nördlichen Ruhrgebiet. Tübingen 1958. — Auch: W. BREPOHL: Industrievolk im Wandel von der agraren zur industriellen Daseinsform, dargestellt am Ruhrgebiet. Tübingen 1957.

[2]) Selbstverständlich ist die Typologie differenzierter. Hier geht es nur um die für unseren Fall wichtigen Grundlinien.

Es schien uns reizvoll, gerade diesen letzten Typ hier einmal mit seinen Problemen darzustellen. Einige allgemeine Gesichtspunkte, die über den Fall Castrop-Rauxel hinaus führen, sollen eingangs noch angesprochen werden.

Bemerkenswert scheint mir vor allem, daß es für die Stadtbildung in der nördlichen Zone des Ruhrgebietes *kaum Zwangsläufigkeiten* der Entwicklung gab. Die Denkschriften und Vorschläge, Gutachten, Stellungnahmen und Auseinandersetzungen um die kommunale Neugliederung des rheinisch-westfälischen Industriegebietes zwischen 1919 und 1929 zeigen in diesem Teil des Ruhrgebietes einen erheblichen Unterschied zur Neugliederungsdiskussion der Gegenwart.

Geht es heute um die Zusammenfassung kommunaler Bereiche zu leistungsfähigen Gebietseinheiten großstädtisch-regionalen Zuschnitts, so war 50 Jahre früher die Aufgabe der Neuordnung ungleich schwieriger. In einem offenen Agglomerationsfeld von Zechen, Kokereien und Chemiebetrieben, Dörfern, Adelssitzen, Zechenkolonien und Arbeitersiedlungen mußten *tragfähige kommunale Grundlagen überhaupt erst geschaffen werden*. Die überkommene Verwaltungsgliederung in Landkreise, Ämter und Landgemeinden war durch die schnelle industrielle Entwicklung dieses Gebietes in der Ausbauphase zwischen 1890 und dem Beginn des Ersten Weltkrieges überholt worden. Ziel der kommunalen Neugliederung in den 20er Jahren war es, aus der Heterogenität geographischer, wirtschaftlicher und sozialer Gebilde erste Konglomerate zu bilden. Ziel war die industrielle Mittelstadt, die wirtschaftlich und finanziell selbständig sein konnte.

Beim *Zuschnitt der neuen Gemeindegebiete* galt als ein auch vom Gesetzgeber anerkannter Grundsatz, daß Betriebsanlagen und Kohlenfelder einer Zeche nicht durchschnitten werden sollten. Nun waren freilich im nördlichen Ruhrgebiet die Besitzareale der Bergbaugesellschaften derart umfangreich geworden, daß als Kriterium die Richtung der absehbaren Abbauverschiebungen gewählt werden mußte. Das führt zu Auseinandersetzungen, aber auch zu Koalitionen mit der einheimischen Kommunalverwaltung gegen die Ansprüche und Wünsche benachbarter Städte und anderer Wirtschaftsverbände, insbesondere des Handels.

Es läßt sich aus den Akten von Städten und Landgemeinden erkennen, daß sich Verbände und Unternehmungen nicht selten in die Verhandlungen zur kommunalen Neugliederung eingeschaltet und finanzielle Unterstützung bei der Durchsetzung bestimmter Wünsche geleistet haben. Bei der Bewirtung von Ausschüssen, aber auch bei der Bezahlung von Reisekosten für Gemeindevertreter, die zur „Bearbeitung" von Abgeordneten des Preußischen Landtages nach Berlin entsandt worden sind, ist die Wirtschaft oft eingesprungen. Trafen sich diese Wünsche mit den Interessen der Gemeinde, so konnte es vorkommen, daß die Gemeindevertretung die Zechenleitung aufforderte, mit nach Berlin zu fahren, um dort von verschiedenen Seiten her die gleichlaufenden Forderungen zu vertreten. Es besteht jedenfalls kein Zweifel, und die Akten zeigen das in aller Deutlichkeit, daß die bestimmenden Wirtschaftskräfte der Gemeinden in allen kommunalpolitisch bedeutsamen Fragen unmittelbar gehört worden sind und ihren Einfluß auch mit Nachdruck geltend gemacht haben.

Oberstes Prinzip der Neugliederung war die wirtschaftliche und finanzielle Leistungsfähigkeit der Gemeinden. „Die Berücksichtigung der Leistungsfähigkeit bedingt einmal, daß Vereinigungen, die aus siedlungstechnischen oder wirtschaftlichen Gründen wünschenswert sind, unterbleiben müssen, wenn die hiermit für die neue Gemeinde entstehenden Gesamtaufgaben von ihr nicht getragen werden können; ferner, daß bis jetzt selbständige Gemeinwesen ihre Selbständigkeit aufgeben müssen, wenn sie die ihnen obliegenden Aufgaben nicht mehr erfüllen können, und drittens, daß selbständige Gemeinwesen, für deren Vereinigung mit anderen Gemeinwesen sachliche Gründe sprechen können, doch zu erhalten sind, wenn sowohl sie selbst wie die übrigen zur Erfüllung ihrer Aufgaben wohl in der Lage bleiben"[3]).

Der Gesetzgeber bemühte sich um die Konzeption einer Gesamtlösung, die allen räumlichen Interdependenzen Rechnung trug. Das war nur durch Kompromisse und stetes Abwägen der Argumente möglich. Denn es ging ja nicht nur um die Leistungsfähigkeit der vergrößerten oder neu gebildeten Gemeinden, Ämter und Kreise. Auch die Leistungsfähigkeit der Restgemeinden und Restverbände mußte berücksichtigt werden. Dabei hoben sich häufig die Argumente gegeneinander auf.

Für die innere Gemeindebildung waren die Voraussetzungen in den neuen Städten des nördlichen Ruhrgebietes denkbar schlecht. Die sozialen Spannungen aus der Ausbauzeit waren noch nicht überwunden. Bäuerlich geprägte Ortsteile und die sich ausbreitenden Arbeiterkolonien mit den Zuwanderern aus den angrenzenden Teilen des Ruhrgebietes, aus Ostpreußen, Posen und Polen standen sich in der Anfangszeit fremd, ja feindlich gegenüber. Die „Kolonie" war die unterste Stufe sozialer Geltung. Der Industriearbeiter mit seiner ganz andersartigen Lebensweise war den Dorfbewohnern bis dahin unbekannt. Bergmann, Kolonist, Zugelaufener und Polack wurden für sie ein Begriff. Kolonist und Polack waren Schimpfworte. Zu dem herkunftsmäßigen, beruflichen und gesellschaftlichen Gegensatz kam der kirchliche. Mit ihm verbanden sich Unterschiede politischer Art, grob gesagt zwischen Zentrumswählern und Sozialisten. Doch trotz all dieser Gegensätze hatte die Zeit des Angleichens und Aneinandergewöhnens begonnen.

Wichtig wurde, ob neue Mittelbetriebe entstanden und sich ein differenziertes Gewerbe herausbildete. In vielen Emschergemeinden veränderte sich allmählich die wirtschaftliche Grundlage, und ebenso veränderte sich die funktionsräumliche Gliederung der Ortsteile. Alte Dorfstraßen wurden Geschäftsstraßen, das Handwerk differenzierte sich. Die Zugewanderten fanden nach und nach Eingang auch ins Geschäftsleben, und altansässige Handwerker erhielten Beschäftigung auf der Zeche, wo sie jedoch noch lange eine besondere Gruppe bildeten. In Datteln konnte der alte Mittelpunkt und Hauptgeschäftsbereich seine alte Stellung als Zentrum der Gemeinde erhalten. Der geschichtliche Mittelpunkt war zwar nicht groß genug, um der neuen Industriesiedlung sein Gepräge zu geben, er war aber auch nicht so klein, um von der Industrialisierung verschluckt zu werden. Es ist deutlich zu verfolgen, wie auf diesen Kern hin die einst auseinanderstrebenden Teile zuwachsen und sich miteinander verbinden.

Im Bild der heutigen *Sozialstruktur* der Gemeinden zeigt sich, daß im Gegensatz zur Vergangenheit die gesellschaftliche Stellung des einzelnen wichtiger ist als seine landschaftliche Herkunft. Trotzdem wirken sich aus der Vergangenheit nachwirkende Vorbehalte und die räumliche Trennung der Ortsteile weiterhin aus. Gerade in den Sozialkontakten ist deutlich festzustellen, daß viele Ortsteile nur wenig innere Verbindungen zueinander haben. Auch der Begriff der „Poalbürger" veränderte sich. Heute bezieht er sich nur noch auf eine kleine Gruppe der Alten unter der eingesessenen Bevölkerung. Bei ihnen lebt noch ein ausgesprochenes Zusammengehörigkeits- und Heimatgefühl, doch in der mittleren Generation der Altansässigen besteht dieser Zusammenhalt nicht mehr. Bedeutungsvoll war dabei, ob die bodenständigen Vereine halfen, die früheren Gegensätze und Spannungen zu überwinden, oder ob sie Ausdruck segregierender Haltungen blieben.

---

[3]) Entwurf eines Gesetzes über die Neuregelung der kommunalen Grenzen im Rheinisch-Westfälischen Industriebezirk. Nr. 1612. Preußischer Landtag, 2. Wahlperiode, 1. Tagung 1925, S. 35.

Besonders aufschlußreich ist der Vergleich der sozialräumlichen Struktur mit der gesellschaftlichen Bedeutung der Ortsteile und den Wandlungen der Vorstellungen und Vorurteile, die sich hier vollzogen haben. Meist werden die einzelnen Siedlungen noch immer verschieden gewertet. Es gibt Zechensiedlungen, die als verrufen gelten, und andere, die in höherem Ansehen stehen. Der alte Gegensatz von Dorf und Kolonie wandelt sich in ein Nebeneinander von Innenstadt und Siedlungen. Innenstadt, Siedlungen und Bauernschaften erweisen sich in ihrer räumlichen Gestalt und in der beruflichen und landschaftlichen Zusammensetzung ihrer Bewohner sowie nach deren Denken und Empfinden als Ortsteile eigener Prägung. Dabei wirkt sich die Lage recht stark aus.

In der *politischen Gemeinde* sind noch heute die gesellschaftlichen und sozialgeschichtlichen Unterschiede am deutlichsten zu fassen. In alten Ortskernen und in anschließenden Teilen der Innenstadt sowie in den Bauernschaften ist in der Vergangenheit das Zentrum, heute oft noch die CDU vorherrschend. In den Zechensiedlungen dagegen war die Stellung der SPD immer unbestritten. Dabei zeigt sich, daß die politische Bedeutung der Altansässigen nur noch gering ist. Die Zugewanderten sind an den wichtigsten Stellen maßgebend, und die Dynamik liegt in der Arbeiterschaft. Häufig sind lokale Interessenkonflikte und räumliche Differenzen. Aber gerade in diesen kommunalpolitischen Auseinandersetzungen entwickelt sich ein Eigenbewußtsein der Stadt, eine gewisse innere Zusammengehörigkeit. Dazu haben die Auseinandersetzungen um kommunale Ansprüche von Nachbarorten und die Konkurrenzsituation der Gemeinden erheblich beigetragen.

Für ein Zueinanderfinden in gemeinsamer Verantwortung ergeben sich gerade in einer so wenig spannungslos gewachsenen Siedlung gewichtige Aufgaben. Es geht dabei nicht nur um den Wohnungsbau, sondern vor allem darum, die Innenstadt planvoll auszubauen und den Siedlungszusammenhang der Gemeinde zu erreichen. Schulbau und allgemeine kulturelle Aufgaben verlangen Weitsicht und Initiative. Hemmend war anfangs, daß die durch die Zeche bedingte einseitige Bevölkerungszusammensetzung nur schwer eine eigentlich kulturtragende Schicht entstehen ließ. Doch haben sich schon in den 20er Jahren erhebliche kulturelle Leistungen vor allem im Schulwesen in den Gemeinden verwirklichen lassen, so daß zuweilen der Rechnungshof monierte, einige Städte hätten weit über ihre Kraft und auch über ihre Bedürfnisse hinaus gebaut und geplant.

Für eine gerechte Würdigung der Leistungen, die kommunalpolitisch in diesen neuen Industriestädten des nördlichen Ruhrgebiets erbracht oder nicht erbracht wurden, ist auch zu berücksichtigen, daß den Gemeinden bei ihrer Bildung fast jeglicher städtischer Grundbesitz fehlte. Viele von ihnen haben erst nach und nach eine eigene Grundstückpolitik treiben können. Doch bis heute unterscheiden sie sich in diesen für die Gestaltung ihrer eigenen Infrastruktur wesentlichen Grundlagen noch ganz wesentlich von den alten Bürgerstädten der weiteren Umgebung.

Mit dem Prozeß der inneren sozialen Differenzierung verbunden ist der Aufbau eigener überörtlicher Funktionen ein besonderes Problem. Alle Städte der Emscherzone stehen funktional unter der Vormacht der großen Hellwegzentren; und im Norden hat Recklinghausen, die alte Hauptstadt des Vestes Recklinghausen, ihren alten Vorsprung als zentraler Ort wahren können[4].

Trotz aller Bemühungen und kommunaler Initiativen ist deshalb nicht zu erwarten, daß diese in offenen Urbanisationsfeldern gebildeten und vom Bergbau getragenen neuen

---

[4] Ähnlich H.-G. STEINBERG: Monographie der Stadt Wanne-Eickel. In: Die Mittelstadt (2. Teil), Forschungs- u. Sitzungsbericht der Akademie für Raumforschung u. Landesplanung, Bd. 69, Hannover 1972, S. 213—235.

Industriestädte in Zukunft stärkere städtische Attraktivität gewinnen können. Ihre wirtschaftlichen Grundlagen sind schwach geblieben. Die Bergbaukrise hat nur in wenigen Fällen zu einem Ersatz der alten Monostruktur durch differenzierte weiterverarbeitende Industrie geführt. Bei der in der Gegenwart zunehmenden Bedeutung großstädtischer Lebensformen wird in den Zentralbeziehungen die Übermacht der benachbarten Großzentren nicht eingeschränkt werden können. So steht heute erneut ihr städtisches Eigenleben in Frage.

Castrop-Rauxel

Neubildung von Stadt und Stadtraum im nördlichen Ruhrgebiet

von

Manfred Hommel, Bochum

I. Existenzprobleme der Stadt Castrop-Rauxel seit ihrer Bildung im Jahre 1926

Im Rahmen der Neugliederung des gesamten Ruhrgebietes beschloß der Preußische Landtag durch Gesetz vom 26. 2. 1926 die Bildung der Stadt Castrop-Rauxel aus der amtsfreien Stadt Castrop, dem Amt Rauxel und einigen Gemeinden aus dem Amt Mengede, sämtlich im Landkreis Dortmund, sowie dem Amt Bladenhorst im Kreis Bochum mit zusammen 53 399 Einwohnern auf einer Fläche von über 4000 ha[1]). Mit diesem Schritt sowie den analogen Bildungen der Städte Lünen, Herne, Recklinghausen, Wanne-Eickel, Gelsenkirchen, Gladbeck, Bottrop und Oberhausen, die alle zugleich oder wenig später (Castrop-Rauxel 1928) auch kreisfrei wurden, wurde das Ruhrgebiet nördlich der Hellwegzone, das in einem hektischen Verstädterungsprozeß seit der Gründerzeit industrialisiert und aufgesiedelt worden war, in großräumige kommunale Einheiten gegliedert (Abb. 1).

Die verkehrliche, industrielle und siedlungsmäßige Erschließung dieses früher äußerst dünn besiedelten Gebietes mit wenigen Kirchdörfern und nur einigen randlich gelegenen, wenig bedeutsamen Ackerbürgerstädtchen wie z. B. Castrop an der Grenze von Hellweg und Emscherniederung war über das bestehende, kleingekammerte Verwaltungsgefüge der Landgemeinden und Ämter hinweggegangen und hatte, den Lokalisationsgesetzen des Bergbaus folgend, eine Vielzahl neuer Industrie- und damit verbundener Siedlungsstandorte mit größtenteils zugewanderter Bevölkerung entstehen lassen[2]). Es fehlten Zentren, Zuordnungen, Zugehörigkeiten. Erklärtes Ziel der kommunalen Neugliederung war es, in diesem bis dahin fast städtefreien industriellen Verdichtungsraum leistungsfähige Städte zu schaffen, genauer gesagt: in dem entstandenen unstrukturierten Verstädterungsgebiet durch die Bildung großräumiger kommunaler Einheiten mit zureichender finanzieller Ausstattung erst einmal den Rahmen zu schaffen für Stadtwerdungen.

Dies gilt in besonderem Maße für unser Beispiel Castrop-Rauxel. Die einzelnen Ortsteile lagen weit über das Stadtgebiet verstreut, dessen Mittelzone fast unbebaut war. Im Süden um den alten Kern Castrop und im Norden mit seinen ausgedehnten Industrie-

---

[1]) Im einzelnen handelte es sich um folgende Gemeinden (vgl. dazu Abb. 3 und 4): Bövinghausen (z. T.), Merklinde, Frohlinde, Rauxel und Habinghorst (Amt Rauxel); Bladenhorst und Pöppinghausen (Amt Bladenhorst); Dingen (z. T.), Deininghausen und Ickern (Amt Mengede).
[2]) Eine detaillierte Darstellung dieses Entwicklungsprozesses findet sich bei H. G. STEINBERG: Die Entwicklung des Ruhrgebietes von 1840 bis 1914 aus der Sicht der Raumforschung. In: Raumordnung im 19. Jahrhundert (1. Teil), Forschungs- und Sitzungsberichte der Akademie für Raumforschung und Landesplanung, Bd. XXX, Hannover 1965, S. 175—244.

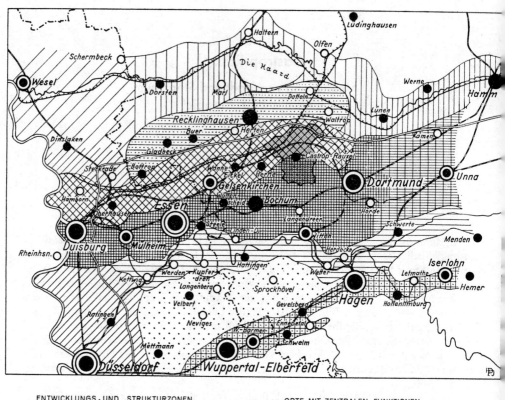

Abb. 1: Die Stadt Castrop-Rauxel innerhalb des Ruhrgebiets

Quelle: P. SCHÖLLER: Städte als Mobilitätszentren westdeutscher Landschaften. In: Deutscher Geographentag Berlin 1959, Tagungsbericht und wissenschaftliche Abhandlungen, Wiesbaden 1960 = Verhandlungen des Deutschen Geographentages 32, S. 158—165, Karte 1, verändert nach H. J. BUCHHOLZ, H. HEINEBERG, A. MAYR, und P. SCHÖLLER: Modelle kommunaler und regionaler Neugliederung im Rhein-Ruhr-Wupper-Ballungsgebiet und die Zukunft der Stadt Hattingen. Bochum 1971 = Materialien zur Raumordnung aus dem Geographischen Institut der Ruhr-Universität Bochum 9, Karte 7 (geringfügig verändert).

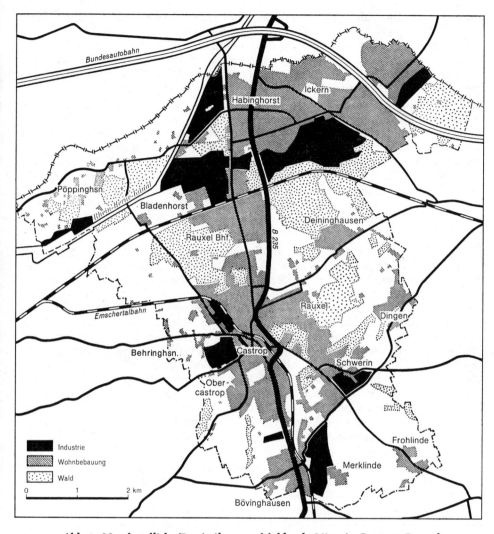

Abb. 2: Nord-südliche Zweiteilung und fehlende Mitte in Castrop-Rauxel

Quelle: H. PAPE: Landschaftliche Struktur und Entwicklung Castrop-Rauxels. In: Castrop-Rauxel, a. a. O., S. 45—58, Abb. 6 (geringfügig verändert).

anlagen befanden sich größere zusammenhängend bebaute Flächen. Dort lagen auch die Zentren der Stadt: im Süden die Altstadt Castrop als das bei weitem am besten ausgestattete Zentrum, im Norden drei kleinere in Habinghorst, Ickern und am Bahnhof Rauxel. Von den beiden Hauptbebauungsgebieten im Norden und Süden mit ihren Zentren durch größere Freiflächen getrennt, befanden sich schließlich ringförmig an der Stadtgrenze sechs periphere Ortsteile[3]) (Abb. 2).

Diese räumliche Struktur Castrop-Rauxels hat sich im wesentlichen bis heute erhalten. Norden und Süden sind zwar aufeinander zugewachsen, wodurch die freie Fläche in der Mitte stark geschrumpft ist, sie ist jedoch noch immer vorhanden, so daß noch immer eine Zweiteilung in Nordstadt und Südstadt besteht. Auch die peripheren Ortsteile sind trotz ihres Wachstums bisher isoliert gebieben. Lediglich Bövinghausen/Merklinde beginnt aufgrund der relativ geringen Distanz mit der Südstadt baulich zusammenzuwachsen. Dagegen ist dieses Gebiet bereits seit langem und Frohlinde in jüngster Zeit flächenhaft über die Stadtgrenze hinweg mit den angrenzenden Dortmunder Ortsteilen (Bövinghausen und Kirchlinde) verwachsen; bei Dingen und Deininghausen ist dieser Prozeß (mit Dortmund-Bodelschwingh und -Mengede) im Gange (Abb. 3).

Von seiten der Verwaltung hat man die überkommene räumliche Struktur geradezu konserviert, indem man die Grenzen der ehemaligen Landgemeinden unverändert als Stadtteilgrenzen innerhalb der neuen Stadt übernommen hat. So gehört der am Bahnhof Rauxel entstandene, geschlossen bebaute Ortsteil mit seinen großen Industrieflächen, der von der Bevölkerung seit langem als Einheit empfunden und als „Rauxel" oder „Rauxel-Bahnhof" (zur Unterscheidung vom alten Ortskern im Süden, „Rauxel-Dorf") bezeichnet wird, offiziell nach wie vor zu vier verschiedenen Stadtteilen (Rauxel, Habinghorst, Bladenhorst und Castrop). Die Ortsteile Behringhausen und Bövinghausen existieren amtlich noch immer, nicht mehr jedoch im Bewußtsein der Bevölkerung, die sie zu Castrop bzw. Merklinde rechnet — wie übrigens seit neuestem auch die städtischen Ortstafeln an den Straßen! —; „Bövinghausen" verwendet man nur für den angrenzenden Dortmunder Stadtteil dieses Namens. Die einzige wesentliche Veränderung erfolgte im Jahre 1938, als man das um die Zeche Graf Schwerin entwickelte geschlossene Siedlungsgebiet, das teils zu Castrop, teils zu Rauxel gehörte, offiziell zu einem neuen Stadtteil Schwerin vereinigte (Abb. 3).

Es ist verständlich, daß man seinerzeit durch die Übernahme der alten Gemeindegrenzen die Gefühle insbesondere der Alteingesessenen schonen wollte, um das neue Gemeinwesen nicht gleich einer Belastungsprobe auszusetzen und die notwendige Integration nicht zu erschweren. Genau dies geschieht aber heute, denn diese nicht mehr realitätsbezogen abgegrenzten Ortsteile bilden — um nur ein Beispiel zu nennen — die räumliche Grundlage für alle statistischen Erhebungen[4]), wodurch diese für die Stadtentwicklungsplanung ziemlich wertlos werden.

Auch die Zentrenstruktur hat sich nicht wesentlich geändert. Noch immer gibt es kein dominierendes Zentrum für die Gesamtstadt, das von allen Ortsteilen gleichermaßen frequentiert und als *das* Zentrum der Stadt anerkannt wird. Die Altstadt von Castrop ist zwar dabei, in diese Rolle hineinzuwachsen — auch die administrativen Funktionen sind hier konzentriert —, doch ihre Lage im Südteil der Stadt mindert ihre Bedeutung für die Bewohner des Nordens. Die dort vorhandenen drei Zentren haben sich gegenseitig in

---

[3]) Deininghausen, Dingen, Frohlinde, Merklinde und Bövinghausen im Osten und Süden sowie Pöppinghausen im Nordwesten.
[4]) Handbuch der Stadt Castrop-Rauxel. Informationen, Daten 1963—1971, o. O., o. J. (Castrop-Rauxel 1972), S. 8.

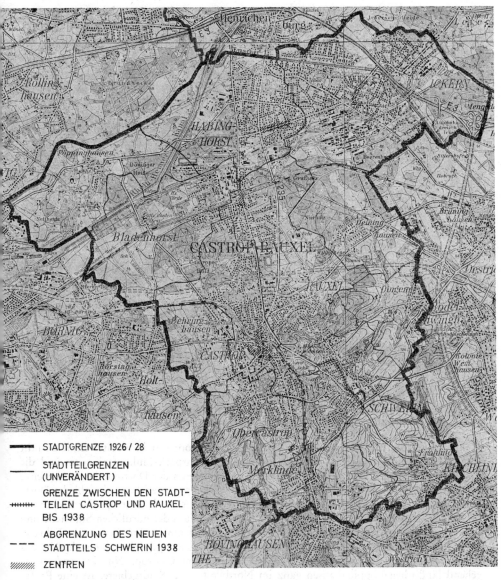

Abb. 3: Siedlungsstruktur, Stadtteilgrenzen und Zentren in Castrop-Rauxel

Ausschnitt aus der Top. Karte 1 : 50 000, wiedergegeben mit Genehmigung des Landesvermessungsamtes Nordrhein-Westfalen vom 22. 2. 1974 (3968).

ihrer Entwicklung behindert, so daß keines von ihnen auch nur annähernd die Ausstattung der Altstadt Castrop erreicht und für den ganzen Norden Bedeutung erlangt hat. Dieses Vakuum nutzten die angrenzenden Großstädte, insbesondere Dortmund und Bochum mit ihren attraktiven Zentren.

Umfangreiche empirische Untersuchungen, die Ende 1968 durchgeführt wurden, ergaben ein differenziertes Bild der Zentrenbeziehungen in diesem Raum[5]). Die Ergebnisse können hier nicht im einzelnen dargestellt werden; einige Angaben müssen genügen. Tabelle 1 gibt einen Überblick über die ermittelten Zentrenausrichtungen beim Kauf von Bekleidung, einer typischen Warengruppe des periodischen Bedarfs. Die in den einzelnen Stadtteilen ermittelten Anteile für die verschiedenen Zentren belegen deutlich die eben gegebene Darstellung der Zentrenverhältnisse in dieser Stadt.

Tab. 1:
Besuch von Zentren zum Kauf von Bekleidung 1968 (in %)

Zentren	Wohngebiete			
	Südstadt	Nordstadt	periphere Ortsteile im S u. O	Pöppinghausen (im NW)
Altstadt Castrop	59	28	48	56
Nördliche Zentren	—	25	—	11
Dortmund	45	64	57	50
Bochum	22	6	18	11
Ruhrpark-Einkaufszentrum	23	13	10	22
Recklinghausen	—	14	—	17
Herne	—	4	—	17

Quelle: Eigene schriftliche Befragung von Haushalten mit Kindern im zweiten Grundschuljahrgang, Ende 1968. Auf Grund von Mehrfachnennungen ergänzen sich die Werte nicht zu 100 %.

In der Südstadt bevorzugt man die Altstadt Castrop; erst in zweiter Linie besucht man Dortmund, daneben das in Bochum gelegene Ruhrpark-Einkaufszentrum und die Bochumer Innenstadt. Die Bevölkerung der Randgebiete an der Dortmunder Stadtgrenze ist dagegen schon stärker auf Dortmund als auf Castrop ausgerichtet, obwohl die Dortmunder City etwa viermal so weit entfernt ist wie die Altstadt Castrop. Die drei unzureichenden Zentren im Norden werden nur von Bewohnern der nördlichen Stadtteile und selbst von ihnen nur in geringem Ausmaß besucht. Man nimmt dort lieber eine Fahrt in Kauf, um ein besser ausgestattetes Zentrum zu besuchen, und fährt dann eher in das Großstadtzentrum Dortmund als in das Mittelzentrum Castrop. Nur im noch weitgehend ländlichen Pöppinghausen ganz im Nordwesten des Stadtgebietes ist eine Präferenz für Castrop festzustellen; daneben besucht man hier auch Herne und Recklinghausen. Dabei ist zu berücksichtigen, daß die Altstadt Castrop durch Sanierungsmaßnahmen in den sechziger Jahren eine bemerkenswerte Attraktivitätssteigerung erfahren hat, die in den angegebenen Werten bereits zu Buche schlägt. Noch Anfang der sechziger Jahre sah die Situation wesentlich ungünstiger aus, wie eine Erhebung der Stadtverwaltung aus dem Jahre 1962 beweist.

[5]) M. HOMMEL: Zentrenausrichtung in mehrkernigen Verdichtungsräumen an Beispielen aus dem rheinisch-westfälischen Industriegebiet. Paderborn 1974, Bochumer Geographische Arbeiten 17.

Tab. 2:

Entwicklung der Zentrenbeziehungen in den sechziger Jahren (in %)

Zentren	Einkaufsort 1962	Kauf von Bekleidung 1968
Altstadt Castrop	21	44
Dortmund	57	55
Bochum	30	14
Ruhrpark-Einkaufszentrum	entfällt	16

Quellen: 1962: Schriftliche Befragung einer repräsentativen Stichprobe von Haushalten. Gefragt wurde nach dem „Einkaufsort". (Nach Unterlagen des Amtes für Wirtschafts- und Verkehrsförderung und für Statistik.)

1968: Eigene schriftliche Befragung von Haushalten mit Kindern im zweiten Grundschuljahrgang. Gefragt wurde, welche Orte zum Kauf von Bekleidung besucht werden.

Wegen ihrer unterschiedlichen Anlage sind die beiden Erhebungen nicht streng miteinander vergleichbar. Aufgrund von Mehrfachnennungen ergänzen sich die Werte nicht zu 100 %.

Die Gegenüberstellung zeigt den beträchtlichen Bedeutungsgewinn der Altstadt Castrop in letzter Zeit. Dennoch hat der Besuch von Dortmund kaum nachgelassen[6]. Es ist also keine Umorientierung von Dortmund auf Castrop erfolgt, sondern die bisher einseitige Ausrichtung auf Dortmund hat sich zu einem mehrfach orientierten Verhalten entwickelt: Man geht jetzt häufiger in die Altstadt Castrop, ohne jedoch ganz auf den Besuch von Dortmund zu verzichten.

„Drei — ja vier — Jahrzehnte nach ihrer Geburt erinnerten nicht nur das ortsteilgebundene Denken mancher Alteingesessenen, sondern auch das Stadtbild an die Problematik des 1926 aus einer Vielzahl von Gemeinden gegründeten Gemeinwesens. So fällt zum Beispiel auf, daß unsere Stadt bis jetzt kein Stadtzentrum besitzt."[7] Mit diesen Worten des Oberstadtdirektors läßt sich das Resumee dieses kurzen Überblicks ziehen. Er hat ergeben, daß die großen Aufgaben, zu deren Bewältigung diese Stadt gebildet wurde, bisher nicht zufriedenstellend gelöst worden sind. Daher soll nun den Gründen nachgegangen werden, die zu dieser Entwicklung geführt haben. Das Schwergewicht wird dabei auf der Zeit bis zur Stadtbildung liegen, weil, wie zu zeigen sein wird, damals die entscheidenden Voraussetzungen für diese Entwicklung geschaffen wurden. Weitere Abschnitte bilden die Zeit bis zum zweiten Weltkrieg, die Phase des Wiederaufbaus und schließlich die jüngste Zeit, die durch das Zitat des Oberstadtdirektors treffend gekennzeichnet wird, zeigt es doch nicht nur den Stand der Dinge, sondern auch, daß sich die Verantwortlichen heute — stärker als je zuvor — der Probleme dieser Stadt bewußt sind und energische Schritte zu ihrer Bewältigung eingeleitet haben.

---

[6]) Das gilt auch für Bochum. Hier ist durch das inzwischen errichtete Ruhrpark-Einkaufszentrum jedoch eine Aufspaltung erfolgt: Viele, die früher in die Bochumer Innenstadt fuhren, besuchen jetzt dieses neue Einkaufszentrum.

[7]) H. GROSSMANN: Unsere Stadt nach 1945. In: Castrop-Rauxel, Entwicklung einer Stadt im westfälischen Industriegebiet, Castrop-Rauxel 1967, S. 234—239, hier: S. 234.

II. Die Entwicklung des Raumes Castrop-Rauxel bis zur Stadtbildung 1926

1. Räumliche Entwicklung

Bis ins 18. Jahrhundert hatte die Freiheit (um 1470) Castrop, zum Amt Bochum gehörig, als Sitz eines *Gerichtes* administrative Funktionen für die umliegenden Bauernschaften[8] (Abb. 4). Denselben Bezirk, mit Ausnahme von Pöppinghausen und Habinghorst[9], umfaßte das *Kirchspiel* Castrop, und auch die drei Castroper Jahrmärkte, die vor allem als Viehmärkte Bedeutung besaßen, versorgten etwa diesen Bereich. Im Zuge der Verwaltungsreform in der Grafschaft Mark Mitte des 18. Jahrhunderts kam das Gericht

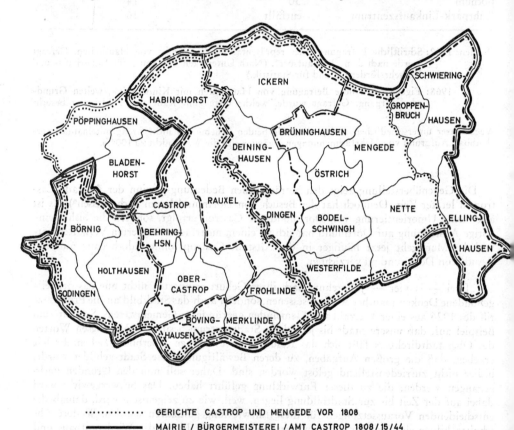

.... GERICHTE CASTROP UND MENGEDE VOR 1808
──────── MAIRIE / BÜRGERMEISTEREI / AMT CASTROP 1808/15/44
-------- ÄMTER CASTROP UND MENGEDE 1889
— — — STADT CASTROP, ÄMTER RAUXEL UND SODINGEN 1902
—·—·—· STADT CASTROP-RAUXEL 1926

Abb. 4: Territoriale Entwicklung bis zur Bildung der Stadt Castrop-Rauxel

---

[8]) Es waren die Bauernschaften Rauxel, Habinghorst, Bladenhorst, Pöppinghausen (das später zum Gericht Strünkede kam), Börnig, Sodingen, Holthausen, Behringhausen, Obercastrop, Bövinghausen, Merklinde und Frohlinde.

[9]) Pöppinghausen gehörte zum Kirchspiel Recklinghausen, Habinghorst zu Henrichenburg.

Castrop 1753 zum Kreis Hörde (bei Dortmund); das zuständige Gericht war seit 1763 das Landgericht Bochum[10]).

Unter der französischen Herrschaft im neugebildeten Großherzogtum Berg wurde das Gericht Castrop — ohne Pöppinghausen und Bladenhorst[11]), aber beträchtlich erweitert um die Gemeinden des Gerichts (und Kirchspiels) Mengede sowie um einige Gemeinden der Grafschaft Dortmund (Besitz der Freien Reichsstadt Dortmund) — 1808 wiederbegründet als *Mairie* Castrop im Kanton und Arrondissement Dortmund, Departement Ruhr (Hauptstadt: Dortmund). Diese Verwaltungseinteilung wurde 1813 bei der Wiedereingliederung in den preußischen Staatsverband auf der unteren Ebene beibehalten als *Bürgermeisterei*, seit 1844 *Amt* Castrop im Kreis Dortmund[12]) (Abb. 4). 1816 wurde das Amt Castrop dem Dortmunder Landgericht zugewiesen, kam aber 1837 wieder zum Bochumer Landgerichtsbezirk; das Gebiet um Mengede verblieb jedoch beim Dortmunder Gericht[13]). Auch die Schulaufsicht war uneinheitlich: Das katholische Schulwesen des Amtes gehörte zum Schulinspektionsbezirk Dortmund, beim evangelischen (und jüdischen) war das Amt ebenfalls zwischen den Schulinspektionen Dortmund und Bochum aufgeteilt[14]). Castrop selbst war nur noch *Titularstadt;* bei den neugebildeten Provinzial- und Kreisständen war es unter die Landgemeinden eingereiht[15]).

Zu Beginn der Industrialisierung war der Raum der heutigen Stadt Castrop-Rauxel also bereits in den damals relevanten zentralen Funktionen[16]) unterer Stufe auf Castrop bezogen, während bei den höheren Funktionen wechselnde Ausrichtungen teils auf Bochum, teils auf Dortmund bestanden, wobei letzteres dominierte. So besuchte man z. B. das Gymnasium in Dortmund (oder Recklinghausen), da Bochum bis 1860 keines besaß[17]). 1830 wurde eine Postverbindung nach Dortmund dreimal wöchentlich eröffnet, ein Jahr später erst nach Bochum zweimal pro Woche. Die Verbindung nach Dortmund, zu dessen Postamt die Postexpeditionen Castrop und Mengede gehörten — Bochum besaß nur eine Postverwaltung[18]) —, wurde 1837 sogar in eine tägliche umgewandelt[19]).

Der Bau der *Köln-Mindener Eisenbahn* bedeutete für den Emscherraum den Beginn der Industrialisierung. Die 1847 eröffnete Bahn durchquerte unseren Raum 3 km nördlich von Castrop und erhielt dort, wo sie die Süd-Nord-Chaussee Witten-Castrop-Henrichenburg kreuzte, einen Bahnhof. Damit war neben Castrop nun ein zweiter Ansatzpunkt für die weitere Entwicklung des Amtsbezirkes entstanden; die Zweipoligkeit der heu-

---

[10]) Die Darstellung dieses und des folgenden Abschnitts folgt im wesentlichen K. HARTUNG: Geschichtliche Entwicklung Castrop-Rauxels. In: Castrop-Rauxel, a. a. O., S. 9—35.
[11]) Diese kamen zur Mairie Herne im Kanton Bochum.
[12]) Bladenhorst und Pöppinghausen verblieben bei der Bürgermeisterei bzw. dem Amt Herne im Landkreis Bochum.
[13]) Adreßbuch der Provinz Westfalen 1846. Hrsg. v. Regierungs-Sekretair Klier in Münster, S. 219.
[14]) Ebd., S. 346 und 334—335.
[15]) H. CROON: Städtewandlung und Städtebildung im Ruhrgebiet im 19. Jahrhundert. In: Aus Geschichte und Landeskunde, Forschungen und Darstellungen (Steinbach-Festschrift), Bonn 1960, S. 487.
[16]) Zum Problem der Zentralität in vorindustrieller Zeit siehe H. H. BLOTEVOGEL: Zentrale Orte und Raumbeziehungen in Westfalen vor Beginn der Industrialisierung. Diss. Bochum 1972. Im Druck in den „Veröffentlichungen des Provinzialinstitutes für westfälische Landes- und Volkskunde" und den „Bochumer Geographischen Arbeiten".
[17]) CROON: Städtewandlung..., a. a. O., S. 487 und 491.
[18]) Adreßbuch..., a. a. O., S. 247—248.
[19]) C. SCHRÖDER: Beiträge zur Geschichte der Stadt Castrop. Dortmund 1913, S. 47—48; H. BREITHAUPT: Die Entwicklung der Post im Stadtgebiet Castrop-Rauxel. In: Kultur und Heimat, Heimatblätter für Castrop-Rauxel und Umgebung, Jg. 18, 1966, S. 84—95.

tigen Stadt hat hier ihre Wurzel. Der Bahnhof führte die Bezeichnung Bahnhof Castrop, obwohl er auf Rauxeler Territorium lag, und zwar an der Stelle, wo die Gemarkungen von vier Gemeinden aus zwei Kreisen zusammentrafen: Bladenhorst, Castrop, Habinghorst und Rauxel. Diese Lokalisation der ersten technisch-industriellen Innovation in unserem Raum erscheint geradezu symbolisch für die Standortwahl im weiteren Verlauf der Industrialisierung, die keine Rücksicht nahm auf bestehende Verwaltungsgrenzen und gewachsene Zuordnungen.

Seit 1835 waren im Amt Castrop an verschiedenen Stellen Probebohrungen durchgeführt, Felder gemutet und verliehen und Gewerkschaften gegründet worden. Doch erst 1866, nachdem die Folgen der ersten Wirtschaftskrise des Ruhrgebietes 1857 ff. überwunden waren und die durch das Allgemeine Berggesetz von 1865 abgeschlossene Reform der Berggesetzgebung eine wesentliche Liberalisierung des Bergwesens gebracht hatte[20]), wurde durch die von dem Iren WILLIAM THOMAS MULVANY im selben Jahr gegründete „Prussian Mining and Iron Works Company" die *erste Zeche, Erin*, abgeteuft[21]). Sie lag auf Obercastroper Gebiet, hart an der Grenze zu Castrop und Behringhausen, wohin sie sich später ausdehnte. Bergleute und Zechenleitung wohnten vorwiegend in diesen drei Gemeinden. Räumlich gesehen wurde die Zeche also zu einem integrierenden Faktor, der Castrop mit den beiden Landgemeinden zusammenwachsen ließ, ein Prozeß, der 1902 durch den Zusammenschluß der drei Gemeinden zur amtsfreien *Stadt Castrop* offiziell besiegelt wurde.

Durch diese Stadtbildung wurde jedoch zugleich der gewachsene, in den unteren funktionalen Beziehungen seit langem und fest auf Castrop ausgerichtete Amtsbezirk, der 1879 durch die Errichtung des *Amtsgerichts Castrop*[22]) nochmals gestärkt worden war, zerschlagen und von seinem Mittelpunkt getrennt. Nachdem 1889 die östlichen, also ehemals zum Gericht und Kirchspiel Mengede und zur Grafschaft Dortmund gehörigen Gemeinden abgetrennt und aus ihnen das Amt Mengede gebildet worden war, hatte das Amt Castrop wieder den alten Gebietsstand wie vor der Zeit der französischen Herrschaft erreicht mit Ausnahme von Bladenhorst und Pöppinghausen[23]) (Abb. 4). Die Stadtbildung von 1902 brachte nun die Auflösung dieser funktionalen Einheit. Durch die Ausgliederung der neuen Stadt (14 447 Einwohner) zerfiel das Restamt in zwei räumlich getrennte Teile: Die westlichen Gemeinden Börnig, Holthausen und Sodingen bildeten das neue *Amt Sodingen* (9616 Einwohner), das sich in der Folgezeit auf die schnell wachsende Stadt Herne umorientierte, die übrigen (Habinghorst, Rauxel, Frohlinde, Merklinde und Bövinghausen) das *Amt Rauxel* (11 311 Einwohner). Als Folge dieser Teilungen gehörten die vier am Köln-Mindener Bahnhof zusammenstoßenden Gemeinden nunmehr zu drei verschiedenen Ämtern!

Auch die *kirchlichen Gemeindegliederungen* — und damit die Schulgemeinden — wurden revidiert, jedoch mit weniger folgenschweren Ergebnissen[24]). Nur die Gemeinden des neuen Amtes Sodingen wurden bei beiden Konfessionen abgepfarrt. Ansonsten blieb

---

[20]) STEINBERG, a. a. O., S. 193.
[21]) A. MÄMPEL: Die Zeche Erin im Wandel der Zeiten. In: Castrop-Rauxel, a. a. O., S. 191—201.
[22]) SCHRÖDER, a. a. O., S. 49—50. Das Gericht unterstand dem Landgericht Dortmund. Zu seinem Sprengel gehörten auch Bladenhorst und Pöppinghausen.
[23]) Diese beiden Gemeinden waren nach der Bildung der Stadt Herne 1897 zum Amt Baukau gekommen und bildeten nach dessen Eingemeindung 1908 ein eigenes Amt Bladenhorst im Landkreis Bochum, von dem sie seit der Auskreisung Hernes 1906 räumlich getrennt waren. — Das Amtshaus befand sich am Bahnhof Rauxel (SCHRÖDER, a. a. O., S. 103).
[24]) SCHRÖDER, a. a. O., S. 53 und 63; H. WIGGERMANN: Castrop-Rauxel im Wandel der Zeiten. Castrop-Rauxel, 2. Aufl. 1950 (1. Aufl. 1931), S. 99 und 102.

das katholische Kirchspiel Castrop, das (mit Ausnahme von Habinghorst, aber unter Einschluß von Bladenhorst) mit dem aufgelösten Amt Castrop identisch war, zunächst (bis 1921) erhalten. Für die wachsende Bevölkerung wurden jedoch Filialkirchen errichtet. Denselben Bezirk umfaßte auch die evangelische Pfarrei Castrop, bis 1907 aus Rauxel nördlich der Köln-Mindener Bahn, Bladenhorst und Habinghorst (das bisher zu Mengede gehörte) die neue Gemeinde Habinghorst gebildet wurde. Diese Teilung in eine Nord- und eine Südgemeinde folgte also nicht der neuen Verwaltungsgliederung.

Die Amtsverwaltung des neuen *Amtes Rauxel*, das sich schlauchartig über 8,5 km in Nord-Süd-Richtung erstreckte (Abb. 4), errichtete 1904/05 etwa in der Mitte, auf dem Gebiet der Gemeinde Rauxel, jedoch unmittelbar an der Grenze zu Castrop ihr Amtshaus, konnte damit aber kein Gegengewicht mehr schaffen gegen den Schwerpunkt, der sich im Norden des Amtsgebietes um den Bahnhof, der seit 1878 *Bahnhof Rauxel* hieß[25]), inzwischen gebildet hatte. Während der Gründerzeit war dort seit 1872 durch die ein Jahr zuvor in Rauxel gegründete Gewerkschaft Victor die *Zeche Victor* (I/II) abgeteuft worden[26]). Sie lag unmittelbar nördlich des Bahnhofs auf dem Gebiet der Gemeinde Bladenhorst, also außerhalb des Amtes Castrop. Die erste *Kolonie* wurde 1894 südlich der Bahn in Rauxel errichtet (Kolonie Strittheide)[27]). Später folgten weitere in Rauxel, vor allem aber im nördlich anschließenden *Habinghorst*[28]). Denn die Zeche dehnte sich bald in nordöstlicher Richtung aus und begann 1893 mit dem Abteufen eines Schachtes (Victor III) in der Gemeinde Ickern an der Grenze zu Habinghorst. Während sich also die Schachtanlagen außerhalb des Amtes Castrop bzw. Rauxel am Rande der Nachbargemeinden Bladenhorst und Ickern befanden und diese selbst zunächst wenig beeinflußten, wurde das dazwischen gelegene Habinghorst zum Hauptwohngebiet für die Bergleute, blieb aber selbst zechenfrei. Tabelle 3 zeigt deutlich diese unterschiedliche Entwicklung (bis 1905).

Tab. 3:
Entwicklung der Bevölkerung in den nördlichen Gemeinden 1849—1925

Jahr	Bladenhorst	Habinghorst	Ickern	Rauxel
1849	429	187	336	435
1871	—	241	—	548
1895	—	1 894	—	2 147
1900	—	2 762	—	4 095
1905	664	5 535	592	5 635
1910	1 482	6 884	2 075	6 724
1915	1 732	8 029	11 054	7 092
1920	—	8 430	13 191	7 448
1925	1 758	9 201	13 435	7 437

Quelle: Handbuch der Stadt Castrop-Rauxel, a. a. O., S. 6.

---

[25]) In diesem Jahr wurde die Emschertalbahn Dortmund — Castrop — Herne eröffnet, wodurch Castrop einen eigenen Bahnhof erhielt.
[26]) Klöckner-Bergbau AG Castrop-Rauxel. In: Castrop-Rauxel, a. a. O., S. 212—216, hier: S. 212—213.
[27]) K. Hartung: Ortsteil Bahnhof-Rauxel — einst und jetzt. In: Kultur und Heimat 17, 1965, S. 8—11.
[28]) Schröder, a. a. O., S. 94.

Im Gefolge der Victor-Zechen entstand am Bahnhof Rauxel eine chemische Industrie. 1897 gründete Julius Rütgers in *Bladenhorst* neben der Zeche Victor eine Fabrik zur Destillation von Steinkohlenteer[29]). Später entstand westlich des Werkes eine Kolonie, auf die der Bevölkerungsanstieg von 1905—1915 zurückzuführen ist (Tabelle 3). Eine weitere industriebedingte Aufsiedlung fand in Bladenhorst nicht statt.

Ganz anders verlief dagegen die Entwicklung in *Ickern*. Neben der Zeche Victor III wurde seit 1901 ein zweiter Schacht (Victor IV) niedergebracht und die Förderung der Gewerkschaft Victor 1907 ganz auf diese beiden Schächte konzentriert[30]). Die Wohnbebauung griff jetzt von Habinghorst flächenhaft nach Osten auf Ickerner Gebiet über und ließ dessen Bevölkerung sprunghaft ansteigen, während sich das Wachstum von Habinghorst verlangsamte. Nur die Errichtung des Werkes Rauxel der Gesellschaft für Teerverwertung 1913 nördlich der Zeche Victor I in Habinghorst[31]) ließ dessen Einwohnerzahl noch einmal stärker anschwellen. Dagegen führte das Abteufen der Schächte Ickern I und II nach 1910 durch die der Gewerkschaft Victor gehörende Gewerkschaft Ickern im Osten von Ickern jenseits der Emscher zur Aufsiedlung auch des mittleren und östlichen Gemeindegebietes und einer nochmaligen Steigerung der Zuwachsraten (Tabelle 3, 1905—1915).

Rauxel nahm insofern eine andere Entwicklung, als es zugleich im äußersten Norden und Süden seines Gemeindegebietes von der Industrialisierung erfaßt wurde. Sein nördlichstes Gemeindegebiet lag wie Habinghorst zwischen den Zechenstandorten in Bladenhorst und — später — Ickern, blieb ebenfalls zechenfrei und wurde, wie dann auch Habinghorst, zum Arbeiterwohngebiet. 1919 siedelte sich hier am Bahnhof die Hauptverwaltung des Lothringer Hütten- und Bergwerksvereins an (seit 1923 Klöckner-Werke AG), der 1910 die Gewerkschaften Victor und Ickern erworben hatte[32]). Im äußersten Süden von Rauxel, an der Grenze zu Castrop und Frohlinde, wurde 1872 — also im selben Jahr, in dem im Norden die Zeche Victor gegründet wurde — die *Zeche Graf Schwerin* abgeteuft, die 1897 nördlich des Zechengeländes eine Kolonie errichtete[33]). Diese doppelte Entwicklung im Norden und Süden, die den Kern der Gemeinde jedoch unberührt ließ, ist für den auch im Vergleich zu Habinghorst bemerkenswerten Bevölkerungsanstieg von Rauxel bis zur Jahrhundertwende verantwortlich. Danach gingen die Zuwachsraten jedoch zurück (Tabelle 3). Im Norden verlagerte sich das Schwergewicht der Bautätigkeit, wie bereits dargestellt, auf Habinghorst, dann auf Ickern; ein Vorstoß nach Süden unterblieb. Im Raum Schwerin griff die Besiedlung nun nach Westen über die neuentstandene Amtsgrenze auf Castroper Gebiet über, wo sich seit 1888/89 eine für den Bergbau produzierende Sprengstoffabrik befand.

Überblickt man die hier dargestellte Zeit der Industrialisierung in unserem Raum, so muß man sie als eine *Phase wachsender Desintegration* bezeichnen. Der enorme Bevölkerungszuwachs in diesem früher einheitlich, wenn auch wenig intensiv auf Castrop ausgerichteten Bereich hat weder zu einer Intensivierung der funktionalen Beziehungen noch zur Stärkung des Zentrums geführt. Im Gegenteil: Der neue industrielle und bevölkerungsmäßige Schwerpunkt im Norden wurde administrativ zerstückelt und blieb ohne ein integrierendes Zentrum. Castrop wurde durch die Zeche Erin zwar gefördert, doch ver-

---

[29]) J. Zabel: Die Chemische Großindustrie in Castrop-Rauxel. In: Castrop-Rauxel, a. a. O., S. 226—229, hier: S. 226—227.
[30]) Klöckner-Bergbau AG..., a. a. O., S. 213—214.
[31]) Zabel, a. a. O., S. 227—228.
[32]) Klöckner-Bergbau AG..., a. a. O., S. 215.
[33]) K. Brinkmann: Geschichte der Zeche „Graf Schwerin". In: Castrop-Rauxel, a. a. O., S. 202—211.

hinderten die Anlage der Zeche Gaf Schwerin und die Teilung in Stadt Castrop und Amt Rauxel eine Integration des gesamten Südens. So ist auf Dauer eine *Zweipoligkeit* entstanden, die der Integration des Gesamtraumes, für die 1926 der verwaltungsmäßige Rahmen geschaffen wurde, bis heute nachhaltig im Wege steht.

2. Bewältigung der öffentlichen Aufgaben

Die wesentlichen Entwicklungskräfte dieser Zeit, Industrie, Bevölkerung, Verwaltung und ihre wechselseitigen Beziehungen sind bis jetzt nur in ihren *räumlichen* Auswirkungen dargestellt worden. Auch unser Leitbegriff Integration wurde bisher nur unter diesem Gesichtspunkt betrachtet. Ebenso wichtig erscheint jedoch der *funktionale* Aspekt. Integration bedeutet ja nicht nur räumliche Zusammenfassung und Zuordnung, sondern auch funktionale Verflechtung, Zusammengehörigkeitsbewußtsein, Bezogenheit, bürgerschaftliche Verantwortung.

Bis zum Beginn der Industrialisierung war der Raum Castrop in diesem Sinne integriert — sofern man den Begriff bei den wenig entwickelten funktionalen Verflechtungen und dem geringen Grad an öffentlichem Leben in diesem ländlichen Raum überhaupt verwenden kann. Industrialisierung, Aufsiedlung und Änderungen der Verwaltungsgrenzen führten dann zur Desintegration des Gesamtraumes, die zu beheben das Ziel der Stadtbildung im Jahre 1926 war. Integration wurde also als öffentliche, als kommunale Aufgabe angesehen.

Diese Auffassung setzte ein völlig neues Selbstverständnis der öffentlichen Verwaltung voraus. Verwaltung war bis zur Industrialisierung im wesentlichen *Hoheits- und Ordnungsverwaltung*. Der soziale und wirtschaftliche Umbruch der Liberalisierung und Industrialisierung führte zu einer Fülle neuer öffentlicher Aufgaben, die es in der ständisch eingebundenen Gesellschaft bis dahin nicht oder nur in geringem Maße gegeben hatte: Schulversorgung, Wohnungsbau, Gesundheitswesen, öffentliche Verkehrsmittel, Wasser- und Energieversorgung etc. Es erfolgte ein allmählicher Wandel von der alten Ordnungsverwaltung zur modernen *Leistungsverwaltung*.

Die Vielzahl der neuen Aufgaben, die fast alle Lebensbereiche der Bürger berührten, machten die Kommunalverwaltung — sofern sie sich dieser Aufgaben annahm — zum wichtigsten *Integrationsfaktor* gerade in solchen Gebieten, in denen die Industrialisierung zu einem völligen Umbruch geführt hatte.

Es soll deshalb nun untersucht werden, in welchem Maße, durch welche Träger und mit welcher integrierenden Wirkung für den Gesamtraum öffentliche Aufgaben im Raum Castrop-Rauxel bis zur Stadtbildung 1926 bewältigt worden sind. Schon wegen der schlechten Quellenlage[34] beschränkt sich die Darstellung dabei auf einige Beispiele.

Die erste große öffentliche Aufgabe gleich zu Beginn der Industrialisierung war der *Wohnungsbau*. Der Bergbau war schon sehr bald auf zugewanderte Arbeitskräfte angewiesen, später organisierte er die Zuwanderung selbst durch Anwerbung in den preußischen Ostprovinzen. Für die Zuwandernden mußten neue Wohnungen bereitgestellt werden, denn der anmietbare Wohnraum in den vorhandenen, eigengenutzten Wohngebäuden war beschränkt und schon bald erschöpft. Der Bergbau errichtete daher in eigener Regie Kolonien in der Nähe der Zechen. Dies erwies sich in mehrerer Hinsicht für die Zechengesellschaften als zweckmäßig, weshalb das *Werkswohnungssystem* bis heute beibehalten wurde: Durch die Koppelung von Arbeitsvertrag und Mietvertrag wurde der Arbeiter

---

[34] H. CROON: Veränderungen in der Zusammensetzung der Gemeindevertretungen unter dem Einfluß der Industrialisierung. In: Castrop-Rauxel, a. a. O., S. 163—173, hier: S. 164.

fest an die Zeche gebunden. Spekulativer Mietshausbau mit hohen Mieten, welche zwangsläufig zu höheren Lohnforderungen geführt hätten, unterblieb. Die mäßigen Mieten bei ordentlicher Größe und Ausstattung der Koloniehäuser inklusive eines großen Stückes Gartenland und Kleintierstall, womit die Möglichkeit zur Selbstversorgung gegeben war, führten zur sozialen Befriedung und zum baldigen Heimischwerden der ja aus ländlichen Gebieten stammenden Bergarbeiterschaft.

Die erste *Kolonie* (Strittheide) mit 186 Wohnungen wurde 1894 am Bahnhof Rauxel von der Gewerkschaft Victor errichtet[35]). 1897 begann auch die Zeche Graf Schwerin mit dem Koloniebau. Sie besaß 1901 355 Wohnungen, davon 174 mit drei Zimmern und 113 mit vier Zimmern (Miete: RM 10,—), bei 1594 Mann Belegschaft[36]). 1912 wohnten bereits ca. 50 % ihrer Belegschaft in Werkswohnungen[37]). Die Zeche Erin verfügte 1928 über 573 Arbeiter- und 65 Beamtenwohnungen[38]).

Die Zechen bauten nicht nur Wohnhäuser, sondern auch die notwendigsten *Erschließungseinrichtungen:* Straßen, Kanalisation, Wasserleitung. Darüber hinaus gründete die Gewerkschaft Victor 1907 zur Versorgung der Bergleute die Westfälische Lebensmittelgesellschaft mbH. (Weleg), die bis 1913 in den Victor-Kolonien fünf Kolonialwarenläden, fünf Fleischgeschäfte (die aus einer eigenen Schlachterei beliefert wurden) sowie eine „Verkaufsstelle für Manufakturwaren" errichtete und betrieb[39]). Diese *Konsumanstalten* des Bergbaus dienten denselben sozialpolitischen Zwecken wie die Kolonien selbst: Sie stärkten die Bindung der Bergleute an die Zeche und steigerten deren Einfluß in der Gemeinde.

Damit war jedoch nur ein Teil der notwendigen *Folgeeinrichtungen* geschaffen. Die wachsende Bevölkerung brauchte Schulen, Kirchen, Erholungsmöglichkeiten und medizinische Versorgung. Dies ist von staatlicher Seite bald erkannt worden. Das sog. Ansiedlungsgesetz von 1876, das allerdings nur in Westfalen galt, sah vor, daß die Baugenehmigung für Kolonien solange verweigert werden konnte, bis der dadurch zu erwartende zusätzliche Aufwand für die Gemeinde geregelt war[40]). Dieses Gesetz ist nicht streng durchgeführt worden; gerade die kleinen Gemeinden waren bei dem herrschenden Dreiklassenwahlrecht, das der Zeche und den mit ihr Verbundenen früher oder später die Mehrheit gegenüber den Alteingesessenen brachte[41]), ja oft gar nicht willens und mit ihrer ehrenamtlichen Verwaltung auch gar nicht in der Lage, eine unnachgiebige Position zu beziehen.

Dennoch ist das Gesetz nicht ohne Auswirkungen geblieben. Nachdem in Rauxel-Bahnhof 1891 eine katholische und 1892 eine evangelische Schule noch von den jeweiligen Schulgemeinden gebaut worden waren[42]), errichtete die Gewerkschaft Victor in ihren Kolonien in Habinghorst und Ickern nach und nach mehrere *Schulen*, die sie den Gemeinden kostenlos zur Verfügung stellte. Zum Bau zweier *Kirchen* gab sie beträchtliche Beihilfen. Ferner legte sie Spiel- und Sportplätze an und 1913 den großen Volkspark in Ickern[43]). Die Gewerkschaft Graf Schwerin baute 1896 ebenfalls eine Schule, als die 10 Jahre zuvor von der Gemeinde errichtete sich als zu klein erwies[44]).

---

[35]) HARTUNG: Ortsteil Bahnhof-Rauxel..., a. a. O., S. 8—9.
[36]) BRINKMANN, a. a. O., S. 204—205.
[37]) SCHRÖDER, a. a. O., S. 92.
[38]) MÄMPEL, a. a. O., S. 194.
[39]) SCHRÖDER, a. a. O., S. 54—55; WEHAG, Westdeutsche Haushaltsversorgung AG. In: Castrop-Rauxel, a. a. O., S. 225.
[40]) STEINBERG, a. a. O., S. 208.
[41]) CROON: Veränderungen..., a. a. O., S. 164—171.
[42]) SCHRÖDER, a. a. O., S. 66 und 68.
[43]) Ebd., S. 94—95.
[44]) Ebd., S. 68.

So berechtigt uns — gerade aus heutiger Sicht — die Inanspruchnahme der „Verursacher" zur Finanzierung öffentlicher Aufgaben auch erscheinen mag — die Bedenklichkeit dieses Verfahrens liegt in unserem Fall auf der Hand: Je mehr öffentliche Aufgaben von anderen Trägern übernommen wurden, desto weniger konnte sich die kommunale Verwaltung als integrierende Kraft bewähren.

Auch der Aufbau eines *weiterführenden Schulwesens* entsprang privater Initiative[45]). 1893 richtete die westfälische Berggewerkschaftskasse, eine Organisation des Bergbaus, in Castrop eine *Bergvorschule* ein, auf der sich befähigte Bergleute auf den Besuch der Bergschule und damit auf die Steigerlaufbahn vorbereiten konnten. Schon 1886 hatte die soeben gegründete Handwerker-Innung des Amtes in Castrop eine *gewerbliche Fortbildungsschule* für ihre Lehrlinge ins Leben gerufen, die durch Zuschüsse der Regierung und des Kreises gefördert wurde. Da durch den Schulbesuch der Lehrlinge jedoch Arbeitszeit verlorenging, bildete sich eine wachsende Gegnerschaft von Meistern, die schließlich 1893 die Auflösung der Schule durchsetzte. 1899 errichtete dann das Amt Castrop eine obligatorische Fortbildungsschule, die nach der Auflösung des Amtes von der Stadt Castrop fortgeführt wurde, aber weiterhin auch das Amt Rauxel als Schulbezirk umfaßte, seit 1912 zusätzlich das Amt Bladenhorst. Als *höhere Schule* wurde 1884 in Castrop eine private Rektoratsschule gegründet (seit 1883 mit einer Abteilung für Mädchen), die 1904 von der Stadt übernommen wurde und ein Jahr später ein neues Gebäude erhielt. 1913 wurde nach Errichtung eines weiteren Gebäudes die Schule in Knaben- und Mädchengymnasium geteilt.

Privater Initiative, die dann von der Stadt Castrop aufgenommen und finanziell gefördert wurde, ist auch die Anlage *öffentlicher Grünflächen* zu verdanken. Der 1903 gegründete Verschönerungsverein Castrop, dem satzungsgemäß die Spitzen der Stadtverwaltung als Vorstandsmitglieder angehörten, gestaltete den im Norden der Stadt gelegenen großen Stadtwald (Castroper Holz) nach und nach zu einem Park aus und schuf eine kleinere Grünanlage an der Zeche Erin[46])

Die *Krankenversorgung* lag ganz in den Händen der Kirchen. Das erste Krankenhaus in Castrop wurde 1887 von der katholischen Gemeinde erbaut, ein evangelisches folgte fünf Jahre später. Beide wurden in den folgenden Jahren laufend erweitert[47]). 1894 wurde durch eine private Stiftung ein katholisches Waisenhaus ebenfalls in Castrop errichtet[48]).

Für die Bildung eines Zusammengehörigkeitsgefühls in einem Raum ist das *Zeitungswesen* von besonderer Bedeutung. 1875 wurde der „Castroper Anzeiger" als Wochenblatt gegründet. Er fand im gesamten Amt Castrop weiteste Verbreitung, wurde in Umfang und Format vergrößert und erschien bald zweimal, später dreimal wöchentlich, seit 1903 dann als „Castroper Zeitung" täglich und mit den Nebenblättern „Neueste Nachrichten" für das Amt Rauxel und „Sodinger Volkszeitung" für das Amt Sodingen. 1912 wurde als weiteres Publikationsorgan das wöchentlich erscheinende Anzeigenblatt „Der Volksfreund" gegründet[49]).

Bemühungen zur Errichtung einer *Sparkasse* für das Amt Castrop scheiterten anfangs am Desinteresse der Landgemeinden. Daher gründete die Gemeinde Castrop 1875 allein

---

[45]) Ebd., S. 70—73.
[46]) J. BOHLE: 19 Jahre Verschönerungsverein Castrop. In: Heimatblätter, Zeitschrift des Vereins Heimatpflege für Castrop und Umgegend, Jg. 1, 1921/22, S. 27—30.
[47]) SCHRÖDER, a. a. O., S. 56—58 und 64—65.
[48]) Ebd., S. 58.
[49]) Ebd., S. 51.

eine Sparkasse „für Castrop und Umgegend". Nach der Teilung des Amtes 1902 wurde das Institut als Stadtsparkasse weitergeführt. Die neugeschaffenen Ämter Rauxel und Sodingen gründeten 1907 bzw. 1908 eigene Amtssparkassen. Diese sowie die Amtssparkasse Mengede mit der Zweigstelle Ickern und die Sparkasse für Herne und das Amt Bladenhorst mit der Nebenstelle Bladenhorst engten den Geschäftsbereich der Castroper Sparkasse erheblich ein, doch konnte diese sich als ältestes Institut auch weiterhin behaupten. Dagegen wurde die 1911 entstandene Kreissparkasse Dortmund zu einer ernstzunehmenden Konkurrenz[50]).

Die Gemeinden Castrop, Obercastrop, Behringhausen, Rauxel und Habinghorst gründeten 1895 einen Schlachthofverband, der 1896 einen *Schlachthof* in Behringhausen errichtete. Sodingen schloß sich ein Jahr später an, zog sich jedoch, ebenso wie Rauxel und Habinghorst, bald wieder zurück, so daß der groß dimensionierte Schlachthof in die alleinige Trägerschaft der inzwischen gebildeten Stadt Castrop überging und bis 1912 laufend subventioniert werden mußte[51]).

Weitere wichtige öffentliche Aufgaben wurden von überörtlichen Trägern wahrgenommen. Das Wasserwerk für das nördliche westfälische Kohlenrevier (Gelsenwasser), eine Gemeinschaftsgründung von Kommunen und Industriebetrieben in Form einer Aktiengesellschaft, baute seit 1886 eine öffentliche *Wasserversorgung* im Raum Castrop auf[52]). Die durch Bergsenkungen gestörte *Entwässerung* wurde von der 1904 gegründeten Emschergenossenschaft neu organisiert. Auch die Erschließung durch *öffentliche Verkehrsmittel* geschah von außen[53]). Die erste Straßenbahnlinie Castrop - Witten wurde 1901 durch die Märkische Straßenbahn-Gesellschaft eröffnet. Es folgten die Linien Castrop — Bochum (1909) und Castrop — Herne (1910). Am bedeutsamsten war jedoch die vom Kreis Dortmund mit finanzieller Beteiligung der Anliegergemeinden in mehreren Abschnitten gebaute Linie. Die Strecke Zeche Graf Schwerin — Castrop — Bahnhof Rauxel wurde 1907 eröffnet und 1910 bis Habinghorst verlängert. Damit war Castrop mit dem Bahnhof an der wichtigen Köln-Mindener Bahn, waren die schnellwachsenden Siedlungsgebiete im Norden und um Schwerin endlich mit dem Zentrum Castrop verbunden. Die Trassenführung bestätigte einmal mehr die Unsinnigkeit der Bildung des Amtes Rauxel, dessen neues Amtshaus sich nun in einer noch krasseren Abseitslage befand. 1911 wurde die Verbindung zur Kreisstadt Dortmund hergestellt und die Strecke im Norden nach Ickern bis zur Zeche Ickern jenseits der Emscher verlängert. Außerdem wurde im selben Jahr eine Anschlußlinie von Habinghorst nach Henrichenburg eröffnet. Der Ausbau der Strecke bis Ickern und Henrichenburg wurde auf Drängen der Gewerkschaft Victor durchgeführt, nachdem diese die Bürgschaft für einen rentablen Betrieb übernommen hatte[54]).

Überprüft man alle diese Beispiele anhand der zuvor genannten Kriterien, so ergibt sich kein einheitliches Bild. Neben *privaten,* von bürgerschaftlicher Verantwortung getragenen Initiativen (Zeitung, gewerbliche und höhere Schulen, öffentliche Grünflächen), die bezeichnenderweise nur in der alten Freiheit Castrop mit ihrem eingesessenen Acker- und Kleinbürgertum sich regten und ihre zentralörtliche Bedeutung stärkten, übernahm der *Bergbau* in eigenem Interesse öffentliche Aufgaben (Siedlungsbau, Konsum, Schul- und Kirchenbau, Anlage von Grünflächen, Bergschulwesen, Verkehrserschließung) und wirkte damit in den neuen Entwicklungsschwerpunkten integrierend und sozial stabili-

---

[50]) K. HARTUNG: Die Entwicklung der Sparkasse der Stadt Castrop-Rauxel von 1875—1950. In: 75 Jahre Sparkasse der Stadt Castrop-Rauxel 1875—1950, Castrop-Rauxel 1950, S. 7—48.
[51]) SCHRÖDER, a. a. O., S. 76—77.
[52]) HARTUNG: Geschichtliche Entwicklung..., a. a. O., S. 35.
[53]) SCHRÖDER, a. a. O., S. 78.
[54]) Ebd., S. 95.

sierend. Die *kommunalen Verwaltungen* gingen — von Einzelinitiativen der Gemeinde Castrop (Sparkasse) abgesehen — erst an die Bewältigung dieser Aufgaben, als sich die Raumbeziehungen bereits nachhaltig gewandelt hatten und ihnen sowohl die alten Verwaltungsgrenzen als auch deren Änderungen nicht mehr gerecht wurden. Dies hat ebenso wie die *Vielzahl der beteiligten Körperschaften* — Gemeinden (Elementarschulwesen), Gemeindeverbände (Schlachthof), Ämter (Sparkasse, gewerbliches Schulwesen), Landkreise (Sparkasse, Straßenbahn) — und ihre gegenseitige Konkurrenz (Sparkasse) eine integrierende Wirkung auf den auseinanderstrebenden Gesamtraum im großen und ganzen verhindert.

Einige Differenzierungen sind schon angedeutet worden: Das Amt Bladenhorst orientierte sich in realistischer Einschätzung der Entwicklung auf den neuen Schwerpunkt im Norden um, ähnlich wie das Amt Sodingen sich auf Herne ausrichtete. Die unglückliche Konstruktion des Amtes Rauxel, die Auseinanderstrebendes zusammenfaßte, ohne es binden zu können, und Zusammengehöriges zerriß, konnte gar nicht anders als desintegrierend wirken. Nur die *Stadt Castrop* übernahm, obwohl administrativ auf einen kleinen Bereich beschränkt, *Aufgaben für den Gesamtraum* (Sparkasse, gewerbliche und höhere Schulen, Schlachthof), deren integrierende Wirkung wegen der administrativen Zersplitterung jedoch begrenzt blieb.

Günstiger wirkten sich die *kirchlichen Aktivitäten* aus. Die Kirchengemeinden folgten im allgemeinen nicht der verwaltungsmäßigen Zergliederung des Raumes. Sie entsprachen vielmehr den durch das Siedlungswachstum entstandenen Bedürfnissen durch die Errichtung von Filialkirchen, so daß der gemeindliche Zusammenhalt des Gebietes gewahrt blieb und durch ihre karitativen Einrichtungen sogar eine Stärkung erfuhr. Sofern dennoch Gemeindeneubildungen erfolgten, geschah dies unter Beachtung der durch die Siedlungsausweitung geschaffenen neuen Verhältnisse.

Die Durchführung mancher öffentlicher Aufgaben durch den Landkreis oder *überkommunale Organisationen* (Straßenbahn, Wasserversorgung, Entwässerung) war von der Sache her sicher richtig und in diesem ähnlich strukturierten und funktional verflochtenen Großraum auch notwendig. Ein integrierender Effekt konnte damit jedoch nur für den Großraum erzielt werden. Je mehr Aufgaben von überkommunalen Organisationen und Verbänden wahrgenommen wurden, desto geringer war die Chance zur Bildung eigenzentrierter, bindungskräftiger Städte.

Was regional als Neugliederung erschien, wurde aus lokaler Perspektive als Eingemeindung diskutiert. Diese *Eingemeindungsdiskussion* läßt deutlich die unterschiedlichen Interessen der bisher an der Bewältigung öffentlicher Aufgaben Beteiligten erkennen. Der Bergbau trat für eine Zusammenfassung von Zechen und zugehörigen Siedlungen ein, um störende Verwaltungsgrenzen zu beseitigen und in solchen von ihm abhängigen Gemeinwesen die eigenen Interessen besser durchsetzen zu können. So regte die Leitung der Zeche Graf Schwerin schon um 1900 an, um die Zeche herum eine selbständige Gemeinde zu bilden[55]. 1912 schlug die Gewerkschaft Victor die Zusammenfassung des ganzen Nordens zu einem Amt vor[56].

Die Stadt Castrop betrieb, da sie als traditionelles Zentrum auch weiterhin Aufgaben für den Gesamtraum erfüllte, ohne jedoch über ein entsprechendes Steueraufkommen zu verfügen, seit 1907 zunächst den Zusammenschluß mit Rauxel, dann die *Zusammenfassung des Gesamtraumes* zu einer Stadt[57]. Dagegen schlug der 1920 gegründete Sied-

---

[55] BRINKMANN, a. a. O., S. 208.
[56] WIGGERMANN, a. a. O., S. 74.
[57] Ebd.

lungsverband Ruhrkohlenbezirk (SVR) — vielleicht, um eine zu kräftige Mittelstadt zu vermeiden — in seinem Gutachten von 1922/23 die Bildung von zwei amtsfreien Großgemeinden vor, Neu-Castrop im Süden und Neu-Rauxel im Norden (nach der Konzernzugehörigkeit der dort beherrschenden Zechen Victor und Ickern im Volksmund Klöcknerstadt genannt)[58]. Der Gesetzentwurf von 1925 übernahm diesen Vorschlag, obwohl in der Begründung darauf hingewiesen wurde, daß die neue Stadt Castrop finanziell nur mittlere Leistungsfähigkeit besitzen, die neue Landgemeinde Rauxel dagegen sehr leistungsfähig sein würde[59]. Die *Zweierlösung* wurde auch von der nördlichen Industrie, besonders aber von der Gemeinde Habinghorst verfochten, die — selbst zechenfrei — sich davon Zugang zu den Steuern der benachbarten Zechen erhoffte.

Von besonderer Bedeutung erscheint schließlich das Votum der Gewerkschaften[60], die im Interesse der Betroffenen, nämlich der zu versorgenden Bevölkerung, die Einheitslösung forderten, weil nur ein großes und finanziell leistungsfähiges Gemeinwesen die vielfältigen Aufgaben in diesem Raum bewältigen könne[61]. Dieser Auffassung ist der Landtag dann auch gefolgt.

III. Die Entwicklung der Stadt Castrop-Rauxel seit ihrer Gründung

Die neue *kreisfreie Mittelstadt* beendete die administrative Zersplitterung des Raumes in zweifacher Hinsicht: räumlich durch die Zusammenfassung der bestehenden kleineren Einheiten zu einer einzigen, organisatorisch durch die Verschmelzung des bisher in Gemeinde, Amt und Landkreis dreigestuften kommunalen Verwaltungsaufbaus zu einer Instanz, dem Stadtkreis. Finanziell war die Stadt lebensfähig; sie verfügte in Relation zu ihrer Bevölkerungszahl über genügend Industrie und damit über ein angemessenes Steueraufkommen[62]. Die Wirren der unmittelbaren Nachkriegszeit, Inflation und Besetzung durch die Franzosen waren überstanden, die Wirtschaft hatte sich konsolidiert und befand sich in einem neuen Aufschwung.

Somit waren alle Voraussetzungen für die Lösung der bis dahin unbewältigten Aufgaben erfüllt. Nach der Phase der Desintegration und der durch den Ersten Weltkrieg und seine Folgen verursachten Unterbrechung der Entwicklung schien nun endlich eine Zeit wachsender Integration bevorzustehen. Der *Prozeß der Stadtwerdung* unseres Raumes war eingeleitet.

Doch noch ehe sich die neue Verwaltung konsolidiert hatte und in dieser Richtung tätig werden konnte, brach die *Weltwirtschaftskrise* herein. Jeder planvollen Weiterentwicklung war damit für längere Zeit die materielle Basis entzogen. Die kommunalen Probleme traten für Bürger und Verwaltung völlig in den Hintergrund.

Bedeutsam für die weitere Entwicklung der Stadt wurde diese Zeit nur insofern, als sie den Beginn einer *kommunalen Grünflächenpolitik* markiert. Bis dahin hatten nur

---

[58]) Hartung: Geschichtliche Entwicklung..., a. a. O., S. 33.
[59]) Begründung zum Entwurf eines Gesetzes über die Neuregelung der kommunalen Grenzen im rheinisch-westfälischen Industriebezirk. (Drucksache) Nr. 1612. Preußischer Landtag, 2. Wahlperiode, 1. Tagung 1925, Sp. 42—44.
[60]) Hier sind natürlich die Arbeitnehmerorganisationen gemeint und nicht die bergrechtlichen Gewerkschaften (= Bergbaugesellschaften).
[61]) Wiggermann, a. a. O., S. 74; P. Schmitz: Wie es vor 40 Jahren zur Gründung der Stadt Castrop-Rauxel kam. In: Kultur und Heimat 18, 1966, S. 21—27, hier: S. 26.
[62]) Gutachten der Industrie- und Handelskammer Dortmund von 1925, nach: Schmitz, a. a. O., S. 26.

die Zechen im Norden und der Verschönerungsverein in Castrop öffentliche Grünflächen angelegt. 1926 wurde das städtische Freibad in Castrop eröffnet, zwei Jahre später der erste — und für lange Zeit einzige — kommunale Sportplatz in der unbebauten Mittelzone des Stadtgebietes gebaut[63]). Um mit geringem Kapitaleinsatz möglichst vielen Arbeitslosen Beschäftigung und einen minimalen Verdienst zu verschaffen, ließ die Stadt 1931 durch ein kommunales Arbeitsbeschaffungsprogramm den großen Stadtgarten in Castrop und kleinere Grünflächen im Norden anlegen[64]).

Weitere Investitionen, derer die Stadt dringend bedurfte — Realschule, Hallenbad, Rathaus, Stadthalle —, konnten nicht durchgeführt werden. Auch nach der Überwindung der Weltwirtschaftskrise änderte sich daran nichts. Die *Nationalsozialisten* setzten andere Prioritäten. Der Zuwachs des Bruttosozialprodukts floß nicht in den privaten Verbrauch und kam auch nicht den dringenden Gemeinschaftsaufgaben zugute, sondern wurde der Bevölkerung vorenthalten und zur Finanzierung des aufgeblähten Staats- und Parteiapparates sowie zur Wiederaufrüstung verwendet. Die Investitionen der Stadt beschränkten sich in dieser Zeit im wesentlichen auf die Errichtung von Luftschutzbunkern in Auftragsverwaltung des Reiches[65]).

Seit der kurzen, aber regen und nur durch die karge Finanzausstattung beschränkten Investitionsphase der Stadt Castrop (1903—1913), die durch den Ersten Weltkrieg ihr Ende fand, sind im Raum Castrop-Rauxel also keine großen kommunalen Aufgaben mehr in Angriff genommen worden. Die durch die Bildung der Gesamtstadt 1926 eröffneten Möglichkeiten konnten nicht genutzt werden. Der *Zweite Weltkrieg* brachte nun noch die teilweise Zerstörung des wenigen bisher Erreichten.

Der Zerstörungsgrad der Stadt lag zwar mit 26,1 % relativ niedrig[66]), doch waren gerade die öffentlichen Einrichtungen stärker betroffen. Von 30 Schulgebäuden waren nur 9 so wenig beschädigt, daß sie bald wieder benutzt werden konnten. Sämtliche Straßenbrücken bis auf eine einzige waren gesprengt. Das Straßen- und Kanalnetz sowie die Versorgungsleitungen waren an mehreren hundert Stellen unterbrochen[67]).

Der durch die *Währungsreform* 1948 eingeleitete schnelle wirtschaftliche Aufschwung, der bis zur Kohlenkrise 1958 anhielt, setzte die Stadt dann zum ersten Male seit ihrer Gründung in den Stand, in großem Stile öffentliche Aufgaben in Angriff zu nehmen. Zunächst mußte jedoch der *Wiederaufbau* geleistet werden, bevor man an die Bewältigung des *Nachholbedarfs* aus der Vorkriegszeit gehen konnte. Hinzu kam eine weitere Aufgabe, die keinen Aufschub duldete: die Aufnahme und Eingliederung der zahlreichen *Flüchtlinge und Vertriebenen*.

Von der Stadtbildung bis zum Zweiten Weltkrieg war die Stadt nur noch mäßig gewachsen. Dies und die Kriegsverluste führten dazu, daß ihre Einwohnerzahl 1945 mit 56 754 nur wenig (6,2 %) über dem Stand von 1926 lag[68]). Nach dem Ende des Krieges strömten nun in großer Zahl Flüchtlinge und Vertriebene in die Stadt. 1949 betrug ihr Anteil schon mehr als 10 % der Gesamtbevölkerung[69]).

---

[63]) A. BOERBOOM (Hrsg.): Castrop-Rauxel. 12 Jahre Aufbau 1945—1957. Castrop-Rauxel 1957, S. 90—91.
[64]) HARTUNG: Geschichtliche Entwicklung ..., a. a. O., S. 33.
[65]) GROSSMANN, a. a. O., S. 235.
[66]) Statistisches Jahrbuch deutscher Gemeinden, Jg. 37, 1949, S. 369.
[67]) BOERBOOM, a. a. O., S. 19—20.
[68]) GROSSMANN, a. a. O., S. 235.
[69]) WIGGERMANN, a. a. O., S. 61.

Auch nach dem Abschluß der Vertreibung hielt dieser starke Zugang an, denn viele, die in ländlichen Gebieten vorläufig untergekommen waren, wanderten nun weiter in die Industriegebiete, um dort Arbeit zu finden. Der *beispiellose wirtschaftliche Aufschwung*, der sich zunächst in der Grundstoff- und Investitionsgüterindustrie, d. h. vor allem im Ruhrgebiet vollzog, wurde durch diesen *enormen Zustrom von Arbeitskräften*, der in seinem Ausmaß nur mit der großen Ost-West-Wanderung in der Zeit der Industrialisierung vergleichbar ist, überhaupt erst ermöglicht. Die Ende der fünfziger Jahre einsetzende *Kohlenkrise* brachte dann nicht nur den Abschluß dieser Entwicklung, sondern einen plötzlichen Umschlag ins Gegenteil: seither ist das Ruhrrevier ein *Abwanderungsgebiet*.

Castrop-Rauxel erreichte 1962 mit 88 923 Einwohnern das Maximum seiner Bevölkerungsentwicklung[70]). Gegenüber 1945 bedeutete das einen Zuwachs von über 56 %! Entsprechend stieg die Nachfrage nach Wohnraum sowie nach öffentlichen Einrichtungen.

Wieder war es die Industrie, die hier tätig wurde. Sie baute die zerstörten Werkswohnungen wieder auf und errichtete darüberhinaus neue Werkssiedlungen. Doch im Gegensatz zur Periode der Industrialisierung, in der die Zechen weitgehend autonom den Siedlungsprozeß organisiert und durchgeführt hatten, war diese *zweite Wachstumsphase* durch das *Zusammenwirken von Industrie, staatlichen und kommunalen Instanzen* charakterisiert. Der Werkswohnungsbau erfolgte im Rahmen staatlicher Förderungsprogramme für Bergarbeiter- und Flüchtlingswohnungen. Die Standortwahl geschah in engem Zusammenwirken mit der Stadtverwaltung, die auch die Erschließung der neuen Wohngebiete mit Straßen und Kanalisation durchführte. Darüberhinaus beteiligte sich die Stadt durch die von ihr 1948 gegründete Gemeinnützige Wohnungs-GmbH. nun auch selbst am Wohnungsbau.

Diese zweite Aufsiedlungsperiode bot die Chance, Nord- und Südstadt baulich miteinander zu verbinden und damit die *Zweipoligkeit der bisherigen Siedlungsstruktur zu überwinden*. Die Stadt entwickelte entsprechende Planvorstellungen. Danach sollte ein Teil der unbebauten Mittelzone des Stadtgebietes für die schon seit langem dringend benötigten kommunalen Einrichtungen wie Rathaus, Hallenbad, Stadthalle etc. freigehalten werden. Das übrige Gelände sollte mit Wohnsiedlungen bebaut werden und so Norden und Süden mit den geplanten zentralen Einrichtungen und miteinander verbinden[71]).

Diese zukunftsweisende Konzeption konnte jedoch nur in Ansätzen verwirklicht werden. Nur ein kleiner Teil der neuen Wohnbebauung wurde in der Mittelzone errichtet, und noch dazu in aufgelockerter, niedriger Bauweise[72]), die für den angestrebten verbindenden Effekt wenig geeignet war. Die anderen Wohnsiedlungen entstanden an den äußeren Rändern der Nord- und Südstadt[73]), wodurch die Zweipoligkeit der Stadt noch gefestigt wurde.

Für diese Entwicklung sind vor allem zwei Gründe verantwortlich. Die kriegsbedingte und durch das rapide Wachstum noch verschärfte Wohnungsnot erforderte schnellstmögliche Abhilfe, so daß oftmals einfach die Zeit fehlte, um die langfristig beste Lösung durchzusetzen. Schwerer wog jedoch die Tatsache, daß die Stadt über *keinen nennenswerten Grundbesitz* verfügte.

---

[70]) Seit 1959 ist der Wanderungssaldo in Castrop-Rauxel negativ, mit Ausnahme des Jahres 1961. Nach der Volkszählung 1970 beträgt die Einwohnerzahl nur noch 84 146. Statistisches Jahrbuch deutscher Gemeinden, Jg. 46, 1958 bis Jg. 59, 1972.

[71]) BOERBOOM, a. a. O., S. 39—44.

[72]) Diese Bauweise wurde u. a. wegen der Bergschadengefährdung des Geländes gewählt.

[73]) Im nördlichen Ickern und Habinghorst sowie in Obercastrop, Schwerin und im südlichen Rauxel.

Die Industrie hatte, begünstigt durch die Gesetze von 1874 und 1892[74]), schon früh in großem Ausmaß Land aufgekauft; zunächst, um darauf Kolonien zu errichten, später dann zur Vermeidung von Schadenersatzforderungen wegen Bergschäden. Die Gemeinden waren damals in den wenigsten Fällen finanziell in der Lage, ebenfalls Land auf Vorrat zu kaufen, und erkannten angesichts des damals noch geringen kommunalen Aufgabenkatalogs wohl auch nicht die Bedeutung einer solchen Politik für die Zukunft[75]). Nach dem Ersten Weltkrieg wurde die Enteignung von Grundbesitz zugunsten von Industrie und Kommunen zum Zwecke des Wohnungsbaus nochmals erleichtert[76]). Wieder nutzte vor allem die Industrie diese Chance, ohne jedoch in entsprechendem Maße Wohnungen zu bauen.

Die Entwicklung des Grundeigentums von Stadt und Industrie in Castrop-Rauxel zeigt Tabelle 4. Der Unterschied zwischen kommunalem und industriellem Grundbesitz wird noch deutlicher, wenn man nur die unbebauten Flächen, also die eigentlichen Landreserven betrachtet. 1927 waren nur 25 % des ohnehin geringen städtischen, aber 85,4 % des umfangreichen industriellen Grundbesitzes Vorratsland. Wie sehr der Bodenmarkt zu dieser Zeit durch die Aufkäufe der Industrie bereits erschöpft war, zeigte die Gründung der Gewerkschaft Victor Chemische Werke im selben Jahr. Es war nicht möglich, für dieses chemische Großwerk ein entsprechendes Gelände zu erwerben. Da auch die Stadt kein geignetes Grundstück anbieten konnte, sah sich der an der Neugründung zur Hälfte beteiligte Klöckner-Konzern schließlich genötigt, aus seinem umfangreichen Grundbesitz im Norden ein passendes Gelände zur Verfügung zu stellen[77]).

Tab. 4:
Entwicklung des Grundbesitzes von Stadt und Industrie 1927—1958

Jahr	Stadt		Industrie	
	ha	% der Stadtfläche	ha	% der Stadtfläche
1927	280	6,4	1 306	29,6
(davon unbebaut:	70	1,6	1 116	25,3)
1950	370	8,4	1 430	32,4
1958	466	10,5	1 345	30,4

Quelle: MEIER, a. a. O., Tab. 20, 22, 23, 27 und VIII.

---

[74]) Das „Enteignungsgesetz" von 1874 bestimmte, daß Grundeigentümer bei „überwiegenden Gründen des öffentlichen Wohls" ihr Land gegen „volle" Entschädigung abtreten mußten. Die §§ 135 und 136 sahen eine Enteignung außerdem vor, wenn dies für den Betrieb des Bergbaus „notwendig" war. Ähnliche Bestimmungen enthielt das „Gesetz über die Anlage von Kleinbahnen" (z. B. Zechenbahnen) von 1892. F. MEIER: Die Änderung der Bodennutzung und des Grundeigentums im Ruhrgebiet von 1820 bis 1955. Bad Godesberg 1961, Forschungen zur deutschen Landeskunde 131, S. 59.
[75]) Obwohl die Regierung wiederholt (1901 und 1907) die Kommunen zu einer aktiven Grundstückspolitik aufforderte. MEIER, a. a. O., S. 60—61.
[76]) Art. 153 der Weimarer Verfassung sah nur noch den „angemessenen Wert" als Entschädigung vor. Die „Verordnung zur Behebung der dringendsten Wohnungsnot" von 1919 und das „Gesetz über ein vereinfachtes Verfahren..." von 1922 ermöglichten die Enteignung landwirtschaftlicher Nutzfläche zum Vorkriegswert für den Wohnungsbau. MEIER, a. a. O., S. 62—63.
[77]) Ebd., S. 64.

Erst nach dem Zweiten Weltkrieg konnte die Stadt eine *aktive Bodenpolitik* betreiben. Zunächst kam es darauf an, Grundstücke für den Wohnungsbau bereitzustellen; an die Bildung einer Landreserve war noch nicht zu denken. Die Grundstücke wurden in der Regel an Bauwillige oder Bauträger weitergegeben, so daß zunächst keine wesentliche Vergrößerung des städtischen Grundbesitzes erfolgte, wie die Zahlen für 1950 zeigen.

Nachdem die dringendste Wohnungsnot gelindert war, ging man daran, Flächen für zukünftige Gemeinschaftseinrichtungen aufzukaufen. Entsprechend der dargestellten langfristigen Planungskonzeption, die eine Konzentrierung dieser Einrichtungen in der noch unbebauten Mittelzone des Stadtgebietes vorsah, um durch ein solches Verwaltungs-, Kultur- und Sportzentrum Süd- und Nordstadt baulich und funktional zu verbinden, betrieb man vor allem den Ankauf dieses Geländes, das sich zum großen Teil im Besitz der Industrie befand. Die Zahlen von 1958 zeigen den Erfolg dieser Bemühungen und signalisieren zugleich eine Tendenzwende: Der Zuwachs des kommunalen Grundbesitzes ging nicht mehr zu Lasten privater Eigentümer, sondern wurde durch Abgaben aus der industriellen Landreserve ermöglicht, die damit erstmals schrumpfte.

In anderen Bereichen konnte die *Industrie* und insbesondere der Bergbau seine traditionell starke Stellung ebenfalls zunächst behaupten, ja z. T. sogar ausbauen. Als Beispiel sei die Zeche Erin genannt[78]). Schon vor dem Krieg hatte sie ein eigenes Stadion errichtet. 1953 baute sie ein Bootshaus am Kanal für den Wassersport. Die Bergberufs- und die Bergvorschule der Zeche erhielten 1957 ein neues Gebäude. Für die weiblichen Angehörigen der Belegschaft unterhält die Zeche eine Haushaltungsschule[79]) sowie eine Nähstube, für die Kinder Kindergarten und -hort. Das 1959 eröffnete werkseigene Gesundheitshaus[80]) steht ebenso wie Werksarzt, Werksfürsorge und Werksbücherei auch den Angehörigen der Belegschaft zur kostenlosen Verfügung.

Diese Aktivitäten verschafften der Industrie jedoch nicht mehr denselben beherrschenden Einfluß auf das öffentliche Leben und die Entwicklung der Stadt wie früher. Die *Kommunalverwaltung* hatte jetzt durch ihre gewaltigen Aufbauleistungen objektiv wie auch im Bewußtsein der Bevölkerung die Führung übernommen.

Ein imponierendes Beispiel dieses Aufbaus bietet das Schulwesen, in das von 1948 bis 1958 45,5 % der gesamten städtischen Investitionen flossen[81]). Auch hier mußten zuerst die erwähnten, besonders schweren Kriegsschäden beseitigt und die durch das starke Bevölkerungswachstum geschaffenen Probleme bewältigt werden, ehe man sich dem Nachholbedarf zuwenden konnte. Immerhin wurde schon 1953/54 die seit langem notwendige Realschule gegründet, konnte zunächst allerdings — wie die Berufsschule — nur provisorisch untergebracht werden. Nachdem dann der dringendste Bedarf beim Volksschulwesen gedeckt war, erhielten 1957 die Realschule und ein Jahr später die Berufsschule eigene Gebäude in Habinghorst. Damit hatten zum ersten Male zentrale Einrichtungen für die ganze Stadt einen Standort im Norden erhalten.

Dieser Überblick über die Nachkriegsentwicklung zeigt, daß sich die Stadt durchaus ihrer Existenzprobleme bewußt war und daß sie auch gewillt war, diese Probleme zu

---

[78]) MÄMPEL, a. a. O., S. 196; BOERBOOM, a. a. O., S. 118—119.
[79]) Die Schule wurde 1959 aufgelöst, nachdem die städtische Berufsschule ein Jahr zuvor neue Gebäude erhalten hatte. Stadt Castrop-Rauxel: Vierjahresbericht des Oberstadtdirektors 1. 1. 1957 bis 31. 12. 1960, S. 91.
[80]) Es enthält Einrichtungen für Untersuchungen aller Art (einschließlich Röntgengerät) sowie für Bestrahlungen, Bäder und Massagen.
[81]) GROSSMANN, a. a. O., S. 235—236.

lösen und damit den durch die Stadtbildung von 1926 erhaltenen Auftrag zu erfüllen. Zuvor mußten jedoch die Kriegsfolgen beseitigt und die durch die erneute starke Zuwanderung sich stellenden Aufgaben bewältigt werden. Trotz dieser Prioritäten gelang es der Stadt aber, ihre große Zukunftsaufgabe im Auge zu behalten und die Lösung ihrer Existenzprobleme schon in der Zeit des Wiederaufbaus planend vorzubereiten.

Die Wiederaufbau- und Ausbauphase war Ende der fünfziger Jahre abgeschlossen. Nunmehr waren alle Kräfte frei für die Bewältigung der Zukunftsaufgaben. Doch die zur selben Zeit einsetzende *Kohlenkrise* schränkte die dafür zur Verfügung stehenden Mittel bald wieder ein. Von 1958 bis 1963 sank die Zahl der im Bergbau Beschäftigten in Castrop-Rauxel von 16 414 auf 12 022[82]). Um Arbeitslosigkeit und weitere Steuerausfälle zu vermeiden, war die Stadt gezwungen, die Ansiedlung neuer Industrien zu betreiben.

Dennoch wurde die Bewältigung der *Zukunftsaufgaben* nun nicht mehr länger aufgeschoben. Neben dem schon erwähnten Projekt eines Verwaltungs-, Kultur- und Sportzentrums in der unbebauten Mittelzone, das als neuer „Stadtmittelpunkt" Nord- und Südstadt verbinden sollte, wurde als weiteres großes Vorhaben 1960 die *Sanierung der Altstadt Castrop* beschlossen mit dem Ziel, dieses bisher schon am besten ausgestattete Geschäftszentrum der Stadt durch Einrichtung einer Fußgängerzone, Anlage von Parkplätzen, Ansiedlung eines großen Warenhauses sowie Erweiterung und Modernisierung der Geschäftsfläche zum Haupteinkaufszentrum für die Gesamtstadt auszubauen. Dieses Sanierungsprogramm ist inzwischen in wesentlichen Teilen verwirklicht und hat eine bemerkenswerte Attraktivitätssteigerung der Altstadt Castrop bewirkt, die schon nach kurzer Zeit zu einer stärkeren Ausrichtung der Bevölkerung auf dieses Zentrum geführt hat[83]). Eine weitere Verstärkung dieser Tendenz ist zu erwarten.

Das planerisch und durch Grundstückskäufe bereits vorbereitete *Projekt „Stadtmittelpunkt"* wurde nun ebenfalls in Angriff genommen. Nachdem schon in den fünfziger Jahren der in der freien Mittelzone der Stadt gelegene städtische Sportplatz zum Stadion ausgebaut worden war, entstand hier 1963 das seit langem gewünschte Hallenbad. Ein Jahr zuvor war der Neubau des Mädchengymnasiums nicht in der Altstadt Castrop, sondern ebenfalls hier errichtet worden. Auch die Neubauten nicht-kommunaler Dienststellen und Einrichtungen konnten durch geeignete Grundstücksangebote der Stadt hier konzentriert werden: zunächst das Arbeitsamt, später dann Amtsgericht und Polizeistation; das neue evangelische Krankenhaus befindet sich z. Z. im Bau.

Den Kern des ganzen Projektes aber bildet eine geschlossene, architektonisch einheitliche Baugruppe, bestehend aus Rathaus, Stadthalle, Gesundheitshaus und Sporthalle, deren Bau 1966 beschlossen und 1971 begonnen wurde. Die besondere Sorgfalt, die man gerade auf die äußere Gestaltung dieses Projekts verwandte[84]), zeigt, daß man damit über die reine Funktion als Verwaltungs-, Kultur- und Sportzentrum hinaus der Stadt endlich einen Mittelpunkt schaffen will, um die verschiedenen Stadtteile und ihre Bewohner zu integrieren; ein Symbol für die Einheit der Stadt und für ihren Behauptungs- und Gestaltungswillen als Stadt; etwas, mit dem sich die Menschen als Bürger dieser Stadt identifizieren können.

Doch jetzt, da dieses Gemeinwesen endlich darangehen kann, wirklich eine Stadt zu werden — obwohl seine wirtschaftliche Basis infolge der andauernden Kohlenkrise

---

[82]) Ebd., S. 237.
[83]) Vgl. S. 86 f. und Tabelle 2.
[84]) Fünf international führende Architekten (Aalto, Eiermann, Jacobsen, Kraemer, Schneider-Esleben) wurden mit Entwürfen beauftragt.

noch immer ungesichert ist —, wird es durch die bevorstehende *zweite kommunale Neugliederung des Ruhrgebietes* in seiner Existenz bedroht. Wie in den zwanziger Jahren wird die Notwendigkeit einer Neuordnung auch jetzt wieder mit der ungenügenden Leistungsfähigkeit der bestehenden kommunalen Einheiten insbesondere im nördlichen Ruhrgebiet begründet. Gerade die Städte, die — wie Castrop Rauxel — damals durch die erste Neugliederung überhaupt erst geschaffen worden sind und bisher aus den verschiedenen dargelegten Gründen noch gar nicht oder nicht in genügendem Maße die Möglichkeit hatten, diese Chance zu nutzen und sich zu echten Städten zu entwickeln, stehen nun wieder zur Disposition: Sie sollen in großräumigen Städteverbänden aufgehen, in die Hellweggroßstädte eingemeindet oder zu neuen, größeren, jedoch ebenfalls wieder in sich beziehungslosen und desintegrierten Einheiten zusammengeschlossen werden, zumindest aber ihre Kreisfreiheit verlieren[85]).

Das Beispiel Castrop-Rauxel zeigt, daß die kommunale Neugliederung eines verstädterten Raumes allein nicht ausreicht, um dort wirkliche Städte entstehen zu lassen. Es besteht die Gefahr, daß diese Stadt bald auch ein Beispiel dafür wird, wie durch eine kommunale Neuordnung die erfolgversprechende Stadtwerdung eines Gemeinwesens abrupt beendet werden kann: Die Ungewißheit über ihre Zukunft hat die Stadt inzwischen veranlaßt, den weiteren Ausbau ihres im Rohbau bereits fertiggestellten neuen Rathauses vorerst einzustellen[86]).

---

[85]) Über den augenblicklichen Stand der Überlegungen zur Neuordnung des Ruhrgebietes unterrichten H. HEINEBERG und A. MAYR: Modelle und Probleme der kommunalen und regionalen Neugliederung des Ruhrgebietes. In: Institut für Raumordnung, Informationen 23, 1973, S. 1—17.

[86]) Das Manuskript wurde im November 1973 abgeschlossen. Inzwischen ist das Gesetz zur Neugliederung des Ruhrgebietes verabschiedet worden und am 1. 1. 1975 in Kraft getreten. Danach bleibt Castrop-Rauxel als selbständige Stadt erhalten — vergrößert um die bisher selbständige Gemeinde Henrichenburg —, ist aber in den Kreis Recklinghausen eingegliedert worden. Die Einkreisung ist sicher problematisch, da zur Kreisstadt Recklinghausen kaum funktionale Beziehungen bestehen; andererseits ist diese Lösung vergleichsweise günstig, weil sie als einzige der vorgeschlagenen Alternativen die Erhaltung Castrop-Rauxels als selbständige Stadt vorsah. Damit steht der weiteren Entwicklung dieser Stadt als Stadt vorerst nichts mehr im Wege; die Arbeiten am Projekt „Stadtmittelpunkt" sind inzwischen wieder aufgenommen worden.

Saarbrücken

– Großstadtbildung im grenznahen Bergbau- und Industriegebiet –

von

Klaus Fehn, Bonn

I. Überblick über die Entwicklung vom Mittelalter bis 1909

Die heutige Großstadt Saarbrücken entstand im Jahre 1909 durch den Zusammenschluß der drei selbständigen Städte Saarbrücken, St. Johann und Malstatt-Burbach.

Ausgangspunkt für die städtische Entwicklung im Saarbrücker Raum war die Burg Saarbrücken, die 999 erstmals erwähnt wird und links der Saar etwa 20 m über dem Fluß lag. An diese Burg lehnte sich spätestens seit dem 11. Jahrhundert im Nordwesten eine Marktsiedlung an, die im 13. Jahrhundert befestigt wurde. Das alte Saarbrücken lag in der Nähe der Straße Metz—Mainz, die am Fuße der Spicherer Höhen und durch das Stiftsdorf St. Arnual, dem kirchlichen Zentrum des Raumes, nach der im 13. Jahrhundert noch bestehenden römischen Saarbrücke führte. Seit etwa 1300 wurde der Verkehr unmittelbar an Alt-Saarbrücken herangezogen; im Zusammenhang damit entwickelte sich das Dorf St. Johann gegenüber von Alt-Saarbrücken zu einer bedeutenden Schwestersiedlung, die mit Alt-Saarbrücken durch eine Fähre verbunden war. 1321 verlieh Graf Johann I. von Saarbrücken-Commercy den beiden Orten Alt-Saarbrücken und St. Johann Stadtrechte; dabei handelte es sich wahrscheinlich um eine Übertragung des in Alt-Saarbrücken schon gültigen Rechtes auf St. Johann. Im Zusammenhang mit der Stadtrechtsverleihung ist St. Johann auch ummauert worden. Im Bereich der späteren Großstadt Saarbrücken existierten um diese Zeit darüber hinaus das Dorf St. Arnual mit seinem Stift, das Dorf Malstatt und der Weiler Burbach.

Im frühen 17. Jahrhundert wurde die Burg Saarbrücken in ein Renaissanceschloß umgebaut; dieses wiederum wich Mitte des 18. Jahrhunderts einer ausgedehnten Barockresidenz mit weiträumigen Parkanlagen. Nachdem die Stadt schon einmal zwischen 1450 und 1550 etwas nach Osten erweitert worden war, wurden nun die nördlichen Teile der alten Stadtmauer niedergerissen und eine großzügige barocke Vorstadt im Norden und Nordwesten angelegt. Eine Erweiterung nach Südosten an der Saar entlang war wegen des Schloßgartens zunächst noch unmöglich. Die Doppelstadt hatte sich seit 1321 zum wichtigsten Nahbereichsmarkt des mittleren Saarraumes und zu einem bedeutenden Umschlagplatz für den Transithandel besonders vom Landweg zur Saar, die seit 1549 von einer Steinbrücke überspannt wurde, entwickelt. An industriellen Unternehmungen waren beide Städte arm. Von Fürst Wilhelm-Heinrich von Nassau-Saarbrücken, der 1738—1769 regierte, wurde in dem Zucht- und Waisenhaus eine Wollmanufaktur eingerichtet, die jedoch nicht lange bestand. 1769—1781 arbeitete eine

Drahtzieherei, 1776—1813 ein Sensenwerk; daneben gab es noch mehrere Mühlen und Ziegelhütten. Im Malstatter Gebiet wurde 1724 in der Nähe einer im 30jährigen Krieg eingegangenen Eisenschmelze am Fischbach eine Glashütte errichtet, die aber 1747 nach Friedrichsthal verlegt wurde. Im folgenden Jahr entstand an der gleichen Stelle eine Rußhütte, deren Erzeugnisse zum Bereiten von Druckerschwärze und blauer Farbe dienten. Nach 1757 kam eine Harzfabrik hinzu. 1730 wird eine Steinkohlengrube bei Malstatt erwähnt; von 1766—1823 waren Gruben bei der Rußhütte, von 1779—1790 bei Burbach in Betrieb. Die Schleifmühle am Fischbach wurde 1763 als Pulvermühle eingerichtet, 1777 zu einer Krapp- und Farbmühle und schließlich zu einer Loh- und Mahlmühle umgebaut.

Die Bildung einer Großstadt im Saarbrücker Raum hängt eng mit der Industrialisierung des Saarreviers, die ihren Schwerpunkt im Saartal und seinen Nebentälern hatte, der Anbindung des Gebietes an die europäischen Verkehrs- und Handelswege und die Aktivierung der Lagegunst im Zentrum von Südwestdeutschland, Luxemburg und Elsaß-Lothringen zusammen. Immer wieder behindert wurde der geradlinige Aufstieg aber durch politische Faktoren, die eine dauerhafte Eingliederung in eine Nationalwirtschaft und damit eine kontinuierliche Entwicklung des gesamten Industriegebiets nicht gestatteten. Die Leitlinien der neu entstehenden Industrieregion waren die beiden Achsen eines Kreuzes, das von dem Kohlengebirge und dem Saartal gebildet wird. Im Schnittpunkt dieser beiden Achsen liegt Saarbrücken. Hier trafen sich die Täler des Kohlengebirges mit ihren Zechen, Kokereien, Neben- und Ergänzungsbetrieben des Bergbaus und Anlagen der weiterverarbeitenden Industrie mit dem Saartal, wo sich die Hütten konzentrierten. An dieses industrielle Kerngebiet gliederten sich immer größere Arbeitereinzugsgebiete an, die lange Zeit durch das für das Saarland so typische Arbeiterbauerntum geprägt wurden.

Im Saarbrücker Raum hatte Alt-Saarbrücken mit der französischen Revolution seine Residenzstadtfunktion eingebüßt. Bis etwa 1865 blieb es aber unbestritten nach Einwohnerzahl und Ansehen die Hauptstadt des Saarreviers. Danach wurde es aber von der Schwesterstadt St. Johann überflügelt, das vor allem infolge der Anlage des Bahnhofs auf der rechten Saarseite einen erheblichen Aufschwung von Handel und Industrie erlebte. Gegen Ende des 19. Jahrhunderts kam es zu einer deutlichen Aufteilung der Funktionen zwischen Alt-Saarbrücken, dem Mittelpunkt der Verwaltung und des geistigen Lebens, und St. Johann, dem Verkehrsknotenpunkt und Handelszentrum. Auf dem industriellen Gebiet und in der Bevölkerungszahl überholte aber beide Städte das Dorf Malstatt-Burbach, das vor allem durch die Ansiedlung der Burbacher Hütte erheblich gewachsen war und 1875 sogar das Stadtrecht verliehen bekommen hatte.

Im Jahre 1802 wohnten in dem Gebiet der späteren Großstadt Saarbrücken etwa 6530 Menschen; davon entfielen auf Alt-Saarbrücken 3120, auf St. Johann 2100, auf Malstatt-Burbach 720 und auf St. Arnual 590. Für 1843 lauten die Vergleichszahlen: Gesamtgebiet: 11 380 — Alt-Saarbrücken 4660, St. Johann 3520, Malstatt-Burbach 2040, St. Arnual 1160; für 1875: Gesamtgebiet 34 360 — Alt-Sarbrücken 9050, St. Johann 10 940, Malstatt-Burbach 12 440, St. Arnual 1930; für 1890: Gesamtgebiet: 49 290 — Saarbrücken 13 810, St. Johann 14 630, Malstatt-Burbach 18 380, St. Arnual 2470; für 1910: Gesamtgebiet: 105 110 — Alt-Saarbrücken 26 690, St. Johann 28 130, Malstatt-Burbach 46 030, St. Arnual 4260. Nach der Vereinigung der drei Städte entwickelte sich die Einwohnerzahl wie folgt: 1910: 150 110, 1920: 115 850, 1930: 128 850, 1939: 130 772, 1946: 78 455, 1951: 111 450, 1961: 131 782, 1971: 127 892.

II. Die Verwaltungsgliederung im 19. und 20. Jahrhundert

Nach dem Übergang des Saarbrücker Raumes an Preußen im Jahre 1816 wurde eine Bürgermeisterei Saarbrücken gebildet, deren Ausdehnung sich mit derjenigen der französischen Mairie Saarbrücken deckte. Hierzu gehörten die Städte Alt-Saarbrücken und St. Johann, die Dörfer Malstatt, Burbach, St. Arnual, Brebach, Güdingen, Fechingen, Bischmisheim, Gersweiler und Klarenthal. Malstatt hatte einen eigenen Gemeindevorsteher, Burbach und Rußhütte je einen eigenen Ortsvorsteher. St. Johann hatte 1820, 1831 und 1850 vergeblich aus dem Bürgermeisterverband mit Alt-Saarbrücken auszuscheiden versucht. Aber erst als es 1859 genauso wie Saarbrücken die rheinische Städteordnung bekommen hatte, konnte 1862 die gemeinsame städtische Verwaltung beendet werden. 1866 schied Malstatt-Burbach aus dem Bürgermeisterverband Saarbrücken aus. Am 5. Mai 1874 stellte es den Antrag, die Landgemeinde zu einer Stadtgemeinde zu erheben. Dieser Antrag wurde genehmigt, so daß am 2. August 1875 die Städteordnung eingeführt werden konnte. Seit 1895 bemühte sich Alt-Saarbrücken um die Eingemeindung des benachbarten Dorfes St. Arnual, da es sich dadurch einen Vorteil im Konkurrenzkampf mit St. Johann versprach. Diese Eingemeindung kam 1897 ohne große Auseinandersetzungen zustande, da St. Arnual erheblichen Wert auf die Straßenverbindung und eine moderne Gas- und Wasserversorgung legte, die der Gemeinde von Saarbrücken zugesagt worden waren.

Am 1. Oktober 1902 wurde eine staatliche Polizeidirektion Saarbrücken eingerichtet, die für Alt-Saarbrücken, St. Johann und Malstatt-Burbach zuständig war. Zu ihren Kosten mußten die drei Städte anteilmäßig beitragen. Damit war bewußt ein erster Ansatz für eine stärkere Unterscheidung der städtischen von den ländlichen Bezirken und damit auch zu einer späteren Vereinigung geschaffen worden. Dieser Zusammenschluß kam nach erbitterten Auseinandersetzungen im Jahre 1909 zustande. Dadurch wurden die Gemarkung von Alt-Saarbrücken mit 2093 ha, von St. Johann mit 1420 ha und von Malstatt-Burbach mit 1625 ha zu einer Gemarkung vereinigt, die nun 5138 ha umfaßte. Diese neugewonnene Gesamtfläche wurde bis zum gegenwärtigen Zeitpunkt nur noch geringfügig um etwa 1 1/2 qkm durch die Ausgliederung des Eschberggeländes aus der Gemeinde Schafbrücke zur Anlage einer großen Wohnsiedlung nach dem Zweiten Weltkrieg vergrößert (1971: 5295 ha).

Bis 1909 gab es in den drei Städten keine systematische Einzelplanung und erst recht keine gemeinsame Planung. Die Aufstellung von Bebauungs- und Fluchtlinienplänen war durchwegs nach lokalen oder privaten Gesichtspunkten erfolgt. Deshalb waren die Gemeindekerngebiete übermäßig dicht bebaut, die Wohn-, Verkehrs- und Industrieflächen sowie das Grünland nicht zweckentsprechend verteilt, keine Durchgangsstraßen angelegt, die Versorgungs- und Entsorgungsanlagen nur auf den örtlichen Bedarf abgestellt und die Eisenbahneinrichtungen ohne Rücksicht auf städtebauliche Erfordernisse angelegt worden. Die Hauptaufgaben der neuen Großstadt waren also 1909 die Aufstellung eines einheitlichen Bebauungsplanes, die einheitliche Versorgung der Stadt mit Wasser, Gas und Elektrizität, der Bau einer Kanalisation, die Errichtung weiterer Saarbrücken und die Vermehrung kultureller Einrichtungen.

Als 1909 die planerische Arbeit begann, gab es nur wenige brauchbare Vorarbeiten. Deshalb konnte 1914 auch nur ein Ortsstatut für die Bebauung formuliert werden, das das ganze Gebiet in Bauzonen einteilte. Dieses war aber wegen des Fehlens eines Generalbebauungsplanes von Anfang mangelhaft. Erst nach dem Ersten Weltkrieg wurde wenigstens ein Generalflächenaufteilungsplan entworfen, auf dem Wohngebiete von Industrie- und Gewerbebetrieben getrennt und die erforderlichen Verkehrs- und Grünflächen freigehalten waren. Auf Grund dieses Planes wurden für das ganze Stadtgebiet Bebauungspläne ausgearbeitet, die immer wieder verbessert wurden. 1931 kam es zur Gründung der Landesplanungsstelle Saar als Nebenstelle der Landesplanung der Rheinprovinz, in der Saarbrücken mit den Landkreisen in allen überlokalen Fragen zusammenarbeitete. Auf Wunsch fertigte die Stadt für die Nachbargemeinden sogar kostenlos Bebauungspläne an.

Die nach dem Zweiten Weltkriege sich bietenden städtebaulichen Möglichkeiten konnten in Saarbrücken nur teilweise genutzt werden. Der großzügige aber sehr eigenwillige Plan des französischen Städteplaners Pingusson, der nach dem Kriege fünf Jahre lang verbindlich war, konnte aus verschiedenen Gründen nicht verwirklicht werden. Immer wieder umstritten war, ob für den Saargroßraum oder für das Stadtgebiet geplant werden sollte. Schon Ende der 30er Jahre gab es Planungen für einen Großraum mit 450 000 Einwohnern, der bis nach Forbach im lothringischen Kohlengebiet reichte. Für eine großzügige Planung verfügte die Stadt aber nicht über genügend Grundbesitz und nicht über eine ausreichende Gemarkungsfläche. Nach der Rückgliederung des Saarlandes an Deutschland konzentrierte man sich auf das eigentliche Stadtgebiet und stellte drei Hauptaufgaben für die Neuordnung der Stadt heraus:

a) die Schaffung eines Straßennetzes, das dem modernen Verkehr entspricht und die sich im Saartale aneinanderreihenden Stadtteile enger verknüpft;
b) die Durchführung einer klaren funktionellen Gliederung des Stadtkörpers;
c) die architektonische Neugestaltung, die der Stadt ein einheitliches Bild, mit einer gewissen Individualität verbunden, geben soll.

III. Die Siedlungsflächen zwischen 1816 und 1909

Die topographische Situation des Saarbrücker Raumes wird hauptsächlich bestimmt durch das Saartal mit seiner breiten Talaue und seinen weiten Terrassenflächen. Die Saar hat hier im wenig widerstandsfähigen Buntsandstein ihr Tal zu einem Kessel ausgeweitet. Einige härtere Bänke führten zur Ausbildung unregelmäßiger Stufen. Der obere Buntsandstein findet sich auf den höchsten Erhebungen des Stadtgebietes: auf dem Schwarzenberg im Norden und den Höhen des Stiftswaldes im Süden. Die lothringische Muschelkalk-Hochfläche reicht im äußersten Süden mit den Spicherer Höhen noch in die Stadtgemarkung hinein. Ein nordsüdlich angelegter topographischer Schnitt durch das Tal zeigt eine asymmetrische Form. Während im Süden sich der Winterberg, der Reppersberg und der Triller in steilem Anstieg rasch aus der Talsohle erheben, steigt das Nordufer über mehrere Niveaus breiter Terrassen zu den Höhen des Karbonsattels an. Der Saarbrücken beherrschende Steilabfall südlich der Saar ist schon stark von der Erosion angegriffen; außerdem gliedern mehrere Erosionstälchen diesen Höhenzug. Wichtigster Siedlungsträger ist die Niederterrasse, die durch das eingesenkte jetzige Hochflutbett, durch eiszeitliche, heute noch stark anmoorige Hochflutrinnen und durch ein- oder aufgelagerte Schuttflächen aus den Seitentälern und Erosionsschluchten eine vielfältige Kleinformung erhielt.

In diesem Naturraum entstanden die Kerne der späteren Großstadt Saarbrücken. St. Arnual, Malstatt und Burbach hatten als alte ländliche Siedlungen die besten Agrarlagen inne. Auf der breiten Terrasse und in den Seitentälchen lagen die Felder und Wiesen, während die höheren Talhänge bis hart an den Rand der Talsohle von Wald bedeckt waren. St. Johann hatte sowohl eine Agrar- als auch eine Schutzlage, da es auf dem Terrassenstreifen zwischen heutigem Hochflutbett und der alten verlandeten, aber immer noch stark sumpfigen Hochflutrinne der Bruchwiesen angelegt worden war. Hauptsächlich von strategischen Gesichtspunkten her bestimmt erscheint die Lage der Burg Saarbrücken auf einer etwa 20 m über der Saar aufsteigenden Erhebung; die sich an die Burg anschließende Stadt zog sich auf die Niederterrasse hinab.

Im Jahre 1780 nahm die Stadt Alt-Saarbrücken etwa eine Fläche von 600 × 450 m ein, wobei der ausgedehnte Schloßgarten nicht mitgerechnet ist. Die Erweiterung im frühen 19. Jahrhundert, die von keiner Befestigungsanlage mehr behindert wurde, war ganz nach Westen orientiert, da im Osten der Schloßgarten und die nahe Gemarkungsgrenze, im Süden der Steilanstieg des Trillers und im Norden die Saar hemmte. Im Westen gab es dagegen genügend geeignetes ebenes Bauland. Westlich der Eisenbahnstraße, die über die 1968 erbaute Luisenbrücke die Verbindung zum St. Johanner Bahnhof herstellte, wurden die Altsaarbrücker Bruchwiesen von einem Gitternetz von Straßen überzogen, die schon vor der Jahrhundertwende zum großen Teil ausgebaut waren. Ein natürlicher Endpunkt der Westausdehnung war der Schanzenberg und der an seinem Fuße fließende Deutschmühlenbach. Durch die Kaiser-Wilhelm-Brücke wurde 1894 eine Verbindung zu dem auf der anderen Saarseite liegenden Malstatt hergestellt. Auch im Osten des Schlosses entstanden neue Wohnviertel, da der ehemalige Schloßgarten nun besiedelt werden konnte. In den 60er Jahren war der unmittelbar hinter dem Schloß verlaufende Verbindungsweg zwischen Talstraße und der Saaruferstraße auf der Ostseite bebaut. Drei weitere Straßenzüge wurden parallel dazu angelegt. Im letzten Viertel des 19. Jahrhunderts begann die Stadt aus der Talsohle heraus auf die im Süden liegenden Hänge und Höhen des Trillers, Reppersberges und Nußberges hinaufzuklettern, wozu steile Straßenzüge und zahlreiche Treppenfluchten erbaut werden mußten.

Nach der Eingemeindung von St. Arnual 1897 konnte das Gebiet am Fuße des Winterberges erschlossen und der Einschnitt der Feldmannstraße bebaut werden. Auch St. Arnual wuchs noch vor der Vereinigung der Städte erheblich an, ohne daß dadurch mehr als eine lockere bauliche Verbindung zu Alt-Saarbrücken hergestellt wurde. Dort trat neben den alten städtebaulichen Mittelpunkt des Schloßplatzes ab 1880/1890 als zweites Zentrum der Neumarkt bei der Brücke zwischen Saarbrücken und St. Johann, an dem zahlreiche markante Gebäude wie das Gericht, die Markthalle, die Tonhalle, die Reichsbank und der Saalbau errichtet wurden.

Die Entfernung zwischen dem Ober- und dem Untertor in dem ovalen Stadtgrundriß von St. Johann betrug vor 1800 etwa 250 m. Schon um 1760 waren die Befestigungsgräben trockengelegt worden, die dann 1840 aufgefüllt wurden. Die Stadttore verschwanden 1810; auch die Mauer wurde, von verschwindenden Resten abgesehen, frühzeitig niedergelegt. Der entscheidende Orientierungspunkt für die städtebauliche Entwicklung bildete seit 1852 der Bahnhof, der vor allem aus strategischen Gründen auf der rechten Saarseite zwischen St. Johann und Malstatt angelegt worden war. Zunächst wurde die Bahnhofstraße als direkte etwa 1 km lange Verbindung der Stadt mit dem Bahnhof über freies Gelände geführt, die zunächst nur bis zur späteren Dudweilerstraße beidseitig und von da an sehr locker bebaut wurde. Bis 1875 waren aber bereits alle Parzellen der Bahnhofstraße mit Häusern besetzt. Ein zweiter Siedlungskeil schob sich in den beiden letzten Jahrzehnten des 19. Jahrhunderts zwischen der Dudweiler- und der Nauwieserstraße vor, der durch die parallel zur Bahnhofstraße verlaufende Kaiserstraße mit dem Bahnhof verbunden wurde. Um das Gebiet entlang der Kaiserstraße für die Errichtung von städtischen Häusern nutzen zu können, mußten zunächst die am Sulzbach liegenden Fabriken, vor allem die Maschinenfabrik Dingler und Karcher, verlegt und der Sulzbach überwölbt werden. Im Zusammenhang mit dieser Westwärtswanderung des St. Johanner Kerns versuchte man einen neuen Schwerpunkt an der Kreuzung Dudweilerstraße—Kaiserstraße anzulegen und errichtete dazu dort Großbauten wie das Rathaus, die Hauptpost und die Johanniskirche. Das Geschäftszentrum verlagerte sich seit 1880 in die Bahnhofs- und Kaiserstraße. Im Osten des alten Stadtkerns schob sich die Bebauung entlang der Mainzer Straße vor, die bereits um die Jahrhundertwende bis zur Paul-Marien-Straße geschlossen bebaut war. Die großen Lücken zwischen der Paul-Marien-Straße und der Ulanenkaserne an der Hellwigstraße füllten sich erst nach 1900. Nach der Auffüllung des feuchten Wiesengeländes an der Saar war es auch möglich, dort das vornehme Villenviertel des Staden anzulegen.

Im Norden dehnte sich das bebaute Gelände im Gebiet der Brauerstraße aus; erste Siedlungsansätze finden sich auch schon auf dem Mügelsberg, dem kleinen Homburg und dem Rotenbühl. Die auf dem Bann der Nachbargemeinde Dudweiler entstandene Siedlung Jägersfreude griff Mitte des 19. Jahrhunderts auf das Stadtgebiet von St. Johann über; trotz des eindeutigen baulichen Zusammenhangs zwischen Dudweiler und dem St. Johanner Stadtteil Jägersfreude wurde eine Eingemeindung durch Dudweiler aber 1890 von St. Johann abgelehnt. Eine größere Ausdehnung erlebte dieser Stadtteil erst nach 1900 durch die Anlage der Jägersfreuder Grube.

In Malstatt-Burbach wurde die Industrie zum entscheidenden Lenker der baulichen Entwicklung. Die Ausdehnung von Malstatt, dessen alter Kern, das sogenannte Unterdorf, am Fuße der höheren Terrasse lag, erfolgte bis in die Mitte des 19. Jahrhunderts hinein vorwiegend nach Westen hin gegen Burbach. Dieses, ein kleiner Weiler, lag am westlichen Talhang des Weierbaches. Neue Orientierungspunkte kamen in dieses Gebiet 1852 mit dem Bahnhof St. Johann, 1856 mit der Burbacher Hütte, 1864 mit dem Bahnhof Burbach und 1881 mit dem Bahnhof Schleifmühle. Von Bedeutung wurden auch die größeren Industriebetriebe, die sich vor allem am Fischbach niederließen, wie z. B. die Maschinenfabrik Erhard und Sehmer seit 1876. Nördlich des alten Malstatter Unterdorfes entstand als Wohnsiedlung der in der Hütte, der Kokerei oder bei Erhard und Sehmer beschäftigten Arbeiter das sogenannte Oberdorf. Schon vor 1900 griff Malstatt mit den Wohnblöcken am Jenneweg und an der Lebacher Straße über den Einschnitt der Eisenbahnlinie hinweg. Nach der Niederlassung der Maschinenfabrik Erhard und Sehmer 1876 und der Eröffnung des Bahnhofs Schleifmühle 1881 im Fischbachtal dehnte sich Malstatt auch über den Fischbach hinweg auf die Hänge des Ludwigsberges aus. Ein neuer Kern entwickelte sich an der Kreuzung Hohe Straße mit der Verbindungsstraße zur Malstatter Brücke; dort wurde auch das Rathaus errichtet. Von erheblicher Bedeutung wurde die Verbindung Malstatts mit dem St. Johanner Bahnhof durch den Ausbau der Lebacher und Trierer Straße. Burbach dehnte sich im 19. Jahrhundert einerseits nach Osten über den Weierbach zur Hütte und zum Bahnhof Burbach hin und andererseits nach Norden über den Bahndamm hinweg aus. Der Ortsteil Rußhütte wuchs seit 1850 erheblich, da dort zahlreiche Bergleute und Hüttenarbeiter mit Unterstützung der Gruben bzw. der Hütte eigene Häuser, sog. Prämienhäuser, bauten.

IV. Die Siedlungsflächen nach 1909

In der zweiten Hälfte des 19. Jahrhunderts hatten sich die drei Saarstädte im Zusammenhang mit dem industriellen Wachstum erheblich vergrößert. Diese Entwicklung vollzog sich aber weitgehend ungeordnet und vor allem ohne Rücksicht auf die Erfordernisse des gesamten Saarbrücker Raumes. Es fehlte nicht nur eine Gesamtplanung, sondern es bestand sogar eine kleinliche Gegnerschaft zwischen den einzelnen Stadtverwaltungen.

Da jede Stadt für sich wuchs, nimmt es nicht wunder, daß der Bereich zwischen den Städten wenig gepflegt wurde. St. Johann wandte der Saar seine Rückseite mit Hinterhöfen und Lagerhallen zu, zwischen Malstatt und St. Johann wurde der große Kohlenhafen angelegt und die Eisenbahnlinien trennten als tiefe Gräben oder hohe Wälle ganze Viertel voneinander. Vor allem kam es vor 1909 nicht zur Ausbildung eines neuen die drei Städte verbindenden Schwerpunktes in der Mitte des Saarbrücker Siedlungsraumes.

Die flächenmäßige Ausdehnung der Siedlungen hatte im 19. Jahrhundert etwa gleichzeitig von den Kernen Alt-Saarbrücken, St. Johann, Malstatt-Burbach und in geringerem Maße von St. Arnual aus eingesetzt. Zuerst waren die noch freien Teile der oberen Niederterrasse, d. h. vor allem die äußeren Ränder und der Streifen entlang der Mainzer Straße bebaut worden. Dann hatte die Besiedlung auch die randliche Höhenzone erfaßt, wobei im Süden die Einschnitte von Feldmannstraße, Spichererbergstraße und Hagen als Leitlinien gedient hatten. Im Norden hatte man begonnen, die breiten Terrassenriedel zu erschließen. Der gleichmäßigen Ausdehnung im Tal selbst standen die beiden Bruchwiesenzonen entgegen, von denen nur die Altsaarbrücker unter erheblichem Aufwand bis 1909 erschlossen worden war. Die stark anmoorige St. Johanner Hochflutrinne war dagegen weitgehend unbebaut geblieben.

Nach 1909 wurden im ehemaligen Alt-Saarbrücken und in St. Arnual zunächst einmal die Baulücken geschlossen, die im Tal infolge der schwierigen Untergrundverhältnisse immer noch bestanden hatten. Neue Siedlungsflächen wurden auf den Höhen erschlossen, vor allem auf dem Gelände des ehemaligen kleinen Exerzierplatzes entlang der Zeppelinstraße, am Lerchesflurweg, auf der Hohen Wacht, am Weinbergweg sowie auf dem Schenkelberg und dem Wackenberg. Die Siedlungsviertel am Hagen, an der Metzer Straße, am Triller, am Rodenhoferdell und an den Hängen des Reppersberges verdichteten und erweiterten den älteren Baubestand. Bis zum Ausbruch des Zweiten Weltkrieges entwickelte sich Alt-Saarbrücken mehr und mehr zur Verwaltungs- und Wohnstadt; eine gewisse Geschäftskonzentration an der Eisenbahnstraße und einige Industriebetriebe vor allem im Westen beeinflußten den Gesamteindruck nur wenig. St. Arnual bewahrte dörfliche Züge und erschien noch 1939 mehr als Vorstadt, denn als Teil einer Großstadt. Die Verbindung zu Alt-Saarbrücken wurde durch Wohnsiedlungen im Gelände des Stokkenbruchs hergestellt. Die ehemaligen Kasernengebäude auf dem Wackenberg wurden in Wohngebäude umgewandelt und das benachbarte Gelände mit dreigeschossigen Mehrfamilienhäusern und zweigeschossigen Einfamilienhäusern bebaut. Weitere Siedlungen entstanden an der Julius-Kiefer-Straße und an der Rubensstraße.

Das Gebiet zwischen dem alten St. Johann und dem Bahnhof nahm bis 1939 immer mehr City-Züge an. An die City schlossen sich kleinere Industrieviertel, z. B. am Güterbahnhof und an der Brauerstraße, an; außerdem arbeiteten zahlreiche kleinere Industrie- und Handwerksbetriebe in den Hinterhöfen von St. Johann. Das vornehme Wohngebiet am Staden wurde erheblich erweitert, jedoch verlagerte sich das Schwergewicht beim Wohnhausbau auf die Terrassenflächen im Norden. Dort wurde der Kieselhumes, der Rotenbühl, der kleine Homburg und der Rodenhof flächenhaft besiedelt. Die Lücken an der Mainzer Straße schlossen sich bis zur Hellwigstraße; an dem äußeren Teil der Mainzer Straße ließen sich Industrie- und Handwerksbetriebe nieder. Im Zusammenhang mit dem neu errichteten Osthafen entstand in den 30er Jahren zwischen der Saar und der Mainzer Straße ein eigenes Versorgungsviertel mit Großmarkthalle und Schlacht- und Viehhof. Die sich an der Saar hinziehenden Grünanlagen bekamen 1938 einen neuen Akzent durch den Bau des großen Stadttheaters in der Nähe der Alten Brücke.

In Malstatt-Burbach kam es zwischen 1909 und 1939 zu einer ausgedehnten Neubautätigkeit auf den nördlichen Terrassenflächen. Neue Wohngebiete entstanden am Jenneweg, auf dem Rastpfuhl, südlich des Waldfriedhofs, im Füllengarten und bei der Eisenbahnwerkstätte. Die Ausdehnung entlang der Lebacher Straße erfolgte nach 1930 in Form von Einfamilienhäusern verschiedener Typen mit reichem Gartenland. Insgesamt veränderte sich der Charakter des Stadtteils nur wenig; es blieb ein großes Bergmanns- und Industriedorf mit schwachen städtischen Zügen.

1939/40 wurde die Stadt und ihr Umland in das Westwallbefestigungssystem einbezogen; im Zusammenhang damit entstand auch die Belowkaserne im St. Johanner Stadtwald. Im Zweiten Weltkrieg wurde Saarbrücken erheblich zerstört, wobei der Grad der Verluste an Bausubstanz in den einzelnen Stadtteilen verschieden war. Am meisten betroffen wurden die Gebiete entlang der Eisenbahnlinien und an den Straßenkreuzungen sowie die Altstadt von Alt-Saarbrücken. Prozentual wurde Alt-Saarbrücken zu 63,6 %, Malstatt zu 49,9 %, Burbach zu 42,5 %, St. Johann zu 15,7 %, St. Arnual zu 3,9 % und Jägersfreude zu 1,3 % zerstört.

Der Wiederaufbau orientierte sich vorwiegend an den alten Straßenzügen. Es kam aber auch zu einigen großzügigen Lösungen wie dem Bau der Stadtautobahn entlang der Saar oder der Anlage der Berliner Promenade, einer der Saar zugewandten Fußgängerebene an der Rückseite der westlichen Gebäudereihe der Bahnhofstraße. In der Nachkriegszeit wurden in großem Umfang neue Flächen bebaut; dadurch rückten die Siedlungen im Norden bis an den Wald vor und überschritten im Süden den durch den Winterberg gekennzeichneten Höhenzug. Die Bebauung reicht entlang der Hauptstraßen fast überall bis an die Gemarkungsgrenzen, wo sie sich eng mit den jeweiligen Spitzen der Nachbargemeinden verzahnt.

Die markantesten Nachkriegsprojekte in Alt-Saarbrücken und St. Arnual sind die Hochhaussiedlung auf der Folsterhöhe, der Deutsch-Französische Garten, die neuen Stadtviertel südlich des Lerchesflurweges und der ausgedehnte Krankenhauskomplex auf dem Winterberg. Das Gebiet zwischen Winterberg und der Landesgrenze wurde bisher von der Bebauung freigehalten, da die Planung noch nicht abgeschlossen ist. Seit einigen Jahren durchschneidet diese Tiefenzone aber die Autobahn Mannheim—Metz. St. Johann dehnte sich vor allem nach Norden hin aus. Dort entstanden zahlreiche Ein- und Mehrfamilienhäuser auf dem Rodenhof, dem Kleinen Homburg und dem Rotenbühl; von der östlichen Mainzer Straße her schließt sich allmählich die Lücke zwischen Kieselhumes und Rotenbühl. Endlich aufgesiedelt wird die Bruchwiesenzone im Herzen von St. Johann, die bisher fast nur von Gärtnereien genutzt worden war. Dort entstanden und entstehen Wohnsiedlungen und Verwaltungsbauten. Die Bebauung an der Mainzer Straße verdichtet sich immer mehr, wie sich auch das Industrie- und Versorgungsgelände am Osthafen stark ausgedehnt hat; im Zusammenhang mit der Saarbegradigung wird es noch mehr vergrößert werden. Die Universität, die 1948 zunächst in die Belowkaserne eingezogen war, hat sich seitdem erheblich im St. Johanner Stadtwald ausgedehnt. Eine eindrucksvolle Großwohnsiedlung wurde auf dem Eschberg auf dem Gelände eines ehemaligen Gutes, das von der Gemeinde Schafbrücke erworben wurde, errichtet. In dieser Wohnanlage sind ganz verschiedene Haustypen vom Hochhaus bis zum Bungalow vertreten. Stark ausgedehnt hat sich das bebaute Gelände auch in Malstatt-Burbach, wo westlich der Leipziger Straße, nördlich der Moselstraße und der Rußhütter Straße sowie im nördlichen Teil von Burbach ausgedehnte Wohnsiedlungen angelegt wurden.

V. Die kirchlichen Bauten

In engem Zusammenhang mit der Bevölkerungs- und Siedlungsentwicklung stand der Ausbau der kirchlichen Organisation und die Errichtung von kirchlichen Bauten. Auf evangelischer Seite bestanden in Alt-Saarbrücken zu Beginn des 19. Jahrhunderts die Schloßkirche und die Ludwigskirche, in St. Arnual die Stiftskirche, in St. Johann die Pfarrkirche und in Malstatt die Pfarrkirche. 1898 wurde im neuen St. Johanner Zentrum an der Kreuzung Dudweilerstraße—Kaiserstraße die Johanneskirche erbaut, 1870 in Malstatt an der Stelle der 1868 abgerissenen älteren Pfarrkirche ein Neubau eingeweiht und 1895 eine neue Kirche in Burbach errichtet. Bei der Städtevereinigung bestanden die Gemeinden Alt-Saarbrücken, St. Arnual, St. Johann und Malstatt. 1931 wurde die Gemeinde Jägersfreude gegründet, die 1937 eine eigene Kirche erhielt. Seit 1936 besteht eine Kirche in Rußhütte. 1952 wurde Burbach, 1962 Rodenhof von Malstatt als eigene Gemeinde abgespalten; 1959 schließlich wurde die Christuskirche auf dem Rotenbühl erbaut. Eine eigene Gemeinde bildet heute auch der Eschberg.

Auf katholischer Seite gab es seit 1808 eine Pfarrei Saarbrücken mit einer Hilfspfarrei in St. Johann, wo auch die gemeinsame Kirche stand. Erst 1888 wurde St. Johann eine eigene Pfarrei, nachdem 1887 in Alt-Saarbrücken die Pfarrkirche St. Jakob erbaut worden war. 1888 wurde auch eine Pfarrei Malstatt eingerichtet, für die 1910 die Kirche St. Josef errichtet wurde. Schon 1885 war die Pfarrei Burbach gebildet worden, die in demselben Jahr von den Altkatholiken die seit 1873 bestehende Kirche St. Eligius übernahm. 1909 waren also vier Pfarreien mit vier Kirchen vorhanden. Nach 1909 änderte sich das Pfarreinetz und damit auch die Zahl der Kirchen erheblich. 1913 wurde die Herz-Jesu-Kirche in Burbach erbaut, das 1922 selbständige Pfarrei wurde, 1924 St. Michael auf dem Mügelsberg in St. Johann, wo 1926 eine Pfarrei gebildet wurde, 1925 St. Antonius auf dem Rastpfuhl, wo erst 1953 eine eigene Pfarrei eingerichtet wurde, 1926 St. Marien in Rußhütte, das schon 1922 zur Pfarrei erhoben worden war, 1928 St. Hubert in Jägersfreude, das seit 1927 Pfarrei war, 1929 Christkönig in St. Arnual, das in demselben Jahr Pfarrei wurde, 1939 St. Albert auf dem Rodenhof, wo 1943 eine Pfarrei eingerichtet wurde, 1954 St. Elisabeth in den Bruchwiesen, wo 1961 eine Pfarrei gebildet wurde, 1956 St. Mauritius in Alt-Saarbrücken, das seit 1953 eigene Pfarrei war, 1959 die Kirche Maria Königin auf dem Rotenbühl, wo 1960 eine Pfarrei eingerichtet wurde. Weitere Pfarreien entstanden seit 1961 mit St. Paulus in Malstatt, St. Pius in St. Arnual, St. Helena in Burbach, St. Thomas Morus auf dem Kleinen Homburg, Herz Jesu auf der Folsterhöhe und St. Augustin auf dem Eschberg.

Der stärkere Ausbau des katholischen Pfarrnetzes spiegelt die Verschiebung im Konfessionsverhältnis innerhalb des 19. und 20. Jahrhunderts wieder. Um 1845 lebten in Alt-Saarbrücken 3609 Evangelische und 1008 Katholiken, in St. Johann 2628 Evangelische und 890 Katholiken, in Malstatt-Burbach 1084 Evangelische und 931 Katholiken. 1909 standen in Groß-Saarbrücken 46 262 Evangelische 50 265 Katholiken gegenüber. 1934 lauteten die entsprechenden Zahlen 54 990 zu 72 403 und 1951 46 073 zu 60 654.

VI. Die militärischen Einrichtungen

Im Saarbrücker Raum war von 1816—1918 in unterschiedlichem Umfang Militär stationiert. Für Alt-Saarbrücken sind vor allem zu nennen: zwei Schwadronen Husaren von 1816—1849, zwei Schwadronen Ulanen von 1851—1878, ein Dragonerregiment von 1878—1918, ein Infanterieregiment von 1887—1918 und eine Feldartillerieabteilung von 1898—1918, für St. Johann zwei Schwadronen Ulanen von 1896—1918. Das Militär war zunächst in Bürgerquartieren untergebracht; erst nach 1870/71 wurden die entsprechenden Kasernen gebaut: 1878 die Dragonerkaserne in der Roonstraße, 1887 die Infanteriekaserne in Alt-Saarbrücken, 1896 die Ulanenkaserne an der Mainzer Straße und 1899 die Artilleriekaserne in St. Arnual. Nach 1918 büßte Saarbrücken seine Rolle als Garnisonstadt ein; erst 1936 wurde es wieder Standort von Pionieren, für die im St. Johanner Stadtwald die Belowkaserne erbaut wurde. Als Truppenübungsplätze dienten bis zum Ersten Weltkrieg der kleine Exerzierplatz an der Zeppelinstraße und der große Exerzierplatz südlich des Winterberges.

VII. Die Verkehrsflächen

Das erste monumentale Zeichen der Städtevereinigung war der Bau der Kaiser-Friedrich-Brücke, die den Neumarkt mit der Dudweilerstraße verband und 1910 eröffnet wurde. Schon einige Jahre später, 1915, wurde die Bismarckbrücke eingeweiht, die den Straßenzug der Feldmannstraße mit dem östlichen St. Johann verband. Bei dem Zusammenschluß der drei Städte hatten außer der Eisenbahnbrücke der Linie Saarbrücken—Metz bereits vier Brücken bestanden. Die Alte Brücke zwischen den Zentren von Alt-Saarbrücken und St. Johann stammte aus dem 16. Jahrhundert. Die übrigen drei wurden im Zusammenhang mit der Industrialisierung und Verkehrserschließung nach 1850 angelegt: 1868 die Luisenbrücke zwischen dem St. Johanner Bahnhof und dem Alt-Saarbrücker Ludwigsplatz, 1894 die Malstatter Brücke zwischen Malstatt und dem westlichen Alt-Saarbrücken und 1907 die Gersweiler Brücke zwischen dem Burbacher Markt und dem Bahnhof von Gersweiler. Zu diesen sechs Brücken kamen 1936 die Darler Fußgängerbrücke zwischen St. Arnual und dem St. Johanner Industriegelände und nach 1960 die Autobahnbrücken hinzu.

Seit 1890 wurde über den Saarbrücker Raum ein enges Netz von Straßenbahnlinien gezogen. 1890 erwarb die Firma Viering und Wächter aus Berlin eine Konzession zum Betrieb einer Dampf-Straßenbahnlinie von St. Johann über Malstatt-Burbach nach Luisenthal. Diese Linie, die erstmals 1891 fuhr, wurde 1892 von der neugegründeten Aktiengesellschaft für Straßenbahnen im Saartal aufgekauft. Sie wurde schon bald darauf nach Westen bis Brebach verlängert und 1899 elektrifiziert. 1896 kamen weitere Linien von Alt-Saarbrücken nach St. Arnual und von Alt-Saarbrücken nach St. Johann hinzu. 1901 wurde die Linie von St. Johann über Dudweiler nach Friedrichsthal, 1906 von St. Johann nach Heusweiler und 1907 von St. Johann über Malstatt-Burbach nach Gersweiler eröffnet. 1909 gab es 7 Linien mit insgesamt 44,3 km Streckenlänge. Der Hauptteil gehörte der Aktiengesellschaft für Straßenbahnen im Saartal. Die Linie 7, die von der Vorstadtstraße durch die Gersweiler Straße zum Schanzenberg führte, war Eigentum der Stadt Saarbrücken, die Linie Saarbrücken—Riegelsberg—Heusweiler Eigentum der Gemeinde Güchenbach. Bis 1921 brachte die Stadt alle Aktien der Gesellschaft für Straßenbahnen im Saartal an sich; 1937 erwarb sie die Güchenbacher Linie und 1938 von der Saarbrücker Klein- und Straßenbahn AG die Linie nach Eschringen—Ensheim—Ormesheim. Das Netz der Straßenbahnen, die seit 1965 durch Busse ersetzt sind, wurde allmählich auf über 230 km erweitert.

Die wesentlichen Bauten der Eisenbahn erfolgten bereits im 19. Jahrhundert. Sie wurden für die Entwicklung von Saarbrücken von erheblicher Bedeutung. 1852 wurde der Bahnhof St. Johann an der Linie Ludwigshafen—Metz eröffnet, gleichzeitig nahm man auch die Stichbahn zur Grube von der Heydt in Betrieb. 1858 folgte die Linie Saarbrücken—Merzig, 1870 die Linie Saarbrücken—Saargemünd, 1881 die Fischbachtalbahn und die Linie nach St. Ingbert und 1907 die Linie nach Großrosseln. Danach wurden im Saarbrücker Raum keine neuen Linien mehr angelegt. Nachdem zunächst nur der Bahnhof St. Johann bestand, kamen 1864 der Bahnhof Burbach, 1881 der Bahnhof Schleifmühle, 1950 der Messebahnhof am Schanzenberg und 1952 der Bahnhof Saarbrücken-Ost hinzu. Das Gleisnetz wurde noch erweitert durch die Anlage der Eisenbahnhauptwerkstätte in Burbach 1857, den Gleisanschluß des Hafens 1866 und die Anbindung des Osthafengeländes in der neuesten Zeit. Der Hauptgüterbahnhof entstand nordöstlich vom Saarbrücker Hauptbahnhof im Sulzbachtal.

Die Saar war bis 1862 nicht kanalisiert. In diesem Jahr begann man mit dem Ausbau des Flusses bis Luisenthal, der 1866 abgeschlossen war. Über den neugegrabenen Saarkohlenkanal wurde der Anschluß an das französische Wasserstraßensystem hergestellt. Im Zuammenhang mit diesen Arbeiten wurde 1865 auf Malstatter Bann ein alter Flußarm abgetrennt, in den der Fischbach mündet, und dadurch eine Hafenhalbinsel für Verladeeinrichtungen gewonnen. Dieser Hafen wurde noch in demselben Jahr durch eine Stichbahn an den Hauptbahnhof und 1875 an den Bahnhof Burbach angeschlossen. Obwohl 1920 die Hafenanlagen erheblich ausgebaut wurden, verlor der Hafen doch rasch an Bedeutung, als seit 1926 westlich des Halbergs eine Entladungsstelle im Flußbett, der sogenannte Osthafen, angelegt wurde. Bei diesem 1930 fertiggestellten Hafen wurde ein umfangreiches Industriegelände angelegt. Nach den Zerstörungen des Zweiten Weltkrieges wurde der Malstatter Hafen zugeschüttet, da man dieses Gebiet in die Neugestaltung des Stadtzentrums einbeziehen wollte. Die Saargruben erklärten sich bereit, auf dieses Gelände zu verzichten, wenn ein anderer gleichwertiger Kohlenhafen angelegt würde. Zur Zeit ist die Gestaltung dieses Gebietes noch nicht abgeschlossen; einen neuen Akzent brachte aber bereits die Kongreßhalle, die vor einigen Jahren eröffnet wurde. Im Zusammenhang mit der bereits durchgeführten Begradigung des Saarlaufes im Bereich der St. Arnualer Wiesen soll ein Industriehafen beim Osthafen entstehen.

Auch ein Flugplatz bestand für einige Jahrzehnte in der Gemarkung der Großstadt Saarbrücken. 1912 wurde auf den St. Arnualer Wiesen ein Fluggelände angelegt, wovon seit 1928 Paris und seit 1929 Berlin direkt angeflogen wurden. Seit 1938 wurde der Flugplatz nicht mehr vom Linienverkehr benutzt, seit 1955 ist er gänzlich gesperrt. 1935 begann der Ausbau eines neuen Flughafens in Ensheim 16 km östlich von Saarbrücken. Die Anlagen wurden im Krieg zerstört, jedoch bis 1950 wieder hergestellt. In den 60er Jahren wurde der Linienverkehr wieder aufgenommen.

VIII. Die land- und forstwirtschaftlichen Flächen und das Erholungsgelände

In den Gemarkungen von Alt-Saarbrücken, St. Johann und Malstatt-Burbach bildeten die Viehhaltung und die Waldwirtschaft noch bis weit ins 19. Jahrhundert hinein wichtige Faktoren. Um die Mitte dieses Jahrhunderts erlebte der Primärbereich sogar einen gewissen Aufschwung, da sich der Bedarf an einschlägigen Produkten rasch vergrößert hatte. Die Zuchtviehanstalten wurden erst 1867 in Alt-Saarbrücken und 1873 in St. Johann aufgelöst; 1868 wurde für St. Johann das Austreiben von Kühen und Schweinen und 1874 für Alt-Saarbrücken die Stoppelweide verboten. Trotz eines allgemeinen Rückganges blieben aber auch über den Zusammenschluß hinweg noch landwirtschaftliche Betriebe bestehen. Von den vor dem Zweiten Weltkrieg vorhandenen 234 Betrieben hatten aber weniger als 100 Betriebe Pferde oder Rinder. Auch die Nutzfläche war schon erheblich zurückgegangen und in Bauland, Kleingärten oder Gärtnereien umgewandelt worden. Um 1960 waren nur noch wenige Betriebsinhaber Landwirte im Hauptberuf; die übrigen waren Nebenerwerbslandwirte oder Freizeit- bzw. Hobbylandwirte. Bis zur Gegenwart veränderte sich die Situation immer mehr zuungunsten der Landwirtschaft; zahlreiche Parzellen liegen brach. Auch heute befinden sich aber noch auf dem Gelände des ehemaligen großen Exerzierplatzes ausgedehnte Weideflächen.

In den beiden Städten Alt-Saarbrücken und St. Johann wurde zu Beginn des 19. Jahrhunderts an je zwei Wochentagen wechselsweise Markt abgehalten. Seit 1856 wurden auch noch die beiden fehlenden Tage berücksichtigt, seit 1887 gab es an jedem Wochentag Markt in beiden Städten. Auch in Malstatt-Burbach wurden Wochenmärkte in beiden Ortsteilen durchgeführt. Kurz vor dem Zweiten Weltkrieg wurden die beiden Märkte in Alt-Saarbrücken und St. Johann zusammengelegt; eigene Wochenmärkte blieben für Malstatt, Burbach und St. Arnual bestehen. Die Märkte wurden im Laufe der Zeit auf verschiedenen Plätzen abgehalten: in Alt-Saarbrücken auf dem Schloßplatz, vor der Schloßkirche, am Ausladeplatz der Marktkähne an der Saar, in St. Johann auf dem Alten Markt, in der Bleichstraße, in der Schillerallee, bei der katholischen Kirche. Seit 1880 wurde der Alt-Saarbrücker Neumarkt verwendet, wo 1887 eine neue Markthalle erbaut wurde; in St. Johann gab es seit 1905 eine Marktpassage zwischen katholischer Kirche und dem Markt. Die Märkte beider Teilstädte wurden vor dem Zweiten Weltkrieg in der Alt-Saarbrücker Markthalle zusammengelegt, nach dem Zweiten Weltkrieg aber wieder getrennt einerseits auf dem Ludwigsplatz, andererseits auf dem Theaterplatz und später auf dem Nauwieserplatz durchgeführt. Im 19. Jahrhundert gab es auch Viehmärkte; 1873 wurden immerhin 100 Pferde, 180 Rinder, 30 Schafe und 220 Schweine aufgetrieben. Erwähnt werden muß schließlich der Weinbau vor allem am Südhange des Winterberges, der in der ersten Hälfte des 19. Jahrhunderts sehr intensiviert wurde und in Resten noch bis zum Ersten Weltkrieg bestand.

Die Stadt Saarbrücken ist gegenwärtig mit etwa 1150 ha Eigenwald die größte Waldgemeinde des Saarlandes. Sie besitzt zwei getrennt voneinander liegende Reviere: den Stadtwald in St. Johann mit 750 ha und den Stadtwald in Alt-Saarbrücken mit 400 ha. Außerdem liegen in der Saarbrücker Gemarkung noch ausgedehnte staatliche Forsten vor allem im Norden und im Südosten. Damit kommt Saarbrücken auf 38 % Waldanteil und wird deshalb als waldreichste Großstadt Westeuropas bezeichnet. Es handelt sich durchwegs um Laubmischwald mit vielen Alteichen und Altbuchen, vereinzelt auch um Nadelwald. Die Waldfläche verringerte sich im Laufe der letzten Jahrzehnte vor allem durch den Ausbau der Universität im St. Johanner Stadtwald, die Anlage des städtischen Wildparks im Meerwiesertal und dem Bau des Schwarzenbergbades erheblich. Der Wald, der bis 1870 auch noch der Waldweide diente, wird heute nur noch forstwirtschaftlich genutzt. Außerdem ist er für die Naherholung von erheblicher Bedeutung..

Im Zusammenhang mit dem Wald lassen sich auch am besten die Erholungsmöglichkeiten des Saarbrücker Raumes aufzeigen, da der Wald mit weitem Abstand in diesem Bereich die führende Rolle spielt. Zu den Wäldern im Außenbereich kommen die waldähnlichen Parks auf den Erhebungen wie dem Kaninchenberg, dem Winterberg und — schon knapp außerhalb der Gemarkungsgrenze — dem Halberg. Nach 1909 wurde auch die Zahl der öffentlichen Anlagen erheblich vergrößert. Vor allem wurden die Saarufer, so weit das möglich war, mit Grünflächen gesäumt; am bekanntesten wurden die Stadtanlagen und die Burbacher Anlagen. Der Allgemeinheit zugänglich gemacht wurden die ehemals fürstlichen Gärten — Schloßgarten und Ludwigspark. Auch die aufgelassenen Friedhöfe in Alt-Saarbrücken, in St. Johann und am Jenneweg in Malstatt wurden gärtnerisch gestaltet und als Parkanlagen freigegeben.

1905 gab es noch 10 Friedhöfe, von denen fünf im Zusammenhang mit der Eröffnung des großen Südfriedhofs an der Landesgrenze aufgegeben wurden. Eine wesentliche Verbesserung der Erholungsmöglichkeiten bedeutete die Eröffnung des Deutsch-Französischen Gartens, eines ausgedehnten Parkgeländes mit einem See und einem reichen Angebot an Unterhaltung und Gastronomie, der im Zusammenhang mit der Deutschen Gartenschau 1960 entstand. Neben zahlreichen größeren und kleineren Grünanlagen und öffentlichen Kinderspielplätzen wurden vor allem die vielen Kleingärten für die Erholung der Saarbrücker Bevölkerung genutzt. 1935 wurde die erste große Dauerkleingartenkolonie an der Saar bei der Eisenbahnbrücke der Linie nach Metz gegründet. Auch hier macht sich jedoch nach dem Zweiten Weltkrieg ein Trend zur Extensivierung der Bewirtschaftung bemerkbar.

An Freibädern gibt es zur Zeit drei. Das Deutschmühlenbad im Westteil von Alt-Saarbrücken wurde 1914 anstelle eines veralteten Bades angelegt, 1924 erweitert und 1959 erneuert. Das Fischbachbad stammt aus dem Jahre 1926. Beide Bäder werden seit 1959 in den Schatten gestellt von dem in den Randbereich des St. Johanner Stadtwaldes plazierten Schwarzenbergbad mit ausgedehnten Liegewiesen und einer hervorragenden Aussicht.

IX. Die Industrieflächen
sowie die Versorgungs- und Entsorgungseinrichtungen

Vor 1850 gab es im gesamten Saarbrücker Gebiet noch keine ausgedehnteren Industrieflächen. In Alt-Saarbrücken sind auch für 1861 nur einige kleinere Fabriken, Mühlen und Bierbrauereien nachzuweisen, für St. Johann aber neben 17 Brauereien und 12 Mühlen bereits 1 Maschinenfabrik, 1 Tabakfabrik und 1 Spinnerei. Der zukunftsträchtige Neuansatz existierte 1861 in Burbach mit der 1856 gegründeten Burbacher Hütte. Daneben spielten die 7 Ziegeleien, die 3 Mühlen und die Gasanstalt eine geringere Rolle. Nach 1861 ließen sich sowohl im St. Johanner als auch im Malstatt-Burbacher Gebiet größere Betriebe der Stahl-, Eisen- und Metallverarbeitung nieder. Als Standorte wurden die Ausgänge der Nebentälchen (Scheidterbachtal, Sulzbachtal, Fischbachtal) gewählt. Einige dieser Betriebe mußten diesen Platz aber schon wenig später wieder räumen, da sich die Städte stark ausdehnten. Die Ziegeleien auf dem Kleinen Homburg, dem Rodenhof und in Malstatt, die den dort anstehenden Lehm als Rohstoff verwendeten, gingen nach der Jahrhundertwende ein, da sich die alten Lehmgruben allmählich erschöpften und neue wegen der Ausdehnung der Stadt nicht angelegt werden konnten. Auch die Zahl der Brauereien nahm erheblich ab; es blieben nur zwei Großbrauereien in St. Johann erhalten, die sich am Fuße der nördlichen Riedel in unmittelbarer Nähe zur Eisenbahn niedergelassen hatten.

Da im Stadtgebiet im 19. und 20. Jahrhundert keine fördernden Kohlengruben vorhanden waren, ist die Burbacher Hütte immer eindeutig der größte Betrieb gewesen. Insgesamt aber überwiegen die mittleren und kleineren Betriebe, die sich über das ganze Stadtgebiet mit gewissen Schwerpunkten verteilen. Erst in der neuesten Zeit kommt es zu einer Herauslösung der vielen kleineren industriellen Unternehmungen aus den Hinterhöfen von St. Johann. Von 1960—1970 ging die Zahl der Industriebetriebe in Saarbrücken von 245 auf 163 und die Zahl der in der Industrie Beschäftigten von 30 000 auf 24 000 zurück. In dem selben Zeitraum ist ein erhebliches Wachstum bei den Dienstleistungsbetrieben, beim Handel und beim Verkehr festzustellen.

Obwohl Saarbrücken im 19. und 20. Jahrhundert der wichtigste Umschlagplatz für Kohle und Erz war, entwickelte sich der Handel in erster Linie als Versorgungshandel für die Städte und ihr Hinterland. Es überwog nämlich der Werksverkehr, bei dem die Gruben, Hütten und größeren Fabriken ihre Rohstoffe und Produkte selbst ein- und ausführten. Der Umschlag im Hafen und am Bahnhof wuchs also immer mehr, ohne daß der Großhandel davon in entscheidendem Maße profitieren konnte. Außerdem blieb im politischen Wechselspiel dem Saarbrücker Großhandel als ständiges Absatzgebiet der Raum innerhalb der politischen Grenzen des Saarlandes, obwohl immer wieder Ansätze für eine Ausweitung vorhanden waren. Eine enge Beziehung besteht zwischen dem Tagespendlerbereich und dem Kundenbereich des Handels. Ein interessantes Phänomen im Bereich der Stadt-Umland-Beziehungen waren die sogenannten Lisdorfer, die Einwohner des Saarlouiser Stadtteiles Lisdorf, die sich seit Ende des 18. Jahrhunderts intensiv mit Gemüseanbau beschäftigten. Diese Lisdorfer brachten ihre Produkte mit Fuhren und Kähnen, den sogenannten Marktschiffen, regelmäßig nach Saarbrücken und beeinflußten dadurch den städtischen Marktbetrieb erheblich. In geringerem Umfange kamen zu diesen Märkten Bauern und Händler aus dem Köllertal, dem Hunsrückvorland und dem Bliesgau, nach 1871 auch noch Lothringen, vor allem aus Forbach, Spichern, Zinsingen, Großblittersdorf und Saargemünd.

Eine Großmarkthalle wurde 1935 am Osthafen im städtischen Industriegelände errichtet. Von 1900—1924 hatte sich der Großmarktbetrieb auf dem Neumarkt und von 1924—1935 auf dem Landwehrplatz abgespielt. Der Milchhof, der zunächst provisorisch im alten Schlachthof von Malstatt-Burbach untergebracht war, wurde 1932 am Schanzenberg neu errichtet. Er beliefert den Stadt- und Landkreis Saarbrücken ohne Sulzbachtal und Teile des Landkreises St. Ingbert. Der neue Schlacht- und Viehhof wurde 1939 ebenfalls im Osthafengelände erbaut. Er sollte den alten Saarbrücker Schlacht- und Viehhof ersetzen und darüberhinaus auch noch die Nachbargemeinden veranlassen, ihre unzweckmäßigen Schlacht- und Viehhöfe aufzugeben. Dieses zweite Ziel wurde ebensowenig erreicht wie das Ziel, ein Grenzschlachthof für Südwestdeutschland mit einer überregionalen Kapazität zu werden. Es ist typisch für die frühere geringe Kooperationsbereitschaft der Gemeinden im Saarbrücker Raum, daß jede der drei Saarstädte nach 1875 einen eigenen Schlacht- und Viehhof erbaut hatte: 1876 St. Johann am Landwehrplatz, der von 1909—1939 als Schlacht- und Viehhof der Großstadt Saarbrücken diente, 1883 Alt-Saarbrücken, der 1909 stillgelegt wurde und 1887 Malstatt-Burbach, der von 1909—1932 für den Milchhof verwendet wurde. Im Saarbrücker Raum bestanden auch zahlreiche Konsum- und Einkaufsgenossenschaften, die sich im Laufe der Zeit zu wenigen großen Unternehmungen zusammenschlossen. Ihre Tätigkeit erstreckte sich auf weite Teile des Saarlandes.

Beim Zusammenschluß der drei Städte 1909 war die Trinkwasserversorgung ganz verschieden geregelt. Alt-Saarbrücken deckte seinen Bedarf seit 1872 aus Quellen im Saarbrücker Stadtwald, die im Wasserwerk im Deutschmühlental zusammengefaßt waren. Die vorher verwendete Leitung, ebenfalls aus dem Stadtwald, speiste noch längere Zeit die Laufbrunnen in Alt-Saarbrücken. Die Städte St. Johann und Malstatt-Burbach versorgten sich zunächst aus dem nördlichen Waldgebiet. St. Johann entnahm Wasser aus dem Meerwiesertal und später aus dem Gebiet bei Kramers Häuschen, vom Kaninchenberg und aus den Bruchwiesen, Malstatt-Burbach aus dem Weierbachtal und vom Rastpfuhlgebiet. 1872—1875 erbohrte St. Johann, 1883 Malstatt-Burbach neue Quellen im Scheidter Tal bei Rentrisch. 1914 wurden die kleinen Wasserwerke durch ein großes im Rentrischer Gebiet ersetzt, 1925 kam ein Wasserwerk in den St. Arnualer Wiesen hinzu. Der Wert dieses Wasserwerks wurde 1952 durch die Anlage einer der

Brebacher Hütte gehörenden Pumpanlage auf der rechten Saarseite erheblich gemindert. Auch das Rentrischer Werk muß wegen der starken Bautätigkeit und der Ansiedlung von Industrie in diesem Gebiet bald aufgegeben werden. Bis dahin soll die Wasserzufuhr aus dem Bliestal gesichert sein. Der wichtigste Trinkwasserlieferant bleibt auch dann das Grundwasser im Bereich der ausgedehnten Buntsandsteinschicht mit seinen guten Speicher- und Filtereigenschaften.

Die Versorgung des Stadtgebietes mit Gas begann 1856, als der Karlsruher Fabrikant Heinrich Raupp einen Betriebsvertrag mit Alt-Saarbrücken und St. Johann abschloß. Danach mußte der Unternehmer das Gaswerk, das Rohrnetz und die Laternen auf eigene Kosten erstellen; das Gaswerk durfte ohne Genehmigung der beiden Gemeinderäte weder verkauft noch verpachtet werden und konnte nach Ablauf der Betriebserlaubnis von 30 Jahren auch nur von beiden Gemeinden gemeinsam zurückgekauft werden. 1857 wurde das Gaswerk auf dem Gelände zwischen Dudweiler-, Richard-Wagner-, Sulzbach- und Mühlenstraße in Betrieb genommen. Seitdem wurde die Straßenbeleuchtung allmählich auf Gas umgestellt. Mit Malstatt-Burbach hatte Raupp vergeblich verhandelt. Dort entstand 1873 ein eigenes Gaswerk, das 1879 für 25 Jahre an die Thüringische Gasgesellschaft verpachtet wurde und erst 1905 wieder in die städtische Regie überging. 1886 erwarb St. Johann das Rauppsche Gaswerk; Alt-Saarbrücken lehnte aber eine weitere Zusammenarbeit ab und erbaute 1887 ein eigenes Gaswerk an der Hohenzollernstraße. Nach dem Zusammenschluß der drei Städte wurden die drei Gaswerke nacheinander stillgelegt und das im Kokereibetrieb der Brebacher Hütte anfallende Gas verwendet. Seit 1926 lieferte auch die Burbacher Hütte Gas. 1929 wurde auf Initiative der Stadt Saarbrücken die Ferngasgesellschaft Saar gegründet, die 1930 den Betrieb aufnahm. Auf der Liefererseite waren an ihr alle saarländischen Hütten außer der Dillinger Hütte und auf der Abnehmerseite die Städte Saarbrücken und Neunkirchen sowie die Landkreise Saarbrücken, Ottweiler, St. Wendel, Saarlouis und Merzig vertreten. Das Rohrnetz wurde planmäßig erweitert. Nach der Fusion mit der Pfälzischen Gas AG im Jahre 1937 wurde der Name in Saar-Ferngas AG geändert.

Auf dem Gebiet der Stromversorgung kam es ebenfalls erst in Zusammenhang mit der Großstadtbildung zu einer einheitlichen Politik. 1908 wurde ein Stromlieferungsvertrag mit dem staatlichen Bergbau abgeschlossen. 1894 hatte Alt-Saarbrücken, 1895 St. Johann je ein eigenes Dampfkraftwerk errichtet. 1912 wurde die Vereinigte Saar-Elektrizitätswerke AG gegründet, an der die Stadt mit 49 % beteiligt war. 1919 wurde der Aktienbesitz zwangsweise auf etwa 15 % reduziert. 1924 kam es zu einem weiteren Stromlieferungsvertrag mit dem Kraftwerk Wehrden, das den Röchlingschen Eisen- und Stahlwerken gehörte. 1926 wurde die Kraftwerk Wehrden-GmbH gegründet, an der die Stadt Saarbrücken, der Landkreis Saarbrücken, der Landkreis Saarlouis, die Vereinigte Saar-Elektrizitäts-AG und die Röchlingschen Eisen- und Stahlwerke beteiligt waren. Gegenwärtig bezieht die Stadt Saarbrücken ihren Strom primär von der Kraftwerk Wehrden-GmbH, sekundär von der Vereinigten Saar-Elektrizitäts-AG und tertiär von den Saarbergwerken. Ein zusätzlicher Stromverbrauch entstand vor allem durch den Bau von Fernheizwerken.

Bei der Städtevereinigung wurde auch beschlossen, ein zusammenhängendes Entwässerungsnetz nach dem Trennsystem anzulegen. Von 1909 bis 1919 wurde das Kanalnetz von 83 km auf 178 km ausgebaut; 1959 waren es 375 km. Der Bau der ebenfalls schon 1909 geplanten Kläranlage auf dem rechten Saarufer unterhalb der Gersweiler Brücke konnte erst 1937 begonnen und 1939 vollendet werden. Bei der 50-Jahr-Feier des Zusammenschlusses 1959 waren 80 % aller Gebäude mit Trennsystem, 1,7 % mit Mischsystem über einen Trennauslaß an die Kläranlage angeschlossen, insgesamt also

81,7 %. 5,5 % entwässerten im Mischsystem in die Saar oder in Bachläufe, 10,5 % im Mischsystem in natürliche Gewässer, insgesamt also 16 %. Die restlichen 2,3 % ließen das Abwasser im Gelände versickern. Die Bereitstellung von Müllhalden ist schwieriger zu realisieren als die Beseitigung der Abwässer. Im Stadtgebiet gibt es keine geeigneten Flächen mehr. 1959 beschwerten sich die Bewohner von Burbach heftig über die Müllhalde im Weierbachtal, die 1960 aufgelassen wurde. Nach einer vierjährigen Übergangszeit, in der ein Schlammweiher am Krugschacht aufgefüllt worden war, mußte Saarbrücken in die Kleinbittersdorfer Gemarkung ausweichen.

X. Die geplante kommunale Neugliederung des Saarbrücker Raumes

Gegenwärtig ist im Saarland eine heftige Diskussion über die Neugliederung des Saarlandes auf der Ebene der Gemeinden und der Kreise im Gange. Wenn auch manch anderes Grundsatz- und Detailproblem umstritten ist, so scheiden sich die Geister doch am meisten an der Frage, ob das Stadtgebiet von Saarbrücken vergrößert werden soll oder nicht. Die Entscheidung für eine Vergrößerung der Stadtgemarkung scheint aber bereits gefallen zu sein.

Im März 1973 wurde ein Gesetzentwurf vorgelegt, der in den wichtigsten Punkten die Überlegungen der „Arbeitsgruppe für die kommunale Gebiets- und die Verwaltungsreform im Saarland" übernahm, die im März 1972 ihren Abschlußbericht veröffentlicht hatte. Die Arbeitsgruppe hielt die Neugliederung des Großraumes Saarbrücken für das Kernstück der Reform. Sie kam zu zwei Vorschlägen, die beide die Eingemeindung zahlreicher Nachbargemeinden anstrebten. Beim Modell A sollten 15 Gemeinden, nämlich Altenkessel, Bischmisheim, Brebach-Fechingen, Bübingen, Dudweiler, Ensheim, Eschringen, Gersweiler, Güdingen, Heckendalheim, Klarenthal, Ommersheim, Ormesheim, Schafbrücke, Scheidt sowie 4 Gemeindeteilbereiche (von Fischbach, Kleinblittersdorf, Riegelsberg und Völklingen) zu Saarbrücken geschlagen werden, beim Modell B darüberhinaus auch die Gemeinden Auersmacher, Bliesransbach, Kleinblittersdorf, Rilchingen-Hanweiler und Sitterswald. Bei diesen Vorschlägen spielte vor allem eine Rolle, daß dem unbestritten einzigen Oberzentrum des Saarlandes wachstumsträchtige Ergänzungs- und Entwicklungsräume angegliedert werden sollten. Saarbrücken benötigte nach dieser Meinung, die dann auch bei der Gesetzesvorlage vollinhaltlich übernommen wurde:
1. Gebiete mit wenig bebauten Flächen, die sich daher relativ leicht in eine Entwicklungsplanung der Stadt einfügen lassen;
2. Gebiete mit stark bebauten Flächen, die geeignet sind, die Funktion von Nebenzentren zu übernehmen und dadurch das Oberzentrum von jenen Funktionen zu entlasten, die bisher der weiteren Entfaltung der eigentlichen Funktion des Oberzentrums hinderlich waren;
3. Räume, die besondere Funktionen übernehmen können.

Als Beispiele für die drei Typen können angeführt werden: Bübingen mit seinen Siedlungsflächen, Dudweiler mit seinem Kleinzentrum und Ensheim mit seinem Flughafen. Um einen weiträumigen Naherholungsbereich gestalten zu können, sollen auch die großen Waldgebiete zwischen Saarbrücken und Riegelsberg und im Netzbachtal eingemeindet werden. Saarbrücken nehme als Großstadt vielfältige Aufgaben für einen Raum wahr, der über ihre Gemarkung hinausreicht. Sie sei Träger oder Mitträger einer Vielzahl von Einrichtungen wie z. B. des öffentlichen Nahverkehrs, von Krankenanstalten, von Bibliotheken, von Museen, der Berufsfeuerwehr, des Messegeländes, des Deutsch-Französischen Gartens, der Kongreßhalle, des Großmarktes, mehrerer Zweige von Schulen, von Sportstätten und des Saarländischen Staatstheaters. Saarbrücken sei zugleich Oberzentrum, Landeshauptstadt, Verkehrszentrum des Saarländischen Ballungsraumes und überregionales Bildungs- und Ausbildungszentrum.

Für die Neugliederung der Landeshauptstadt wurden folgende allgemeine Zielvorstellungen entwickelt:
— Schaffung einer leistungsfähigen Großstadt,
— Ausbau als Dienstleistungszentrum höherer Stufe,
— Ausbau des Gewerbes im industriellen Schwerpunktraum erster Stufe,
— Förderung einer Wohnsiedlungstätigkeit ersten Ranges.

Wenn das Modell A verwirklicht würde, wird sich die Fläche von 52,9 qkm auf 195,5 qkm und die Einwohnerzahl von etwa 128 000 auf etwa 223 000 vergrößern; beim Modell B hießen die entsprechenden Zahlen 221,3 qkm und ca. 236 000 Einwohner.

Die Koordinierung der übergemeindlichen Aufgaben zwischen der vergrößerten Landeshauptstadt und den Nachbargemeinden soll nach dem Gesetzentwurf ein Stadtverband Saarbrücken sicherstellen. Dieser Stadtverband soll aus Saarbrücken, den neuen Städten Püttlingen, Sulzbach und Völklingen sowie den neuen Gemeinden Großrosseln, Heusweiler, Kleinblittersdorf, Ludweiler, Quierschied und Riegelsberg bestehen und eine Fläche von 460 qkm mit etwa 425 000 Einwohnern umfassen. Diese Gebietskörperschaft stellt einen Kompromiß zwischen den Verfechtern einer Gliederung des Saarlandes in vier Landkreise und einen kleineren Stadtkreis (Lösung A oder B) und den Befürwortern einer Gliederung in zwei Landkreise und einem großen Stadtkreis (identisch mit dem Stadtverband) dar. Bei der Gesetzesvorlage sind neben dem Stadtverband noch drei Landkreise vorgesehen.

Die Stadt Saarbrücken betonte im Juni 1973, daß eine sinnvolle Neuordnung des Großraumes Saarbrücken nur durch eine Einheitsgemeinde mit Bezirksgliederung zu erreichen sei. Es müsse wenigstens der gesamte engere Verflechtungsbereich des Mittelzentrums Saarbrücken, also das Gebiet des geplanten Stadtverbandes, zu einer kommunalen Einheit großstädtischen Zuschnittes zusammengeschlossen werden. Dadurch würde die Einwohnerzahl von etwa 130 000 auf 416 000 steigen.

Daß auch ganz andere Vorstellungen möglich sind, soll abschließend noch am Beispiel des im Auftrage des Landkreises Saarbrücken von GERHARD ISBARY angefertigten Gutachtens aufgezeigt werden. Dieses bemüht sich, ohne Eingemeindungen eine lebensfähige Region zu entwerfen. Unter Regionen versteht ISBARY dabei „größere Räume engerer funktionaler Ergänzung und Verflechtung, die in einer auf gegenseitiger Zuordnung beruhenden Zusammenarbeit gleichartige Chancen haben, die aber umgekehrt, wenn es an dieser gemeinsamen Zusammenarbeit fehlt, ein gemeinsames Schicksal erleiden werden". Saarbrücken solle nicht als Mittelpunkt des saarländischen Verdichtungsraumes betrachtet werden; dieser Mittelpunkt solle vielmehr in die Mitte des Saarlandes in den Lebacher Raum verlagert werden, um den sich die bereits verdichteten (z. B. Saartal) und die noch zu verdichtenden Gebiete ringförmig anordnen sollen. Saarbrücken solle keine Industrie mehr aufnehmen und ausschließlich den tertiären Sektor weiter ausbauen. Dabei sei besonderer Wert auf das kulturelle Gebiet zu legen. Alles in allem dürfe Saarbrücken nicht als Kernstadt des industriellen Verdichtungsraumes betrachtet, sondern müsse bewußt als Landeshauptstadt und als größter Anziehungspunkt des ganzen Landes entwickelt werden.

XI. Zusammenfassung

Die heutige Großstadt Saarbrücken entstand 1909 durch den Zusammenschluß der drei selbständigen Städte Saarbrücken, St. Johann und Malstatt-Burbach. Alt-Saarbrücken war bis zur französischen Revolution Residenzstadt und zusammen mit der auf der anderen Seite der Saar liegenden Schwesterstadt St. Johann auch ein relativ wichtiger Handelsplatz gewesen. Malstatt und Burbach spielten dagegen als kleine ländliche Siedlungen vor 1800 keine überlokale Rolle. Das starke Siedlungswachstum im Saarbrücker Raum stand allgemein gesehen in engem Zusammenhang mit der Intensivierung von Steinkohlenbergbau und Eisenindustrie im Laufe des 19. Jahrhunderts, da sich hier die beiden Hauptachsen des saarländischen Industriereviers, das Saartal und der Kohlenwald, kreuzten. Für die spezielle Entwicklung war vor allem die Anlage des Bahnhofs bei St. Johann 1852 und die Eröffnung der Burbacher Hütte 1856 von Bedeutung. Im Laufe des 19. Jahrhunderts entstanden drei größere Siedlungsagglomerationen, die seit 1875 sogar alle drei Stadtrecht hatten. Während Alt-Saarbrücken aber mehr und mehr Verwaltungszentrum und kultureller Mittelpunkt wurde, war St. Johann am Ende des 19. Jahrhunderts Handelszentrum und Verkehrsknotenpunkt und Malstatt-Burbach eine Industriesiedlung mit schwachen städtischen Zügen. An Einwohnerzahl hatte zunächst St. Johann Alt-Saarbrücken überholt; jenes wurde dann wiederum von Malstatt-Burbach übertroffen.

Bis 1909 gab es keine systematische Stadtplanung bei den drei Städten, geschweige denn eine gemeinsame Raumordnung. Deshalb waren die Gemeindekerngebiete übermäßig dicht bebaut, die Wohn-, Verkehrs- und Industrieflächen ungünstig zueinander gelegen, keine Durchgangsstraßen vorhanden, die Versorgungs- und Entsorgungsanlagen nur auf den örtlichen Bedarf abgestellt und die Eisenbahnanlagen ohne Rücksicht auf raumplanerische Erfordernisse plaziert. Die Hauptaufgaben der neuen Großstadt, die nach erheblichen Auseinandersetzungen 1909 endlich gebildet worden war, bestanden deshalb in der Erarbeitung eines einheitlichen Bebauungsplanes und dem Aufbau einer gemeinsamen Versorgung mit Wasser, Gas und Strom.

Nach dem Ersten Weltkrieg wurde der Saarbrücker Raum nach Frankreich umorientiert. Seitdem mußte Saarbrücken immer wieder neu bestimmen, für welchen Raum es planen sollte. Die Extremvorstellungen stellten einmal auf das Stadtgebiet von 1909 und das andere Mal auf den Saarbrücker Einzugsbereich mit oder ohne Nordostlothringen ab. Gegenwärtig ist eine erbitterte Auseinandersetzung über die zukünftige Neugliederung des Saarlandes im Gange, bei der es wiederum vor allem um die zukünftige Stellung der Stadt Saarbrücken und die Größe ihres Stadtgebietes geht.

Saarbrücken ist heute unbestritten das Zentrum des Saarlandes und auf gewissen Gebieten auch ein Anziehungspunkt für das angrenzende Lothringen. Über dieser eindeutigen Feststellung vergißt man aber allzuleicht, mit welchen Schwierigkeiten die Großstadtwerdung Saarbrückens verbunden gewesen ist. Die Spuren dieser komplizierten Entstehungsgeschichte sind auch heute noch in dem mehrkernigen Stadtraum sichtbar, obwohl Saarbrücken seit 1909 wesentlich an Homogenität gewonnen hat.

XII. Nachwort

Da das Manuskript im Herbst 1973 abgeschlossen wurde, konnte im Text auf die Verwirklichung der saarländischen Gebietsreform am 1. Januar 1974 nicht mehr eingegangen werden. Seit Anfang Januar 1974 gibt es im Saarland nur noch 50 statt bisher 345 Gemeinden und 5 statt bisher 7 Landkreise. Wegen des starken Widerstandes aus den Kreisen Homburg und St. Ingbert wurde ein neuer Saar-Pfalz-Kreis gebildet und der alte Landkreis Ottweiler (mit der neuen Kreisstadt Neunkirchen) belassen. Bei der Neugliederung des Saarbrücker Raumes wurde das Modell A verwirklicht, wodurch die Stadtfläche auf 195,5 qkm und die Einwohnerzahl auf 223 000 stieg. Die Stadt Saarbrücken und die Nachbargemeinden des ehemaligen Landkreises Saarbrücken wurden wie geplant in einem Stadtverband zusammengefaßt.

Literaturhinweise

Alte Ansichten und Pläne von Saarbrücken und St. Johann. Ausstellung im Saarland-Museum Saarbrücken Herbst 1971. Katalog. Bearbeitet von H. W. Herrmann.

Bernath, V.: Landwirtschaftliche Spezialkulturen im mittleren Saartal, 1965.

Borcherdt, Ch. und Ch. Jentsch: Die Kulturlandschaft um 1810 und 1960. In: Geschichtlicher Atlas für das Land an der Saar, Lfg. 1, 1965.

Dies.: Die Städte im Saargebiet in geographisch- landeskundlichen Kurzbeschreibungen. Berichte zur deutschen Landeskunde 38 (1967), 161—191.

Ders.: Die kartographische Abgrenzung von Verdichtungsräumen. In: Untersuchungen zur thematischen Kartographie (1. Teil), Forschungs- und Sitzungsberichte der Akademie für Raumforschung und Landesplanung, Bd. 51, Hannover 1969, S. 53—76.

Ders.: Untersuchungen über zentrale Orte im Saarland und in Nordwürttemberg. In: Zentralörtliche Funktionen in Verdichtungsräumen, Forschungs- u. Sitzungsberichte der Akademie für Raumforschung und Landesplanung, Bd. 72, Hannover 1972, S. 163—175.

Ders.: Versorgungsorte und zentralörtliche Bereiche im Saarland. Anhand einer Karte aus dem Planungsatlas. Geographische Rundschau 25 (1973), 48—54.

Fehn, K.: Die saarpfälzische Bergbaustadt Bexbach um 1850. Grundsteuerkataster, Katasterplan, Personenstandsregister und Seelenliste als Quellen für die Erforschung von Sozialstruktur und sozialer Mobilität im frühen 19. Jahrhundert. In: Die Stadt in der europäischen Geschichte, Festschrift Edith Ennen, 1972, S. 853—883.

Ders.: Räumliche Bevölkerungsbewegungen im saarländischen Bergbau- und Industriegebiet während des 19. und frühen 20. Jahrhunderts. Mitteilungen der Geogaphischen Gesellschaft in München 59 (1974), 57—73.

Ders. und H. Recktenwald: Karten zur Siedlungsgeschichte der saarländischen Bergbau- und Industriestädte im 19. und 20. Jahrhundert. In: Geschichtlicher Atlas der Lande an der Saar, Lfg. 3 ff. (erscheinen demnächst).

Ders.: Das saarländische Arbeiterbauerntum im 19. und 20. Jahrhundert (unter besonderer Berücksichtigung der landwirtschaftlichen Nebenerwerbstätigkeit der Bergleute). In: Tagungsbericht der 5. Tagung der Gesellschaft für Sozial- und Wirtschaftsgeschichte (erscheint demnächst).

Festschrift zur 650jährigen Verleihung des Freiheitsbriefes an Saarbrücken und St. Johann. 1971.

Grenze als Schicksal. 150 Jahre Landkreis Saarbrücken. 1966.

Herrmann, H.-W.: Gedanken zum Aufstieg Saarbrückens. Zum 50jährigen Bestehen der Großstadt Saarbrücken. Saarbrücker Hefte 9 (1959), 7—33.

Ders. und G. W. Sante: Geschichte des Saarlandes. 1972.

Hoppstädter, K.: Die Entstehung der saarländischen Eisenbahnen. 1961.

Ders.: Die Entwicklung des Eisenbahnliniennetzes. In: Geschichtlicher Atlas für das Land an der Saar, Lfg. 2, 1971.

Isbary, G.: Regionale Probleme der Raumordnung. Eine Untersuchung am Beispiel des Landkreises Saarbrücken als Mittelpunkt des saarländischen Verdichtungsraumes. 1963.

Ders.: Konsequenzen der Bevölkerungsentwicklung bis zum Jahre 2000 für die Raumordnung des Saarlandes. 1964.

25 Jahre Stadt Saarbrücken. 1934.

Jentsch, Ch.: Die Bevölkerungsdichte um 1815, 1870, 1900 und 1950. In: Geschichtlicher Atlas für das Land an der Saar, 2. Lfg., 1971.

Klein, E.: Der Staat als Unternehmer im Saarländischen Steinkohlenbergbau (1750—1850). Vierteljahresschrift für Sozial- und Wirtschaftsgeschichte 87 (1970), 323—349.

Kloevekorn, F.: Saarbrücken. 1960.

Liepelt, K. und Ch. Loew: Menschen an der Saar. Arbeitnehmer, Verbraucher und Staatsbürger nach dem Tage X. 1962.

Moll, P.: Das lothringische Kohlenrevier. Eine geographische Untersuchung seiner Struktur, Probleme und Entwicklungstendenzen. 1970.

Ders.: Die Bildung von Raumtypen auf Grund von Kartierungen der Versorgungsschwerpunkte und -bereiche zentraler Einrichtungen am Beispiel des Saarlandes. In: Untersuchungen zur thematischen Kartographie, 3. Teil, Forschungs- und Sitzungsberichte der Akademie für Raumforschung und Landesplanung, Bd. 86, Hannover 1973, S. 39 ff.

Ders.: Gebietsreform und Regionalplanung im Saarland. Berichte zur deutschen Landeskunde 47 (1973), S. 97—108.

Monz, H.: Die kommunale Neuordnung städtischer Ballungsräume. Lösungsmöglichkeiten — dargestellt am Beispiel des Raumes Saarbrücken. 1962.

Die kommunale Neugliederung im Saarland. Schlußbericht der Arbeitsgruppe für die kommunale Gebiets- und die Verwaltungsreform im Saarland bei dem Ministerium des Innern. 1972.

Gesetz zur Neugliederung der Gemeinden und Landkreise des Saarlandes (Neugliederungsgesetz). Entwurf. 1973.

Overbeck, H.: Aufsätze über das Saarland. In: Ders.: Kulturlandschaftsforschung und Landeskunde. Ausgewählte, überwiegend methodische Aufsätze, 1965, S. 210—239, 249—277.

Pilger, H.-H.: Die Industrie des Saarlandes zwischen dem Ersten und Zweiten Pariser Frieden. Eine amtliche Bereisung im Jahre 1815. Saarbrücker Bergmannskalender 1969, S. 71—83.

Deutscher Planungsatlas Band X.: Saarland, Hannover 1965.

Rathjens, C.: Der Landschaftraum um Saarbrücken. Geographische Rundschau 12 (1960), 173—180.

Raumordnung im Saarland. Zweiter Raumordnungsbericht. 1970.

Ried, H.: Saarbrücken. Großstadt an der Grenze. Berichte zur deutschen Landeskunde 19 (1957), 130—148.

Ders.: Die Siedlungs- und Funktionsentwicklung der Stadt Saarbrücken. 1958.

Ruppersberg, A.: Geschichte der Städte Saarbrücken, St. Johann und Malstatt-Burbach. 1903, 2. Aufl., 1914.

Saaratlas. 1934.

Saarbrücken. 50 Jahre Großstadt. 1959.

Städtebuch Rheinland-Pfalz und Saarland. 1964.

Tietz, B.: Die sozialökonomische Entwicklung im Saarland und in der Stadt Saarbrücken bis zum Jahre 1975. 1965.

Entwicklungsunterschiede zwischen Saarland und Ruhrgebiet

von

Peter Schöller, Bochum

Für das Verständnis der Beispiele von Stadt und Stadtraum kann ein Vergleich der Bergbau- und Schwerindustriegebiete an Saar und Ruhr wesentliche landeskundliche Entwicklungsunterschiede herausstellen.

Der wichtigste Unterschied betrifft die Bevölkerungsentwicklung der Reviere und ihre siedlungsgeographischen Folgen. Das Saarland konnte für den Auf- und Ausbau seiner Steinkohlenzechen und Schwerindustrien auf das Kleinbauerntum eines Realerbteilungsgebietes zurückgreifen. Die Zuwanderung war regional begrenzt. Wie in allen Regionen mit Realerbteilung blieb die Industriebevölkerung durch eigenen Haus- und Grundbesitz vorwiegend landsässig. Dadurch entwickelte sich neben dem Wachstum der Schwerindustriezentren eine durch starke Arbeiterpendelwanderung eng verflochtene Zone von Arbeiterbauerndörfern auch abseits der Haupttäler.

Der Industrialisierungsprozeß im Ruhrgebiet konnte dagegen nur im ersten Stadium auf nebenlandwirtschaftliche Arbeitskräfte, das Bergköttertum des niedermärkischen Hügellandes, zurückgreifen. Als nach 1830 die Steinkohlengewinnung vom oberflächennahen Stollenbergbau der Ruhrtalzone zum großbetrieblichen Schachtbergbau der Hellwegzone überging, mußten bereits Bergleute in größerem Umfang aus Ostwestfalen, Eifel und Westerwald angesiedelt werden. Dieser Arbeitskräftebedarf steigerte sich beim weiteren Vorrücken des Bergbaus nach Norden, in die siedlungsarme Emscherzone und in die Agrarzone mit Anerbenrecht südlich der Lippe. In diesen Gebieten entstanden z. T. ohne Ansatz an ältere Siedlungskerne industrielle Agglomerationen mit zahlreichen Bergmanns-Kolonien mit Zuwanderern aus den Ostprovinzen des deutschen Reiches, aus Polen, Böhmen und Slowenien. Hier kam es zum Prozeß der Städtebildung in offenen Urbanisationsfeldern.

Für die weitere industrielle Diversifikation sowie die zunehmende städtische Differenzierung und Arbeitsteilung spielten Schwerindustrie und tertiäre Dienstleistungen eine steigende Rolle. Aufgrund der von der Entwicklung des 19. Jahrhunderts nicht beseitigten, sondern durchwachsenen vorindustriellen Landschaftsstruktur verstärkte sich dabei der Unterschied zwischen Saar- und Ruhrgebiet. Im Saarland bildete sich mit Saarbrücken ein einziges, den anderen Städten funktional klar überlegenes und führendes Oberzentrums heraus. Gegenüber dieser im funktionalen Sinn monozentrischen Regionsstruktur verstärkte das Ruhrgebiet sein polyzentrisches Gefüge. Keine der Hellwegstädte konnte die Vormacht erringen. Zudem wird das funktional zentrierende Achsenband der Hellwegreihe in wesentlichen Bereichen vom nahen Düsseldorf als höchstem Organisationszentrum überlagert. — Dieser Gegensatz der funktionsräumlichen Ordnung zwischen Saar- und Ruhrgebiet scheint sich in der Gegenwart eher zu verstärken als abzuschwächen.

Historische Wandlungen von Stadtraum und Stadtstruktur und ihre Konsequenzen für Städtebau und Stadtentwicklungsplanung[1]

von

Peter Breitling, München

I. Fragen des Planers an die historische Raumforschung

Hans Freyer sagte 1963 bei einer wissenschaftlichen Tagung der Deutschen Akademie für Städtebau und Landesplanung: „Historisches Denken heißt nicht oder jedenfalls nicht nur, das Vergangene noch einmal zum Bilde erwecken, sondern heißt, das Gegenwärtige als ein geschichtlich Gewordenes sehen, als geprägte Form, die sich aus bestimmten Ursprüngen heraus gebildet hat und die sich weiterhin lebend entwickelt"[2]).

Mit dieser Definition Freyers ist die wichtigste Anforderung umschrieben, welche der Stadtplaner an die historische Raumforschung zu stellen hat: Es gilt, geschichtliche Entwicklungslinien herauszuarbeiten, die für das Verständnis der Gegenwart von Bedeutung sind. Über diese Forderung hinaus, die den Rahmen für die rein oder überwiegend *erkenntnis*orientierten wissenschaftlichen Arbeiten setzt, ist die *entscheidungsorientierte* Raumplanung, und in dieser ganz besonders die Stadt- und Stadtentwicklungsplanung, jedoch an Analysen interessiert, die Entscheidungshilfen für die Gestaltung der räumlichen Zukunft erbringen. Fragestellungen, die sich aus einer den beiden genannten Forderungen entsprechenden Betrachtungsweise ergeben, greifen über den speziellen Fall, über die individuelle Entwicklung einzelner Stadträume hinaus und suchen nach generellen Tendenzen, nach typischen Struktur- und Entwicklungsmerkmalen. Der dazu notwendige Vergleich möglichst vieler Fälle wird umso ergiebiger, je mehr Merkmale auch quantitativ erfaßt und untereinander in Relation gesetzt werden können. Vor allem aber sollte der Vergleich nicht nur die Entwicklung der Struktur selbst erfassen, sondern auch diejenige der Ziel- und Wertvorstellungen und der aus ihnen fließenden normativen Setzungen[3]).

Für die Beschäftigung mit der „Entwicklung von Stadt und Stadtraum in der Geschichte" ergibt sich bei den planungsorientierten Fragestellungen ungefähr das folgende Pensum:

---

[1]) Städtebau wird — synonym mit Stadtplanung — in umfassendem Sinne als Begriff für die Lenkung der räumlichen, insbesondere baulichen Entwicklung im gemeindlichen Bereich verwendet, Stadtentwicklungsplanung bezieht darüber hinaus wirtschaftliche und soziale Aspekte, die aktive Lenkung der Investitionen und das Zeitelement mit ein (vgl. Albers, in Handwörterbuch der Raumforschung und Raumordnung, Hrsg.: Akademie für Raumforschung und Landesplanung (ARL), Hannover 1970, Spalte 3116 und 3202).
[2]) Hans Freyer: Die Deutsche Stadt, Geschichte und Gegenwart in Entwicklungsgesetze der Stadt, herausgegeben von der Landesgruppe Nordrhein-Westfalen der Deutschen Akademie für Städtebau und Landesplanung, Opladen 1963, S. 9.
[3]) Vgl. Schöller, S. 75 ff. dieses Bandes.

— Entwicklung der Stadtgebietsflächen und der hoheitlichen Aufgaben der Stadt,
— Entwicklung der besiedelten Stadtfläche,
— Entwicklung der Nutzungsverteilung,
— Entwicklung der Infrastruktur,
— Entwicklung des sozialräumlichen Zusammenhangs und der emotionalen Bindungen.

Ausgehend von dem Überblick über die Veränderungen der räumlichen und der Verwaltungsstruktur stellen sich Fragen nach deren Beziehung zu den Innovationen in Wirtschaft und Gesellschaft und zu den ihnen zugrundeliegenden oder von ihnen induzierten räumlichen Zielvorstellungen und Leitbildern.

Dabei zeichnen sich zwei große Felder unterschiedlicher Einflüsse ab:
— zum einen die Konsequenzen wenig oder gar nicht gesteuerter Entwicklungen in der Epoche des liberalen „Nachtwächterstaats" und in seiner Nachfolge,
— zum anderen die Rückwirkungen neuer Vorstellungen und Konzepte zur Ordnung von Raum und Gesellschaft und der aus ihnen abgeleiteten gezielten Eingriffe.

Zur ersten Kategorie gehören die Strukturveränderungen durch wirtschaftlich technische Innovationen wie z. B. Eisenbahnbau und Motorisierung, industrielle Fertigungstechniken, Energieerzeugung und -verteilung, aber auch Strukturveränderungen durch kultursozialen Wandel und Änderungen von Verhaltensweisen und Ansprüchen.

In die zweite Kategorie fallen eine große Zahl von Veränderungen aufgrund sehr verschiedener direkter und indirekter Eingriffe:
— Strukturveränderungen durch Umbau der Verwaltungs- bzw. Herrschaftsräume,
— Strukturveränderungen durch Umgestaltung des Bau- und Planungsrechts und durch Schaffung planender Instanzen,
— Strukturveränderungen durch Innovationen in der Wohnungs- und Verkehrswirtschaft (wie z. B. die Entstehung des gemeinnützigen Wohnungswesens und der öffentlichen Verkehrsbetriebe),
— Strukturveränderungen durch den Wandel raumbezogener Zielvorstellungen (wie z. B. der Kleinsiedlungs- und Heimstättenbewegung, des Gedankens der Funktionstrennung, der Dezentralisierungsbestrebungen durch „Trabanten"- und „Satelliten"- Siedlungen und der Grünflächenpolitik).

Beim letzten Punkt gilt es — über die bisher bekannten ideologiekritischen Ansätze hinaus[4]) — strukturelle Tatbestände in verschiedenen Zeitschnitten zu überprüfen, wie z. B. das Versorgungsniveau, die Arbeitswege, die Dichteverhältnisse und ähnliches. Darstellung und Bewertung der räumlich strukturellen Ergebnisse der jeweiligen Ziele oder Strömungen dürfte eine der lohnendsten Aufgaben der historischen Raumforschung sein.

Über die Aufgabe, *Generelles* in der Entwicklung von Konzeptionen und Prinzipien bei der Entwicklung von Stadt und Stadtraum zu ermitteln, Materialien zu quantitativen Vergleichen und zur Feststellung von Relationen zu erarbeiten, sollte die Bedeutung *individueller* Bindungen und Motive der Stadtentwicklung keineswegs übersehen werden. Wann und in welcher Weise sich Innovationen in Wirtschaft, Gesellschaft und Recht auf die Struktur eines bestimmten Stadtraumes auswirken konnten, hängt auf das Engste mit der speziellen topographischen Situation des betrachteten Raumes zusammen und mit Auswirkungen von „Manipulationen der jeweiligen Machthaber"[5]), die auch bei im übrigen gleichen oder ähnlichen Voraussetzungen zu ganz unterschiedlichen Wachstums- und Strukturbildern geführt haben.

---

[4]) Wie z. B. bei HEIDE BERNDT: Das Gesellschaftsbild bei Stadtplanern, München 1972.
[5]) KOLLER, S. 27 ff. dieses Bandes.

Es liegt auf der Hand, daß der riesige Fragenkomplex nicht im Rahmen einer kleinen Forschungsgruppe bewältigt werden kann. Aus dem begrenzten Material von 5 Fallstudien lassen sich allenfalls einzelne Belege und Anhaltspunkte gewinnen; doch bleibt zu hoffen, daß sie die Ansätze zu weiteren fachübergreifenden historischen Forschungsarbeiten bilden.

II. Entwicklung einzelner Strukturelemente und -merkmale

1. Entwicklung der Stadtgebietsflächen (Verwaltungs- bzw. Herrschaftsräume)

Bei der Betrachtung der Veränderungen, die die politischen Grenzen der Stadträume im Laufe der Geschichte erfahren haben, zeigt sich, daß die Grenzveränderung für sich allein genommen wohl kein ausschlaggebender Faktor für die Entwicklung des Stadtgefüges ist. Die Auswirkungen von Veränderungen der kommunalen Grenzen sind nicht zu trennen von denjenigen der herrschaftlichen bzw. administrativen Funktionen.

Die wechselvolle Geschichte Prichsenstadts z. B. mit ihren wirtschaftlichen Höhepunkten und Krisen vollzog sich ohne wesentliche Änderungen des Stadtraums, während Verluste an hoheitlichen Aufgaben offensichtlich von größter Tragweite für die Stadt waren. Nach der Eingliederung in den Staatsverband der preußischen Provinzen, mit der sie alle Sonderheiten in Verfassung, Recht, Wirtschaft und Verwaltung verloren hatte, setzte ein Niedergang ein, der durch alle Anstrengungen der örtlichen Körperschaft nicht aufgehalten werden konnte.

An anderen Beispielen zeigen sich allerdings auch deutlich die Grenzen der Förderungsmöglichkeiten durch die Selbstverwaltungskraft und die zentralen Funktionen. So konnte z. B. die Unterstützung Zwettls durch die Kaiser die Bürgerschaft nicht entscheidend stärken.

Sehr aufschlußreich ist in diesem Zusammenhang auch die Entwicklung Saarbrückens, das mit der französischen Revolution seine Residenzstadtfunktion eingebüßt hatte, dennoch aber Mittelpunkt der Verwaltung und des geistigen und kulturellen Lebens blieb und damit seinem Ansehen nach die Hauptstadt des Saarreviers. Die im Zuge der Industrialisierung im 19. Jahrhundert sehr stark wachsenden Gemeinden St. Johann und Malstatt-Burbach, denen es nach dem ersten Aufschwung gelungen war, sich aus dem Bürgermeisterverband mit Saarbrücken zu lösen, gingen 1909 wieder in Großsaarbrücken auf. Daß es Alt-Saarbrücken in den erbitterten Auseinandersetzungen um den Zusammenschluß gelungen war, sich gegenüber den wesentlich größeren Industrieagglomerationen auf dem anderen Saarufer zu behaupten, dürfte dem Bedeutungsüberschuß zuzuschreiben sein, den es sich trotz der geringeren Wachstumskräfte erhalten hatte.

Während bis in das frühe 19. Jahrhundert hinein von den Setzungen der jeweiligen Machthaber wesentliche Anstöße auf Stadtgründungen und Stadtentwicklung ausgegangen waren, erscheinen die Änderungen der kommunalen Grenzen nach der Jahrhundertmitte mehr oder weniger als Nachvollziehen bereits eingetretener Entwicklungen im Zuge industriellen Aufschwungs und starken Bevölkerungswachstums. Die Fallstudien der Arbeitsgruppe zeigen die überragende Bedeutung des *Zeitpunkts* der Grenzänderungen.

Die angestrebte Integrationswirkung der Neu- oder Umbildung von Stadträumen, die im Falle Castrop-Rauxels auch explizit als Ziel genannt ist, wird verfehlt, wenn die Wachstumskräfte nach der Umbildung stagnieren oder abnehmen. Wo die Dynamik, die zur Konstitution neuer Gebietskörperschaften geführt hat, in diesen nicht weiter wirkt, gibt es kaum eine Möglichkeit, die Struktur des neuen Raumes durch Lenkung der Besiedlung und der Infrastruktur — insbesondere der zentralen Einrichtungen — auf eine Integration hinzusteuern, die schließlich auch zu einem gemeinsamen Stadtbewußtsein führt.

In allen Beiträgen zeigt sich, daß das Beharrungsvermögen bestehender Strukturen leicht unterschätzt wird und daß die Integrationsbestrebungen in neugeschaffenen Stadträumen auch unter günstigen Voraussetzungen nur sehr langsam wirken. Von diesen Voraussetzungen ist, wie die Beispiele Saarbrücken und Castrop-Rauxel deutlich zeigen, vor allem die möglichst vollständige Zusammenfassung der öffentlichen Aufgaben in einer Hand von Bedeutung. Die Durchführung einzelner Aufgaben durch überkommunale Organisationen und Verbände oder durch die Industrie schwächt die Bindungskräfte neugebildeter oder neu zu bildender Gemeinwesen.

2. Entwicklung der besiedelten Stadtfläche[5a]

Die Entwicklung der besiedelten Stadtfläche und des Prokopfanteils dieser Flächenkategorie ist einer der wichtigsten Indikatoren für die strukturelle Entwicklung von Stadträumen, da sich an ihm Häufungs- und Streuungstendenzen wesentlich deutlicher ablesen lassen als an der Bevölkerungsdichte. Absolute Dimensionen und Anteilwerte der besiedelten Stadtfläche geben Aufschluß über zunehmende Ansprüche von Wirtschaft und Gesellschaft an den Raum und ermöglichen Rückschlüsse auf die Zunahme des Gesamtverkehrsbedürfnisses in einem Stadtraum sowie auf die Erreichbarkeitsverhältnisse.

Besiedelte Stadtfläche ist nach BORCHARD[6]) die Summe der Flächen innerhalb der kommunalen Grenzen, die nicht landwirtschaftlich oder forstwirtschaftlich genutzt werden, nicht Wasserflächen oder Ödland sind. Daß das Datum „besiedelte Stadtfläche" bisher nur in wenigen Fällen verfügbar ist, dürfte zum einen daran liegen, daß es von der Statistik nicht erfaßt und dokumentiert wird, zum anderen daran, daß bisher der Begriff noch nicht befriedigend definiert und gefestigt ist. Es ist zum Beispiel sehr die Frage, ob Nutzungen wie interkontinentale Flughäfen oder Truppenübungsgelände, die mit der Besiedlung des betrachteten Raumes nur sehr wenig zu tun haben, nicht aus der besiedelten Stadtfläche ausgeklammert werden müßten, wenn ein nutzbarer Vergleich möglich sein soll.

Bis zum Beginn der Industrialisierung veränderte sich das Verhältnis zwischen Einwohnerzahl und besiedelter Stadtfläche fast nur durch Wachstum oder Schrumpfung der Bevölkerung. Steigender Anteil an besiedelter Stadtfläche pro Einwohner signalisiert bis zur Mitte — in einzelnen Fällen bis zum Ende — des 19. Jahrhunderts Bedeutungsverlust der betreffenden Stadt und wirtschaftliche Stagnation. Dies ist sehr deutlich am Beispiel Prichsenstadt abzulesen.

Erste Veränderungen durch steigende Ansprüche ergeben sich aus dem Entstehen und dem Ausbau der ersten flächenintensiven Industrien und durch die ersten Villenviertel.

Wesentlich stärkere Zunahme der besiedelten Stadtfläche als die Zentralorte mit agrarischem Umland haben im 19. Jahrhundert die industriellen Agglomerationen zu

---

[5a]) Siehe Tabelle 1 und Abbildungen.
[6]) KLAUS BORCHARD: Orientierungswerte. In: Handwörterbuch der Raumforschung und Raumordnung, (ARL), Hannover 1970, Spalte 3182.

verzeichnen. Bei dem relativ geringen Flächenwachstum Würzburgs bis zum Ersten Weltkrieg hat sich offensichtlich die Tatsache ausgewirkt, daß viele neu entstehende Betriebe und Einrichtungen Grundstücke in Anspruch nehmen konnten, die durch Strukturwandel innerhalb der besiedelten Stadtfläche frei wurden.

Die Zahl der zur Verfügung stehenden Beispiele ist für fundierte Aussagen über langfristige Trends zu gering. Immerhin gewinnt man auch aus der Betrachtung des bescheidenen Materials den Eindruck, daß mit Ausnahme der durch die Montanindustrie beeinflußten Agglomerationsräume das Städtewachstum im 19. Jahrhundert noch zu keinem grundlegenden räumlichen Strukturwandel geführt hat, da die Standortgunst für Betriebe, Wohnungen und tertiäre Dienste im wesentlichen auf die bestehenden Siedlungen begrenzt war. Die Städte blieben verhältnismäßig kompakte, gegen den umliegenden dünn besiedelten ländlichen Raum abgesetzte Gebilde. Entscheidende Veränderungen vollzogen sich dagegen ganz offensichtlich in unserem Jahrhundert. Interessanterweise jetzt ohne direkte Abhängigkeit von der Stärke des Bevölkerungs- oder Wirtschaftswachstums.

Die Stadträume werden von einer Welle neuer Flächenansprüche aller Art überschwemmt: Neue Besiedlungsflächen werden für die Anlage von Zweitwohnsitzen wie im Raum Zwettl, durch Industrieflächenausweisungen zur Wirtschaftsförderung wie in Prichsenstadt oder — generell — durch umfangreiche Baugebietsausweisungen zur Befriedigung wachsender Ansprüche an Wohn- und Freiflächen in Anspruch genommen, aber auch durch eine immer großzügigere Bemessung der Flächen für Gemeinbedarf und Gemeingebrauch. Begünstigt wurde das Zunehmen der Flächenansprüche durch eine „Expansionsmentalität", die jeden Ausweitungsvorgang als Verdienst erscheinen läßt. Das de facto nur sehr wenig durch Pflichten eingeengte Recht zur Ausweisung neuen Baulands erschien dabei weithin als das billigste und am wenigsten „konfliktträchtige" Mittel zur Förderung der Expansion. Wesentlich ausgeprägter würde sich das Flächenwachstum wahrscheinlich noch darbieten, wenn die ausschließlich oder überwiegend auf die Kernstadt bezogenen Wohnbau- und Gewerbebauflächen der Stadtregionen mit in die Betrachtung einbezogen würden, eine Untersuchung, die jedoch im engen Rahmen der Arbeitsgruppe nicht möglich war.

Tab. 1:

Entwicklung der besiedelten Stadtfläche in Würzburg

Jahr	Besiedelte Stadtfläche	Besiedelte Stadtfläche je Einwohner
1840	ca. 690 ha	ca. 270 qm
1900	ca. 890 ha	ca. 115 qm
ca. 1935	ca. 1160 ha	ca. 115 qm
1961	ca. 2400 ha	ca. 200 qm
1968	ca. 2900 ha	ca. 235 qm
1973	ca. 3600 ha	ca. 300 qm

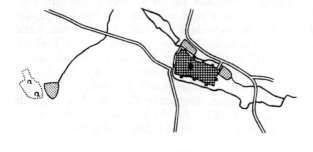

1833 BESIEDELTE STADTFLÄCHE
ca 5,6 ha = ca 70 qm / EINWOHNER

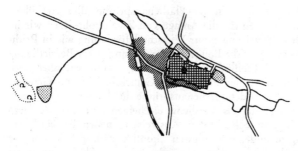

1872 BESIEDELTE STADTFLÄCHE
ca 12,6 ha = ca 160 qm / EINWOHNER

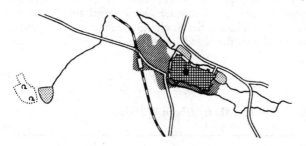

1903 BESIEDELTE STADTFLÄCHE
ca 13,6 ha = ca 190 qm / EINWOHNER

Abb. 1 a: Prichsenstadt. Entwicklung der besiedelten Stadtfläche 1833, 1872 und 1903 (vgl. Legende in Abb. 1 b)

Die Flächenangaben für die Abbildungen 1a—2d beruhen auf vorläufigen Ergebnissen und stellen deshalb nur Richtgrößen dar.

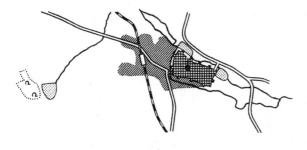

1955 BESIEDELTE STADTFLÄCHE
ca 16,5 ha = ca 195 qm / EINWOHNER

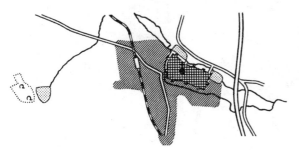

1973 BESIEDELTE STADTFLÄCHE
ca 31,2 ha = ca 400 qm / EINWOHNER

 SIEDLUNGSKERN (VORIND. BAUPHASE)
AUSDEHNUNG DER BESIEDELTEN FLÄCHE IM ANGEGEBENEN JAHR
VERLAUF DER MITTELALT. BEFESTIGUNG

 BAHNLINIE MIT BAHNHOF
WASSERLAUF UND WASSERFLÄCHE
KIRCHE
WALD

Abb. 1 b: Prichsenstadt. Entwicklung der besiedelten Stadtfläche 1955 und 1973

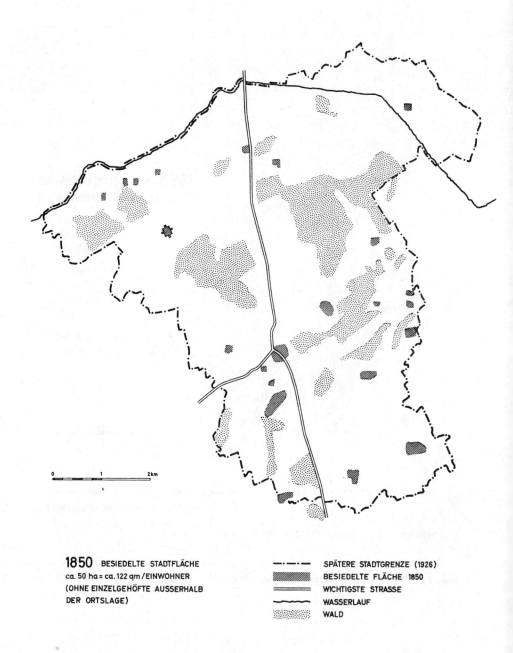

Abb. 2 a: Castrop-Rauxel. Entwicklung der besiedelten Stadtfläche 1850

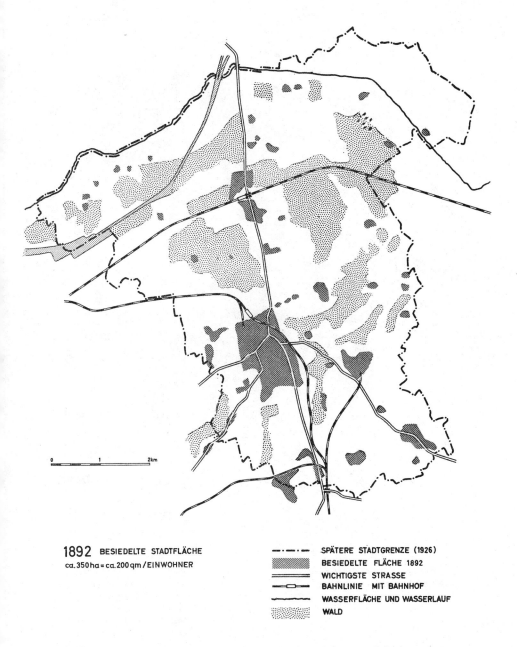

Abb. 2 b: Castrop-Rauxel. Entwicklung der besiedelten Stadtfläche 1892

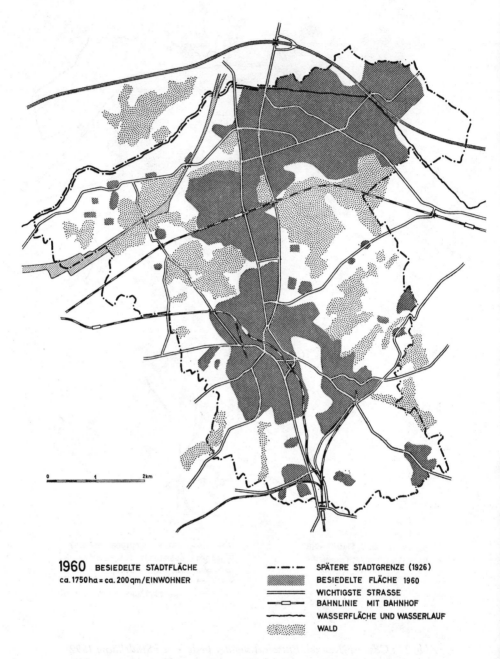

Abb. 2 c: Castrop-Rauxel. Entwicklung der besiedelten Stadtfläche 1960

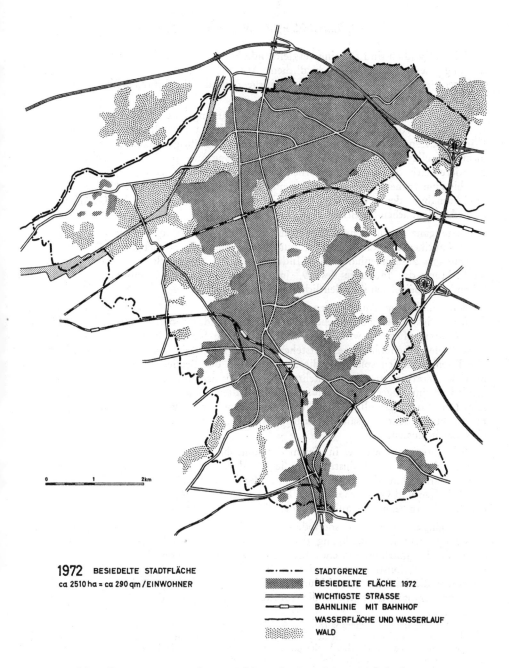

Abb. 2 d: Castrop-Rauxel. Entwicklung der besiedelten Stadtfläche 1972

3. Entwicklung der Nutzungsverteilung

Die Fallstudien sind für eine vergleichende Betrachtung der Entwicklung der Flächennutzung wegen ihrer unterschiedlichen Ausgangspunkte und Blickrichtungen nicht geeignet. Jedoch bestätigen sie einige typische Züge der Strukturentwicklung im 19. und 20. Jahrhundert.

Eine Differenzierung der Flächen nach der Nutzung läßt sich bis in die neueste Zeit — abgesehen von den Grundstücken der kirchlichen und weltlichen Obrigkeiten bzw. Körperschaften, die sich im Mittelalter klar von den übrigen Bauflächen[7]) absetzten — nicht feststellen. Zwar gab es in vielen Fällen eine ausgeprägte Gliederung der Stadtquartiere nach den in ihnen vorherrschenden Gewerben, jedoch mußte man nahezu alle bis zum frühen 19. Jahrhundert entstandenen baulich genutzten Gebiete der Stadt, mit Ausnahme der erwähnten Sonderbauflächen der Kirche und der Obrigkeiten, als gemischte Bauflächen bezeichnen.

Erste ganz bescheidene Entflechtungserscheinungen treten mit dem Entstehen der ersten Fabriken auf, die sich jedoch zunächst — außer im Sonderfall der Zechen — fast nirgends zu zusammenhängenden Industriegebieten entwickelten. Die unerhört starke Verflechtung der Industrie des 19. Jahrhunderts mit der Wohnnutzung ist bei allen behandelten Beispielen sehr deutlich zu erkennen.

Auch nach dem Aufkommen rein gewerblich genutzter Grundstücke im Zuge der frühen Industrialisierung blieben die Industriestandorte ohne wesentliche Tendenzen zur Zusammenfassung willkürlich über das ganze Stadtgebiet verteilt. Die mit dem Ausbau des Eisenbahnnetzes entstehende neue Kategorie von Verkehrsgunst entlang den Eisenbahnlinien spielt für die Standortwahl der Betriebe auch vor dem Aufkommen des motorisierten Lastverkehrs eine verhältnismäßig geringe Rolle[8]). Ausschlaggebend scheint dagegen sehr häufig das Festhalten an angestammten Grundstücken zu sein. Der Prozeß des allmählich Sich-Herauslösens der Industrie aus „Hinterhofsituationen" geht nur sehr langsam vor sich; er ist zum Beispiel in Saarbrücken bis heute noch nicht abgeschlossen.

Sehr interessant wäre es in diesem Zusammenhang, den Einfluß von Wandlungen der Besitzstruktur in der Industrie auf die Standortwahl zu verfolgen. Einige Anzeichen deuten darauf hin, daß das Aufkommen der modernen Kapitalgesellschaften (Aktiengesellschaften und Gesellschaften mit beschränkter Haftung) die Tendenz zu Verlagerung der Betriebe an Standorte außerhalb der dicht bebauten Stadtviertel gestärkt hat.

Die jüngste Entwicklungsperiode — nach dem Zweiten Weltkrieg — ist durch einen starken prozentualen Rückgang der gemischten Flächen gekennzeichnet. Zwar waren schon um die Jahrhundertwende die ersten Generalbebauungspläne aufgestellt worden, die eine Funktionstrennung zwischen Wohnbauflächen und gewerblichen Bauflächen vorsahen; die bauliche Entwicklung wurde jedoch noch lange Zeit von Zufälligkeiten des Baubodenmarktes bestimmt, die den Zonungsbemühungen der Städte zuwiderliefen.

---

[7]) Der Begriff Bauflächen wurde in Anlehnung an die Terminologie des Bundesbaugesetzes gewählt, um Verwechslungen mit den in der technischen Fachsprache ganz auf die Gebäudenutzung bezogenen Begriffen Nutzfläche, Wohnfläche usw. zu vermeiden. Mit der Bezeichnung Baufläche soll nicht angedeutet werden, daß die von den verschiedenen Nutzungen in Anspruch genommenen Flächen vollkommen oder überwiegend bebaut sein müssen. Bauflächen enthalten vielmehr stets mehr oder weniger große Anteile an Freiflächen, die insbesondere bei den Sonderbauflächen sehr hohe Prozentsätze der gesamten Grundstücksfläche erreichen können.

[8]) Die bekannte Maschinenfabrik Krauss Maffei in München ließ ihre fertiggestellten Lokomotiven jahrzehntelang mit Pferdefuhrwerken zur Bahnlinie befördern.

Der Umgriff neuer Wohnbaugebiete und Industrieflächen blieb in der Restaurations-, Konsolidierungs- und Arrondierungsphase unmittelbar nach dem Zweiten Weltkrieg noch verhältnismäßig bescheiden (Würzburg). Seit dem Beginn der 1960er Jahre jedoch wird das Bemühen immer deutlicher, große zusammenhängende Industrie- und Wohngebiete zu entwickeln, die jetzt zum Teil sehr weit entfernt vom bestehenden Weichbild angelegt werden.

Als erstaunlich langlebig erwiesen sich zum Teil die landwirtschaftlichen Flächen innerhalb des Stadtgebiets. In den früheren Epochen der Stadtentwicklung ließen Krisen und Rückschläge die landwirtschaftlichen Flächen stark zunehmen, wie zum Beispiel in Prichsenstadt. In der jüngsten Geschichte der Stadtentwicklung dagegen nehmen die landwirtschaftlich genutzten Flächen in Stagnationsperioden zwar nicht weiter ab; die der landwirtschaftlichen Nutzung einmal entzogenen Grundstücke werden jedoch — abgesehen von der intensiven kleingärtnerischen Nutzung in der Kriegs- und unmittelbaren Nachkriegszeit — nicht wieder von der Landwirtschaft übernommen.

Die Landwirtschaft innerhalb der Stadtgebietsgrenzen wurde und wird zum großen Teil von Nebenerwerbs- oder Freizeitlandwirten betrieben. Wirtschaftliche Prosperität und die Förderungspolitik von Bund und EWG bedrängten jedoch die Nebenerwerbslandwirtschaft besonders hart. Mit ihrem starken Rückgang seit den 1960er Jahren fielen immer mehr der verbliebenen landwirtschaftlichen Grundstücke brach.

Die Entwicklung der öffentlichen Grünflächen ist sehr stark von örtlichen Zufälligkeiten abhängig. Individuelle Einflüsse sind hier noch stärker als bei anderen Nutzungen. Öffentliche Parkanlagen entstanden teils durch die Initiative einzelner einflußreicher Persönlichkeiten, wie z. B. der Ringpark in Würzburg, teils durch die Aktivität von Verschönerungsvereinen wie ein großer Teil der übrigen Würzburger Parks und der Grünflächen von Castrop. Allgemein kann man feststellen, daß größere zusammenhängende Grünanlagen in unmittelbarer Nähe dicht bebauter Gebiete nur dann entstehen konnten bzw. erhalten blieben, wenn auf ihnen aufgrund bestehender Besitzverhältnisse (Schloßgärten, aufgelassene Friedhöfe) oder schlechten Untergrunds keine Baulandqualität entstehen konnte. Aus den Beispielen ergibt sich kein Anhalt dafür, daß in einer der behandelten Städte potentielles Bauerwartungsland systematisch und erfolgreich gegen die bauliche Nutzung verteidigt worden wäre, um öffentliche Grünflächen auf ihm anzulegen.

Welchen Zustand die einzelnen Flächennutzungen im Lauf der Geschichte zu verzeichnen hatten und wie sich deren prozentualer Anteil an der gesamten bzw. der besiedelten Stadtfläche verschob, ist aus dem vorliegenden Material nicht zu entnehmen. Aus Einzelheiten kann man jedoch schließen, daß der Anteil der Gemeinbedarfs- und Gemeingebrauchsflächen stetig zugenommen hat. So erhöhte sich beispielsweise die Gesamtstraßenfläche Saarbrückens in den 25 Jahren nach der Bildung der Großstadt um 37,5 % bei einer Einwohnerzunahme von schätzungsweise 25 %.

4. Entwicklung der Infrastruktur

Die große Bedeutung des Verkehrs und der Verkehrseinrichtungen für den Prozeß der Stadtbildung und Stadtentwicklung wird durch die Untersuchungen des Arbeitskreises bestätigt. So zeigt sich z. B., daß ungünstige Lage im Netz der großräumigen Verkehrslinien die Entwicklungschancen stark beeinträchtigt (vor allem an der Entwicklung Zwettls abzulesen); daß andererseits aber der Anschluß an moderne Verkehrswege *allein* nicht unbedingt Wachstumsimpulse auslösen muß, wie das Beispiel Prichsenstadts zeigt. Wo aufgrund anderer Faktoren — so beispielsweise im Zuge der beginnenden Industrialisierung im Saarbrückener Raum — Wachstumskräfte vorhanden sind, werden diese durch die Eisenbahn sehr gestärkt. Die Bahnhöfe bilden unter diesen Bedingungen Kristallisationspunkte für die bauliche Entwicklung. Die Anlage des Saarbrückener Bahnhofs auf der nördlichen Saarseite hat sehr stark dazu beigetragen, daß die Industriegemeinden St. Johann und Malstatt-Burbach das alte Zentrum Saarbrücken in der Bevölkerungsentwicklung überflügeln konnten. Gleichzeitig wurde der Bahnhof, wie in vielen anderen Städten, zum wichtigsten Anstoß für die Citybildung.

Auch im Gebiet der späteren Stadt Castrop-Rauxel bildete die Anlage des Bahnhofs an der Köln—Mindener Linie einen Ansatzpunkt für die Entwicklung. Allerdings zeigt sich in diesem Fall auch, daß Bereiche neuer Verkehrsgunst weitab von den bestehenden Zentren Brüche und Lücken im Gefüge der werdenden Stadträume entstehen lassen, die nur dann aufgefüllt bzw. überbrückt werden können, wenn auf die Innovation eine lang anhaltende Periode ständigen Wachstums folgt. Im Falle Castrop-Rauxels konnte die durch den Bahnhof bedingte ungünstige Zweipoligkeit bis heute nicht überwunden werden.

Überhaupt wurden bei der Einfügung des Eisenbahnnetzes gewachsene Zuordnungen kaum berücksichtigt und damit viele Schwierigkeiten für die weitere Stadtentwicklung geschaffen. Die Probleme, die mit den zahlreichen schienengleichen Bahnübergängen, mit der Zerschneidung der Stadträume durch überschreitbare Bahntrassen — wie beispielsweise in Saarbrücken — und mit der Lärm- und Rußbelästigung entstanden, wurden von den Zeitgenossen offensichtlich nicht in ihrer ganzen Tragweite erkannt. Sie spielten in der Diskussion um das Für und Wider der Eisenbahn nur eine ganz untergeordnete Rolle.

Von außerordentlich starkem Einfluß auf die Stadtentwicklung waren in allen Perioden die Brückenbauten. Sie sind in den durch Flüsse geteilten Agglomerationen einer der wichtigsten Faktoren für die Integration der einzelnen Stadtteile. Das erste monumentale Zeichen der Städtevereinigung in Saarbrücken war nach Fehn der Bau der Kaiser-Friedrich-Brücke, die 1910, ein Jahr nach der Schaffung von Groß-Saarbrücken, eröffnet wurde.

Versorgungs- und andere Gemeinbedarfseinrichtungen wurden auffallend lange zu einem großen Teil durch Privatinitiative aufgebaut und getragen, wobei sich die Städte in einzelnen Fällen vertraglich die spätere Übernahme sicherten (Gaswerke Saarbrücken).

Die Übernahme von Gemeinbedarfseinrichtungen und -aufgaben durch die Kommunen hatte in den mehrkernigen Verstädterungsräumen keine integrierende Wirkung, solange die administrative Zersplitterung anhielt. In Saarbrücken führte das Konkurrenzdenken der Einzelstädte zu unwirtschaftlichen Mehrfachinvestitionen für Gasanstalten, Schlachthäuser und andere Gemeinbedarfseinrichtungen. Auch die Gründung von kommunalen Zweckverbänden brachte, außer bei den Versorgungs- und Entsorgungsnetzen, keine wesentlichen Verbesserungen, da sich die Mitgliedsgemeinden nicht mit der gleichen Intensität für die Verbandseinrichtungen einsetzten wie für die örtlichen.

Von Einzelinitiativen abgesehen ging der Blick der kommunalen Verwaltungen erst über die absolet gewordenen Gemeindegrenzen hinaus, als sich die räumlichen Bezüge bereits nachhaltig gewandelt hatten. Wie der Vergleich zwischen Saarbrücken und Castrop-Rauxel zeigt, konnte die desintegrierende Wirkung der Beteiligung vieler Körperschaften an den Versorgungsaufgaben wesentlich besser überwunden werden, wenn ein nach Bedeutung und Ansehen dominierender Siedlungsschwerpunkt vorhanden war, dessen Ausbau zum Zentrum durch ein von der Topographie und der Besiedlung vorgezeichnetes Wege- bzw. Beziehungsgefälle ausgezeichnet ist.

Sehr deutlich wird in den behandelten Beispielen, daß das Infrastrukturangebot vor allem unterhalb einer gewissen Größenschwelle keine wesentlich stimulierende Wirkung auf die Stadtentwicklung ausübt, wenn keine sonstigen Wachstumskräfte wirken. Das nach vielen Schwierigkeiten 1874 eröffnete Gymnasium in Zwettl mußte 1876 schon wieder geschlossen werden, ein ähnliches Schicksal droht dem 1967 gegründeten Schulverband Prichsenstadt mit seinem großzügigen Neubau. Ob die Stadt Castrop-Rauxel ihrem Ziel, einen eindeutigen Mittelpunkt zu schaffen, durch die Anlage öffentlicher Gemeinbedarfseinrichtungen in der geographischen Stadtmitte näherkommen kann, läßt sich noch nicht beurteilen. Es ist jedoch zu befürchten, daß die erwünschte zentrumsbildende Wirkung allein mit Verwaltungs- und Kultureinrichtungen nicht erreicht wird.

Die jüngste Entwicklung auf dem Gebiet der öffentlichen Einrichtungen ist durch einen Tendenz zur Bildung immer größerer Einheiten gekennzeichnet. Darin liegt neben der Chance, die Leistungsfähigkeit dieser Einrichtungen zu verbessern, auch eine Gefahr. Es ist zu befürchten, daß durch die undurchschreitbaren und nur wenig mit ihrer unmittelbaren baulichen Umgebung verknüpften Gebäudekomplexe und Grundstücke ebenso viel an räumlichem Zusammenhang auf der lokalen Ebene verlorengeht wie in größerem Rahmen an Zentralität und Leistungsfähigkeit gewonnen wird.

5. Entwicklung des sozialräumlichen Zusammenhangs und der emotionalen Bindungen

Die Entwicklung des sozialräumlichen Zusammenhangs und des Heimatgefühls wirft in den auf ein dominierendes Zentrum ausgerichteten Stadträumen wie in Würzburg und in den wenig dynamischen Kleinstädten wie in Zwettl und Prichsenstadt nur wenig Fragen auf. Parallel zu der Ausweitung des wirtschaftlichen Verflechtungsbereiches und ihren immer weiter ausgreifenden Pendelbeziehungen zu Arbeitsstätten und Einrichtungen der Kernstadt verstärken sich auch die Angliederung im Bewußtsein der Bevölkerung des auf diesen Kern bezogenen Raumes.

Wie das Beispiel Würzburg zeigt, gibt es Ansätze zur Bildung eines Verflechtungskontinuums schon recht früh. Bereits etwa ab 1880 nahm die Einwohnerzahl der Umlandgemeinden Würzburgs stärker zu als diejenigen der übrigen Gemeinden des Bezirks. Eine wichtige offene Frage ist hier, mit welchem zeitlichen Rückstand die bewußtseinsmäßige Angliederung der Regionsbevölkerung der wirtschaftlichen folgt und welchen Einfluß langes Festhalten an administrativen Grenzen im Verflechtungskontinuum hat, die längst durch die räumliche Wirklichkeit überholt sind.

Für die offenen Verstädterungsräume vom Typ Castrop-Rauxels sind Änderungen der kommunalen Grenzen offensichtlich auch in bezug auf das Stadtbewußtsein von allergrößter Bedeutung. Allerdings wäre es falsch, anzunehmen, daß die Änderung alter Grenzen schon von sich aus zu einem Prozeß allmählicher Stärkung des Zusammengehörigkeitsgefühls führen müßte. Die Entwicklung eines gemeinsamen Stadtbewußtseins hängt offensichtlich auch sehr stark davon ab, ob die räumliche Trennung der einzelnen Wohnplätze überwunden werden kann und ob die Bewohner gemeinsame Einrichtungen und Dienste benutzen. Wie rasch und nachhaltig Integrationsbestrebungen, die durch Änderung der Grenzen administrativ sanktioniert sind, zur Ausstattung mit gemeinsamen Einrichtungen und zum Überspringen bzw. Schließen räumlicher Zäsuren führen, hängt wiederum aufs Engste mit dem Wirtschafts- und Bevölkerungswachstum des jeweiligen Raumes zusammen. Bezeichnend dafür ist der Erfolg des Werkwohnungssystems des Ruhrbergbaus. In den Arbeiterkolonien, welche die Zechengesellschaften Zug um Zug mit der Anwerbung neuer Arbeitskräfte errichteten und systematisch mit den wichtigsten Grundeinrichtungen der Daseinsvorsorge ausstatteten, bildete sich sehr schnell ein Zusammengehörigkeitsgefühl heraus. Widerstände gegen die Integration hätten bei dem absoluten Vorherrschen des Neuen und der relativ vollständigen Ausstattung nur aus der unterschiedlichen Herkunft der Koloniebewohner kommen können. Diese hat offensichtlich aber das Zusammenwachsen eher gefördert als verhindert.

Ähnliche Integrationswirkungen wie in den Zechensiedlungen konnten naturgemäß in neugebildeten Stadträumen nie erreicht werden. Das Nebeneinander alter Bauernsiedlungen mit den neuen Zechenkolonien, die meist auch räumlich voneinander getrennt lagen, wurde lange Zeit durch Vorurteile und Interessengegensätze behindert. Diese ließen sich anscheinend um so leichter abbauen, je stärker wirtschaftliches Wachstum das Entstehen zusätzlicher, weder an die Industrie noch an die bestehenden Bauernsiedlungen gebundener Substanz induzierte. Ein außerordentlich wichtiger Faktor sind nach SCHÖLLER beispielsweise neue Mittelbetriebe und differenziertes Gewerbe; wahrscheinlich gilt Ähnliches aber auch für die Wohnbebauung. Die neuen Betriebe und Wohnanlagen bilden sozusagen den Kitt für die durch unterschiedliche Geschichte und Interessenlage bedingten Risse im Sozialraum der Stadt.

Schwerer zu überbrücken als die unsichtbaren, nur durch Tradition, Interessen oder Zuständigkeiten gehaltenen Grenzen sind — auch in bezug auf den sozialräumlichen Zusammenhang — unüberschreitbare Grenzen, die häufig durch Flüsse, Bahnlinien oder größere undurchschreitbare Areale, wie z. B. Militäranlagen und neuerdings auch durch große Verkehrsstraßen im Stadtgebiet entstehen. „Hinter der Bahn" oder, wie die Angelsachsen sagen, „wrong side of the tracks" ist auch heute noch in vielen Städten eine abwertende Bezeichnung für „abgehängte" Gebiete mit geringem Sozialprestige, welche die negativen Folgen ungünstiger Zerschneidungen deutlich macht.

Von besonderer Bedeutung für die Bildung des Zusammengehörigkeitsgefühls in einem Raum ist nach HOMMEL das Zeitungswesen. Das Entstehen und Sichbehaupten einer kulturtragenden Schicht, die sich mit einer neugebildeten Stadt identifiziert, wird ohne Zweifel vom Vorhandensein einer „eigenen" Zeitung stark beeinflußt. Welche Rückwirkungen Bedeutungs- und Niveauverlust der kleineren Tageszeitungen auf die Entwicklung des Heimatgefühls haben, wäre eine besondere Untersuchung wert. Sie würde wohl einen zusätzlichen Beleg dafür liefern, daß jede Übernahme örtlicher Belange und Funktionen durch Körperschaften und Institutionen, deren Wirkungsfeld sich nicht mit dem Stadtgebiet deckt, die Integrationskräfte schwächt — ganz besonders, wenn die Leitung der betreffenden Institution ihren Sitz nicht in dem betreffenden Stadtraum hat.

III. Gründe und Katalysatoren für die Veränderungen in der Stadtstruktur

Für die Wechselbeziehungen zwischen der Entwicklung von Wirtschaft und Gesellschaft einerseits, dem Wandel der Stadtstruktur andererseits, gilt noch in weit höherem Maß das schon bei der Betrachtung der Elemente der räumlichen Struktur selbst Gesagte, daß sich nämlich aus einer kleinen Zahl mehr oder weniger zufällig ausgewählter Fallstudien mit begrenzter Thematik nur wenige Anhaltspunkte und Belege gewinnen lassen; Fallstudien, die zudem meist ebenso viele Fragen aufwerfen wie sie Einsichten vermitteln, von der großen Zahl offener Fragen ganz abgesehen, für deren Durchdringung bisher noch keine Ansätze gegeben sind.

Schon bei der Bildung von Kategorien unter den raumbedeutsamen Entwicklungen ergeben sich einige Fragen und Probleme. Neben dem sehr starken Einfluß des Bestehenden, dem Beharrungsvermögen überkommener Beziehungen sind, wie erwähnt, zwei Bereiche verändernder Innovationen zu erkennen: Auf der einen Seite stimulierende Wachstumskräfte, aber auch Willkür und „Raubbau"tendenzen freisetzende Neuerungen als Konsequenz des liberalen laissez faire — auf der anderen Seite Zielvorstellungen und Leitbilder zur Ordnung des Raumes, des Wirtschaftens und Bauens und die aus ihnen abgeleiteten direkten oder indirekten Eingriffe in die Stadtentwicklung.

Betrachtet man Einflüsse jedoch im Detail, so verschwimmen oft die Grenzen zwischen den Kategorien. Ist beispielsweise das Festhalten an überkommenen Grenzen, an ererbten Formen und Strukturen stets nur emotional begründetes Beharrungsvermögen? Wird es nicht unter Umständen zum bewußt gehandhabten Steuerungsinstrument? Sind technische Innovationen stets wirtschaftlichem Wachstum zu verdanken, oder werden sie nicht auch gezielt zur Ordnung des Raumes eingesetzt? Eine völlig eindeutige Zuordnung einzelner Innovationen zu einer der beiden Quellen verändernder Kräfte ist oft nicht möglich, daher wird sie im Folgenden nur noch in der Reihenfolge angedeutet. Es werden zunächst die Strukturveränderungen durch wachstumsfördernde oder -bedingte Neuerungen betrachtet, dann die durch Eingriffe bzw. Eingriffsversuche aufgrund neuer Ordnungsvorstellungen bedingten.

1. Strukturveränderungen durch technische Innovationen

Von ganz entscheidendem Einfluß auf die Entwicklung der Stadtstruktur war, wie sich an allen Beispielen zeigt, die Entwicklung der modernen Verkehrsmittel. In vielen Fällen brachte der Anschluß an das Eisenbahnnetz für die *Gesamtentwicklung*, die Anlage der Bahnhöfe für die *Citybildung* entscheidende Anstöße.

Auf der anderen Seite zeigte sich an den Eisenbahnen zum ersten Mal, daß moderne Verkehrseinrichtungen wirkungslos bleiben, ja sogar „absaugend" wirken können. So z. B. in Zwettl, das durch den Anschluß an eine Nebenlinie der Eisenbahn keine wesentlichen Impulse erhielt, oder in Prichsenstadt, dem durch den Eisenbahnanschluß sogar Kräfte verlorengingen.

Die behandelten Beispiele lassen nicht erkennen, wie weit vorhandene Bahnlinien die Entwicklung der Bauflächen im einzelnen beeinflußt haben. Ohne Zweifel sind jedoch die schon im 19. Jahrhundert auftretenden Verflechtungserscheinungen im Stadtraum (Würzburg) den Eisenbahnen mit zu verdanken.

Trotz der im Zuge des Eisenbahnbaus entstandenen vereinzelten Villengebiete blieben die Städte nach wie vor verhältnismäßig kompakte, gegen umgebenden ländlichen Raum abgesetzte Gebilde. Eine Ausnahme bilden hier lediglich die industriebestimmten offenen Verstädterungsräume wie beispielsweise im Ruhrgebiet, wo durch die Zechenkolonien und Ausuferung der alten Ortslagen an Ausfallstraßen entlang schon vor der Jahrhundertwende die ersten Anzeichen für eine Zersiedlung auftraten.

Von erheblichem Einfluß auf die Stadtstruktur scheinen, wenn auch nur mittelbar, die Straßenbahnen gewesen zu sein, die — wie vor allem der Fall Saarbrücken zeigt — bandförmiges Wachstum mit zum Teil (vor 1914) beträchtlichen Entfernungen vom Stadtzentrum erlaubte, während wesentlich zentrumsnäher gelegene, aber schlechter bebaubare Flächen erst sehr viel später aufgesiedelt wurden. Daß die öffentlichen Massenverkehrsmittel bewußt zur Lenkung der Stadtentwicklung eingesetzt worden wären, wie es etwa Arturo Soria y Mata 1882 in seinem Bandstadtkonzept vorgeschlagen hatte[9]), läßt sich aus keinem der Beispiele entnehmen.

Die Energieerzeugung und -verteilung scheint für die Standortwahl der Industrie nur eine ganz untergeordnete Rolle gespielt zu haben. Zwar bildeten sich die ersten Industrien häufig ausgehend von alten Gewerbestandorten an Wasserläufen (auch in Saarbrücken scheint dies der Fall zu sein), doch hat dieser Einfluß offensichtlich nicht sehr lange angehalten. In den Beispielen der Arbeitsgruppe finden sich jedenfalls keine Anhaltspunkte dafür, daß etwa Zersplitterungserscheinungen bei der Industrie erst aufgetreten wären, nachdem mit dem Aufkommen der Elektrizität das Energieangebot verbessert wurde und sich gleichmäßig über den ganzen Stadtraum erstrecken konnte. Der Versuch der Stadt Prichsenstadt, durch die Gründung eines eigenen Elektrizitätswerks Gewerbeförderung zu betreiben, hat sich als erfolglos erwiesen.

Die entscheidende Wende, die zu einem in einzelnen Fällen geradezu explosionsartigen Wachstum der besiedelten Stadtfläche führte, ist die Motorisierung. Mit ihr wurde die Erreichbarkeit zentraler Einrichtungen so weit in das Umland der Städte hinausgeschoben, daß fast in allen Bereichen, die vom Straßennetz erfaßt wurden, Nachfrage nach Bauland entstand; eine Nachfrage, der in vielen Fällen bereitwillig nachgegeben wurde. Auch die kommunale Entwicklungspolitik machte sich die verstärkte Mobilität der Wohnbevölkerung zunutze und erschloß in großem Maßstab weitab von den Kernstädten gelegene Siedlungsgebiete, wie z. B. das Heuchelhofgebiet in Würzburg, — in den meisten Fällen ohne die Schaffung einer attraktiven und leistungsfähigen öffentlichen Nahverkehrsbedienung.

Leider ist unter den Fallstudien der Arbeitsgruppe keine aus den großen Ballungsgebieten der Bundesrepublik, die im Gegensatz zum Ruhrgebiet noch in den späten 1960er Jahren einen starken Bevölkerungszuwachs zu verzeichnen hatten, wie etwa der Rhein-Main- und Rhein-Neckar-Raum, wo die Zersiedlungstendenzen im Zuge der Motorisierung bereits ein beängstigendes Ausmaß angenommen haben.

Die Auswirkungen der Motorisierung auf das Wirtschaftswachstum und die Zentralität der Gemeinden ist uneinheitlich. Während beispielsweise in Zwettl durch die verbesserte Erreichbarkeit der Stadt die Abwanderungstendenzen im Umland abnahmen, ergaben sich in anderen Fällen ähnlich wie schon nach dem Anschluß an das Eisenbahnnetz „Absaugungs"wirkungen.

Zu wenig untersucht wurden bisher leider die Rückwirkungen der Motorisierung auf die örtliche Infrastruktur. Es gibt schon deutliche Anzeichen dafür, daß der Zwang zur sofortigen und möglichst vollständigen Ausstattung abgelegener Siedlungsgebiete mit allen Einrichtungen der Daseinsvorsorge sehr stark nachgelassen hat. Während beispielsweise bei den Zechenkolonien des Ruhrgebiets, die um die Jahrhundertwende angelegt wurden, die Ausstattung nahezu simultan mit der Wohnbebauung entstand, blieben abgelegene Wohngebiete aus den 60er Jahren unseres Jahrhunderts oft jahrelang ohne die nötige Grundversorgung. Währenddessen schossen an vielen (auto)-verkehrsgünstig gelegenen Standorten isolierte Verbrauchermärkte und andere, nicht in die Siedlungsgebiete integrierte Einrichtungen aus dem Boden.

Eine ebenfalls nur aufgrund der Motorisierung mögliche Entwicklung ist die starke Zunahme der Zweitwohnungen in landschaftlich bevorzugten Gebieten, wie sie unter anderem auch der Raum Zwettl zu verzeichnen hat.

---

[9]) Nach WACLAV OSTROWSKI: L'urbanisme contemporain, des origines à la charte d'Athènes. Paris 1968, S. 33.

Der Bau von Zweitwohnungen ist die am weitesten fortgeschrittene Form eines Wachstums, das für das Gedeihen der betroffenen Gemeinde so gut wie nichts mehr abgibt, sondern nur ihre besiedelte Fläche und ihre Aufwendungen für die Bereitstellung und Aufrechterhaltung der Infrastruktur vergrößert.

Ebenfalls noch nicht im einzelnen verfolgt wurde der Einfluß der Telekommunikation und der Massenmedien auf die Stadtstruktur. Diese Entwicklung gehört zu dem großen Bereich derjenigen Tendenzen, die die Notwendigkeit zu Kontakten, zu persönlichen Begegnungen und Besorgungen mindert und damit zu dem vielbeklagten Verlust an „Öffentlichkeit", „Urbanität" und anderen geschätzten Eigenschaften des städtischen Milieus wesentlich mehr beiträgt als alle Wandlungen architektonischer oder städtebaulicher Zielvorstellungen. Es wäre gewiß eine Untersuchung wert, wie viele Menschen täglich den öffentlichen Straßenraum einer Siedlung des frühen 19. Jahrhunderts benutzen mußten und benutzt haben im Vergleich zu einer ebenso großen und in der baulichen Struktur ähnlichen Siedlung aus unserer Zeit.

2. Strukturveränderungen durch wirtschaftliche Innovationen

Der Einfluß, den die Entwicklung der Wirtschaft, insbesondere der Industrie, auf die Stadtstruktur ausübte, läßt sich anhand unserer Beispiele nur im großen Rahmen verfolgen. Es ist unverkennbar, daß in vielen Verstädterungsräumen die Industrie die leitende Kraft der Stadtentwicklung war. Welche Auswirkungen die Tendenzen zu immer größeren und damit auch immer schwerer in das Stadtgefüge zu integrierenden Betriebseinheiten sowohl im sekundären als auch im tertiären Sektor mit sich bringt, läßt sich noch kaum beurteilen. Mit Sicherheit hat sie schwerwiegende Konsequenzen für die Möglichkeit der Revitalisierung historischer Stadtviertel.

Ebenfalls noch nicht zu überblicken ist der Einfluß der Innovationen in der Bau- und Wohnungswirtschaft, insbesondere das Aufkommen des Vorratswohnungsbaus. Wahrscheinlich wären Bauleistungen wie in Saarbrücken oder in Würzburg, wo zwischen 1867 und 1890 der Baubestand um ein Drittel erweitert wurde, ohne das Aufkommen der Terrain- und Baugesellschaften nicht möglich gewesen. Mit Sicherheit spielt in diesem Zusammenhang auch die Entwicklung des langfristigen Kredits wie überhaupt der gesamten Finanzierungstechniken eine wichtige Rolle.

3. Entwicklung des Arbeits- und Bodenmarkts

Wie stark die Stadtentwicklung vom Arbeitsmarkt abhängig war, zeigt sich an so unterschiedlichen Beispielen wie Würzburg und Prichsenstadt. Daß sich Zahl und Größe der Industriebetriebe in Würzburg anfänglich in recht bescheidenen Grenzen hielt, ist unter anderem dem Umstand zuzuschreiben, daß im Frühstadium der Industrialisierung die Beschaffung von Arbeitskräften recht schwierig war. Die Fabrikanten konnten zunächst mit den relativ hohen von der Landwirtschaft — insbesondere dem Weinbau — erwirtschafteten und bezahlten Löhnen nicht konkurrieren. Der starke Aufschwung der Industrie im letzten Drittel des 19. Jahrhunderts dürfte in engem Zusammenhang mit dem steilen Anstieg des Arbeitskraftangebotes im Zuge starker Einwanderung stehen.

Prichsenstadt unterlag in der Konkurrenz mit den umliegenden Städten nicht, weil es im Gegensatz zu diesen keinerlei Behörden beherbergte, sondern weil das Arbeitsplatzangebot in den „Konkurrenz"-städten mit ihrer wachsenden Bevölkerungszahl und Mobilität wesentlich größer, differenzierter und attraktiver war als in Prichsenstadt, das in dieser Beziehung trotz Bahnanschluß nichts zu bieten hatte.

Von ähnlich großer Bedeutung wie der Arbeitsmarkt war für die Stadtentwicklung auch der Baubodenmarkt. Er wirkte sich allerdings weniger auf das absolute Wachstum der Städte aus als auf die Veränderung der Stadtstruktur im einzelnen. Die manchmal schwer verständliche Plazierung öffentlicher Einrichtungen, die Lage und Verteilung von Individualbaugebieten und Gebieten des „Vorratswohnungsbaus", die besonders starken Zersiedlungstendenzen im Realteilungsgebiet und viele andere Details der Strukturentwicklung werden nur im Blick auf den Bodenmarkt verständlich.

In Castrop-Rauxel bot die Aufsiedlungsperiode nach dem Zweiten Weltkrieg, die sich schon innerhalb der neuen kommunalen Grenzen vollzog, eine echte Chance, Nord- und Südstadt baulich miteinander zu verbinden und damit die Zweipoligkeit der bisherigen Siedlungsstruktur zu überwinden. Die Zufälligkeiten des Baubodenmarktes führten jedoch dazu, daß nur ein kleiner Teil der neuen Wohnbebauung in der Mittelzone errichtet wurde und dazu noch in aufgelockerter niedriger Bauweise, während an den äußeren Rändern der Nord- und Südstadt dichtere Wohnsiedlungen entstanden. Da die Stadt über keinen nennenswerten Bodenvorrat verfügte, fehlte ihr jegliche Möglichkeit, private Investitionen für den Wohnungsbau im Sinne des angestrebten Integrationszieles zu steuern.

4. Strukturveränderungen durch Wandel der Verhaltensweisen und Ansprüche

Welchen Einfluß der kultursoziale Wandel auf die Entwicklung der Stadtstruktur genommen hat, läßt sich im engen Rahmen weniger Fallstudien kaum ergründen, zumal in der Regel keine direkten, sondern nur mittelbare Wechselbeziehungen bestehen. So hat der immer stärkere Trend zum reinen 2-Generationen-Haushalt erst auf dem Weg über eine Nivellierung des Wohnungsgemenges die Struktur und Gestalt der Stadt beeinflußt, die wachsende Freizeit auf dem Umweg über ein erhöhtes Verkehrsbedürfnis, steigende Ansprüche an Breite und Tiefe der Warensortimente und an die Perfektion von Dienstleistungen über den Rückgang der örtlichen Versorgung und so weiter. Erstaunlich ist in diesem Zusammenhang vor allem, wie gleichgültig die Gesellschaft sich weithin gegenüber Verlusten an urbanen, kulturellen und atmosphärischen Werten verhalten hat, die im Zuge der modernen Wirtschafts- und Stadtentwicklung auftraten.

5. Strukturveränderungen durch Umbau der Verwaltung und Gebietsreform

Versucht man, eine Quintessenz aus den Ergebnissen der Bildung neuer Stadträume und der Neuverteilung von hoheitlichen Aufgaben und Zuständigkeiten zu ziehen, so drängt sich vor allem der Eindruck auf, daß die Veränderung von Grenzen als solche kein Universalwerkzeug zur Überwindung struktureller Mißstände oder zur Verbesserung der räumlichen Ordnung darstellt. Viel vermag sie da, wo sich im Zuge von Wachstumsvorgängen das Beziehungsgefüge schon geändert und bestehende Grenzen überspielt hat, wenig dagegen in Räumen ohne Dynamik, wenn mit der Grenzänderung keine sonstigen Impulse verknüpft sind.

6. Strukturveränderungen durch Umgestaltung des Planungs-, Bau- und Bodenrechts

Der Einfluß von Innovationen im Planungs-, Bau- und Bodenrecht auf die Entwicklung der Städte und die Veränderungen in ihrer Struktur konnten im Rahmen der Fallstudien des Arbeitskreises, wie viele andere Fragen, nicht systematisch untersucht werden.

Immerhin gibt die Anmerkung über die Auswirkungen des preußischen Ansiedlungsgesetzes von 1876 in Castrop-Rauxel Anlaß zu einigen Überlegungen. Dieses auch nach heutigen Begriffen außerordentlich fortschrittliche Gesetz, das es erlaubte, die Baugenehmigung für Kolonien solange zu verweigern, bis der dadurch zu erwartende zusätzliche Aufwand für die Gemeinde geregelt war, kam deshalb nicht voll zur Wirkung, weil die kleinen Gemeinden nicht in der Lage und in vielen Fällen auch nicht willens waren, eine unnachgiebige Position zu beziehen. Hier zeigt sich, daß Gesetze mit „Werkzeugcharakter" nicht weiter reichen als der politische Konsens bzw. der Einfluß der Körperschaft, die sich ihrer bedient. Wenn die Zielvorstellungen, zu deren Durchsetzung das Gesetz beitragen soll, in jedem Einzelfall gegen widerstreitende Interessen politisch verteidigt werden müssen, so bleibt die Auswirkung auch hervorragend durchdachter Gesetzeshandhaben gering. Wesentlich wirkungsvoller dürften Bestimmungen sein, die — wie z. B. die Bauordnungen — automatisch auf jeden einzelnen Interessenten wirken. In Parenthese sei vermerkt, daß selbst in diesem Bereich des öffentlichen Rechts für Zielabweichungen zugunsten von Einzelinteressen durch die zahlreichen Befreiungsmöglichkeiten weiter Raum gelassen ist.

In der Durchdringung der Wechselbeziehungen zwischen raumbedeutsamem Recht und räumlicher Entwicklung dürfte eines der interessantesten und für die Zukunft der Stadtentwicklung bedeutsamsten Arbeitsfelder der historischen Raumforschung liegen.

7. Strukturveränderungen durch Raumplanung

Ähnliches wie für die Beziehungen zwischen räumlicher Entwicklung und raumrelevantem Recht gilt für das Wechselverhältnis zwischen Plänen und Planfertigern auf der einen Seite und der realen Entwicklung auf der anderen. In den Diskussionen um das Für und Wider bestimmter Plankategorien, um Zuständigkeiten und Arbeitsweise planender Instanzen fehlen bisher die mit historischen Erkenntnissen belegten Argumente so gut wie ganz — mehr als 100 Jahre nach der Verabschiedung der ersten Generalbebauungspläne[10]) ein erstaunliches Phänomen.

In diesem Zusammenhang wäre beispielsweise zu fragen, welche Gründe dazu geführt haben, daß der unmittelbar nach dem Ende des Zweiten Weltkrieges von Pingusson für Saarbrücken konzipierte Leitplan fast ohne Wirkung blieb. Es liegt nahe, zu vermuten, daß das äußerst eigenwillige Planwerk wie alle Pläne, die ohne Rücksicht auf die wirtschaftlichen Realitäten und ohne Ergänzung durch ein finanzielles und wirtschaftspolitisches Instrumentarium konzipiert sind, allenfalls die eine oder andere spektakuläre Einzelaktion auslösen können, in der Regel aber ohne nachhaltige Prägewirkung bleiben.

Gleichzeitig macht das Beispiel Saarbrücken aber auch deutlich, daß ein Leitplan, der vom Konsens aller Kräfte in der Verwaltung getragen ist, sehr lange weiterwirken kann. Wie Erfahrungen aus der jüngeren Vergangenheit zeigen, überdauert die Wirkung auch unverbindlicher Leitpläne selbst wichtige Änderungen der öffentlichen Meinung.

8. Strukturveränderungen durch Wandel raumbezogener Zielvorstellungen

Ebenso ergiebig wie die Beschäftigung mit der Geschichte der Pläne selbst, in denen räumliche Zielvorstellungen für einen bestimmten Raum explizit gemacht sind, wäre die Auseinandersetzung mit der Frage, wie sich das Aufkommen und der Wandel raumbezogener Zielvorstellungen, Utopien und Modelle auf die Stadtentwicklung ausgewirkt

---

[10]) So zum Beispiel der von James Hobrecht 1958—62 gefertigte Generalbebauungsplan für Berlin.

hat. Welchen Einfluß hatte beispielsweise die Kleinsiedlungs- und Heimstättenbewegung? Wie wirkten sich die Dezentralisierungsbestrebungen mit den aus ihnen entstandenen Trabanten und Satellitenkonzepten aus, wie die Durchgrünungs- und Auflockerungsbestrebungen im Zuge der Reaktion auf die gründerzeitlichen „Steinwüsten"? Die Fallstudien der Arbeitsgruppe geben auch für die Antwort auf die hier gestellten Fragen nur einzelne Anhaltspunkte von begrenztem Aussagewert.

Nach dem Planbild der Beispielstädte (Würzburg, Saarbrücken) zu urteilen, hat der Gartenstadtgedanke bei der Entwicklung zwischen der Jahrhundertwende und dem Ersten Weltkrieg eine wichtige, wenn auch mittelbare Rolle gespielt. Straßenführung und Bauweise einiger Quartiere zeigen, daß der Gartenstadtgedanke sozusagen „in kleiner Münze" in Umlauf kam.

Es gab zahlreiche Stadterweiterungsvorhaben, die unter der Bezeichnung Gartenstadt verfolgt wurden. Bei fast allen Projekten, deren Initiatoren sich auf die Gartenstadtidee oder Gartenvorstadt verfolgt wurden. Bei fast allen Projekten, deren Initiatoren sich auf die Gartenstadtidee beriefen oder der deutschen Gartenstadtgesellschaft verbunden waren, wurden jedoch nur einige Punkte aus dem Gesamtkonzept übernommen, nämlich der Bau auf zentrumsfernem und daher billigem Bauboden und das Vorherrschen des Einfamilienhauses. Alle anderen Gedanken, wie z. B. derjenige der Autarkie durch das Vorhandensein eigener Arbeitsplätze, die Vergabe der Grundstücke ausschließlich in Erbpacht und das Erreichen einer Größenordnung, die ein vollständiges Angebot an Gemeinbedarfseinrichtungen möglich machte, wurden vernachlässigt.

Ähnliche partielle Wirkungen wie der Gartenstadtgedanke hatten auch die Bestrebungen zur Schaffung von Trabanten- oder Satellitenstädten, die nur in seltenen Ausnahmefällen zum Entstehen von Wohnsiedlungen führten, die wirklich städtische Züge aufzuweisen haben. Bemerkenswert ist allerdings, daß sich die planerischen Bestrebungen zur Schaffung möglichst abgerundet, im Stadtgefüge ablesbarer „Einheiten", die sich in den 50er Jahren zu dem geschlossenen Konzept der „gegliederten und aufgelockerten Stadt"[11]) verdichtet hatten, nahezu in jeder Stadt ihre Spuren hinterlassen haben. Ansätze in dieser Richtung fehlen eigentlich nur dort, wo sie aufgrund der minimalen Größe der Stadt oder wegen allzu geringer Wachstumskräfte von vornherein gegenstandslos waren.

Ein Prinzip, das mit bemerkenswerter Kontinuität durch alle Epochen der Stadtentwicklung verfochten wurde, nämlich eine aktive kommunale Bodenpolitik, die geeignet ist, Baulandbeschaffung und Infrastrukturausstattung von den Zufälligkeiten des Grundstücksangebots unabhängig zu machen, hat sich leider in der Realität nicht durchgesetzt, obwohl es als Zielvorstellung nie aufgegeben wurde. Zwar stieg der kommunale Grundbesitz aufgrund der wachsenden Ansprüche an Gemeinbedarfs- und Gemeingebrauchsflächen kontinuierlich an, die Verfügungsmasse an disponiblen Grundstücken, die den Städten zur Verfügung steht, nahm jedoch im Gegensatz dazu eher ab. Großzügige Vorratskäufe der Gebietskörperschaften allein zu dem Zweck, die Verfügungsmasse zu vergrößern, also ohne Vorliegen einer festen Zweckbestimmung zum Zeitpunkt des Ankaufs, konnten von den Städten offensichtlich so gut wie überhaupt nicht mehr getätigt werden.

---

[11]) JOHANNES GÖDERITZ/ROLAND RAINER und HUBERT HOFFMANN: Die gegliederte und aufgelockerte Stadt. Archiv für Städtebau und Landesplanung, Band IV, Tübingen 1957.

IV. Zusammenfassung

Die Fallstudien des Arbeitskreises bestätigen auf eindrucksvolle Weise, wie stark das Schicksal unserer Städte bis in die Gegenwart hinein von Voraussetzungen beeinflußt wird, die schon in der Zeit vor der Industrialisierung und Urbanisierung geschaffen wurden. Und sie zeigen auch, daß nur dort, wo durch vorhandene Kerne bzw. Siedlungsschwerpunkte gewisse zentrepetale Kräfte angelegt waren, die Stadtbildung und das Stadtwachstum „erfolgreich" verliefen; erfolgreich im Sinne der Integration aller Wohnplätze, Arbeitsstätten und zentralen Einrichtungen in ein zusammenhängend wirkendes und als zusammenhängend empfundenes Siedlungsgebilde mit städtischen Zügen in Struktur und Gestalt. Die Fallstudien machen weiter deutlich, daß weder die Industrialisierung, noch der Umgriff der kommunalen Grenzen, noch die Zuweisung hoheitlicher Aufgaben, noch das Vorhalten zentraler Einrichtungen als *Einzel*gesichtspunkt für das Schicksal einer Stadt von ausschlaggebender Bedeutung sind, sondern daß das *Zusammentreffen* und Zusammenhalten der wachstums- und integrationsfördernden Faktoren über das Schicksal der Stadt und ihrer Region entscheidet.

Die Entwicklung der Stadtstruktur im einzelnen gibt unabhängig von den sehr unterschiedlich betrachteten Stadttypen Anlaß zu Sorge. Sieht man die Erhaltung wichtiger typisch städtischer Ausprägungen von Umweltqualität als Ziel an — wie zum Beispiel das unmittelbare „Verfügenkönnen" über Einrichtungen und Dienste, und die Erreichbarkeit des Arbeitsplatzes ohne Zuhilfenahme des Automobils, Unverwechselbarkeit in der Physiognomie der Stadt und des einzelnen Stadtviertels, eine gewisse Kontakt- und Beziehungsdichte, Vielfalt und Auswahlmöglichkeiten im Angebot an Waren und Leistungen —, so müßte den Ausuferungs- und Streuungstendenzen, die ebenso wie ein guter Teil der steigenden Flächenansprüche mindestens mittelbar mit der Motorisierung zusammenhängen, energisch entgegengetreten werden, und es müßten neue Wege für eine engere und dennoch störungsfreie Zuordnung von Wohnungen, Arbeitsplätzen, Erholungs- und sonstigen Gemeinbedarfseinrichtungen gefunden werden.

Nürnberg

– Kriminalgeographie einer Großstadt –

Ein Überblick

von

Heinrich Helldörfer, Nürnberg

I. Vorwort

Die Kriminalität ist ein Teil des gesellschaftlichen Lebens, ständig verbunden mit den mannigfaltigen Lebensvorgängen, deren Strukturwandlungen sie unterliegt. Umfang, Struktur und Entwicklung der Kriminalität in der Bundesrepublik weisen daher starke regionale Unterschiede auf[1]. Vieles deutet darauf hin, daß sich in bestimmten abgrenzbaren Räumen ein spezifisches, innerhalb dieser Begrenzung pulsierendes Verbrechensgeflecht eigener Art entwickelt, das sich von dem anderer Räume in der Ausdehnung, in Zusammensetzung und Charakter wesentlich unterscheidet.

II. Begriff, Gegenstand und Ziel der Kriminalgeographie

v. Hentig[2], der den Begriff „Kriminalitätsgeographie" verwendet, versteht darunter die Beziehungen, die sich zwischen der Kriminalität einerseits und Klima, Boden, Landschaft, Geschichte, Wirtschaftsgeschehen und Bevölkerungsbewegungen andererseits ergeben.

Mergen[3] faßt den Begriff weit enger; danach beschäftigt sich die „Kriminalitätsgeographie mit der räumlichen Verteilung der Kriminalität auf der Welt, in den verschiedenen Völkern und innerhalb dieser Völker" mit den „verschiedenen gewählten Milieus, der Kriminalität in Stadt- und Landgebieten, in Elendsvierteln, Grenzgebieten usw."

Herold[4] grenzt sich von den bisherigen Beschreibungen ab und verwendet den teils weitergehenden, teils engeren Begriff der „Kriminalgeographie" (wie Hellmer) und nimmt als Ausgangspunkt seiner Betrachtungen nicht den Täter oder die Tätergruppe, sondern den *Raum*, d. h. die besondere strukturelle und funktionelle Besonderheit einer geographischen Fläche von beliebiger Größe. Diesem hier gewählten engeren Raumbegriff entsprechend sollen nur die Deliktsarten zum Raum in Beziehung gesetzt werden, die sich an öffentlich zugängigen Orten ereignen. Ferner die räumlichen Eigenschaften, welche

---

[1] Siehe hierzu Hellmer: Kriminalitätsatlas der Bundesrepublik Deutschland und West-Berlins — Ein Beitrag zur Kriminalgeographie. — Schriftenreihe des Bundeskriminalamtes 1972/1—3.
[2] v. Hentig: Das Verbrechen I, S. 212.
[3] Mergen: Die Kriminologie, S. 207 ff.
[4] Herold: Kriminalgeographie — Ermittlung und Untersuchung der Beziehungen zwischen Raum und Kriminalität. In: Grundlagen der Kriminalstatistik, Band 4.

die Wohnsitznahme durch Kriminelle bestimmen und die Tätermobilität. Ziel der von HEROLD verstandenen Kriminalgeographie ist, die effektive örtliche und zeitliche Belastung eines Raumes durch raumbezogene Delikte und Täterwohnsitze sowie die Mobilität des Täters zwischen verschiedenen Räumen statistisch zu erfassen und kartographisch darzustellen.

Nach HELLMER[5]) ist die Kriminalgeographie die Wissenschaft von der regionalen Verteilung der Kriminalität und der Kriminalitätsfaktoren und von den regionalen Unterschieden in der Kriminalitätsbekämpfung.

Gegenstand der Kriminalgeographie (s. HELLMER) sind also:

a) Umfang und Struktur der Kriminalität (nach Delikten, Begehungsarten, Begehungszeiten, Tätergruppen usw.) und die Wandlung bzw. Entwicklung der Kriminalität in einem abgegrenzten geographischen Bereich.

b) Faktoren der örtlichen Kriminalitätsbildung, Zusammenhänge mit natürlichen, psychologischen, sozialen, wirtschaftlichen und kulturellen Fakten.

c) Daten über die Bekämpfung der Kriminalität in bestimmten geographischen Bereichen. Dazu gehören Daten über jede Art von gezielten Maßnahmen, also soziale, wirtschaftliche, kulturelle Sanierung, bisherige Kriminalpolitik, Polizeiorganisation, Polizeieinsatz, Gerichtswesen, jedwede Strafverfolgung einschließlich Erfolgs- und Mißerfolgsdaten, also Dunkelziffer, Aufklärungsquote, Kriminalitätsbelastungsziffer, Verurteilungsziffer, Daten über die Justizpraxis, die Häftlingsrate, Rückfallquote.

Auf die Größe der Region kommt es nicht an. Es kann sich um kleine geographische Bereiche (Städte, Stadtteile, Wohnblöcke, Gebirgstäler, Dörfer usw.) handeln wie um große (Provinzen, Länder, Erdteile).

Ziel der von HELLMER beschriebenen Kriminalgeographie ist es, durch ein möglichst exaktes Bild der Kriminalitätsverteilung Aufschlüsse über Schwerpunkte der Kriminalitätsbildung und damit über mögliche Ursachen der Kriminalität als Massenerscheinung sowie über die Wirkung von Bekämpfungsmaßnahmen zu erhalten. Eine klare Definition der Kriminalgeographie fehlt also noch.

III. Das Verdichtungsgebiet Nürnberg–Fürth–Erlangen

Die großen Städte sind heute überwiegend die Kernstädte größerer verdichteter Gebiete. Die Verdichtungsgebiete haben, ausgehend von den Kernstädten, die Stadtgrenzen längst überschritten. In den Kernstädten, in manchen nimmt sogar die Wohnbevölkerung ab, bilden sich immer mehr Geschäftsgebiete mit einer hohen Konzentration von Arbeitsstätten, aber einer abnehmenden Zahl von Wohnungen heraus. Die Gebiete, die überwiegend oder ganz dem Wohnen dienen, schieben sich immer weiter über die Gemeindegrenzen der Kernstadt hinaus. Die Gemeinden im Umland der Kernstadt werden vom Verdichtungsprozeß erfaßt.

Eines dieser Verdichtungsgebiete mit Nürnberg als Kernstadt ist der Raum Nürnberg—Fürth—Erlangen[6]). Es umfaßt die kreisfreien Städte Erlangen, Fürth, Nürnberg und Schwabach sowie die Landkreise Erlangen, Fürth, Lauf a. d. Pegnitz, Nürnberg und Schwabach. Die Einwohnerzahl betrug zum 31. 12. 1969 rund 1 002 000 und wird sich

---

[5]) HELLMER, a. a. O., S. 13.
[6]) Siehe hierzu „Ein Programm für Bayern — II", herausgegeben vom Bayer. Staatsministerium für Wirtschaft u. Verkehr, Oktober 1970.

im Jahre 1990 auf rund 1 133 000 Menschen belaufen. Die Städte Nürnberg, Fürth, Erlangen und Schwabach bilden nicht nur die wirtschaftlichen Schwerpunkte, auch die Wohnbevölkerung konzentriert sich im wesentlichen auf die vier Städte, wobei die Stadt Nürnberg 48 % der Gesamtbevölkerung des Verdichtungsgebietes stellt.

Es sollen daher eingangs an Hand einiger Beispiele die Kriminalitätsverflechtungen der Kernstadt Nürnberg mit dem umliegenden Verdichtungsgebiet aufgezeigt werden.

1. Die Kriminalitätsverflechtungen Nürnbergs mit dem Verdichtungsgebiet

Hier können qualitative und quantitative Aussagen durch die Erfassung der Tätermobilität gewonnen werden. Diese Mobilität ist massenstatistisch meßbar aus der Summe der überörtlich tätig gewordenen Straftäter. Dabei ist zu berücksichtigen, daß zu dieser Messung nur die Zahl der aufgeklärten Straftaten herangezogen werden kann. Der Maximalwert wäre nur spekulativ zu bestimmen, weil die Zahl der überörtlich tätig gewordenen Kriminellen unter den unaufgeklärt gebliebenen Straftaten nicht bekannt ist.

Überörtlich tätig gewordene Straftäter im Sinne der vorliegenden Untersuchung sind:
— Einstromtäter = Täterzustrom = Zustrom auswärtiger Täter in ein polizeiliches Zuständigkeitsgebiet, in dem sie dann strafbare Handlungen begehen.
— Ausstromtäter = Täterausstrom = Ausströmen der Täter aus diesem Zuständigkeitsbereich, in dem sie ihren Wohnsitz haben und Tätigwerden außerhalb desselben.

a) Tätermobilität

Die Untersuchung der Tätermobilität umfaßt den Zeitraum vom 1. 5. 1970 bis 31. 12. 1972 = 31 Monate. Die Gesamtzahl der in die Auswertung einbezogenen Täter beträgt 33 137. Eine zweifellos repräsentative Masse.

b) Der Einstrom in das Stadtgebiet Nürnberg

Nürnberg hatte schon immer eine hohe Quote Straftäter mit auswärtigem Wohnsitz.

1967	35,8 %,	1970	36,0 %,
1968	34,3 %,	1971	36,7 %,
1969	37,1 %,	1972	33,7 %.

Es ergibt sich folgende Aufschlüsselung:

Täter aus Umkreis bis 50 km	4 638
Täter aus Umkreis 50 bis 100 km	737
Gesamttäter aus Umkreis bis 100 km	5 375
Täter mit Wohnsitz über 100 km Entfernung	1 231
Täter mit Wohnsitz im Ausland	184

Einen Überblick über den Tätereinstrom zeigt die Wohnsitzzonenrosette (Abb. 1. Die Abb. 1—10 befinden sich am Schluß dieses Beitrages). Ihr kann entnommen werden, wie viele in Nürnberg tätig gewordenen Straftäter, die aus einem Umkreis bis zu 100 km kamen, wo sie ihren Wohnsitz hatten. Die Fußleiste erläutert die Zahl der Einstromtäter nach Entfernungen.

Die prozentuale Aufschlüsselung der Täter mit Tatort Nürnberg erläutert Abb. 2. Bemerkenswert ist der hohe Anteil der Personen, die zum Zeitpunkt des Aufgriffs ohne festen Wohnsitz waren.

c) Der Ausstrom aus dem Stadtgebiet Nürnberg

In einem Bereich bis 50 km Umkreis	765
In einem Bereich von 50 bis 100 km Umkreis	168
Gesamtausstrom bis Umkreis 100 km	933

Siehe hierzu Abb. 3. Der Ausstrom nimmt ab 20 km Entfernung langsam ab.

d) Der Kriminalitätsballungsraum

Die Berechnungen weisen aus, daß sich Täterein- und Ausstrom um das Stadtgebiet Nürnberg verdichten und mit zunehmender Entfernung abnehmen. Die Gegenüberstellung in Abb. 4 verdeutlicht die Bewegungen und die Ballung.

Die Aufgliederung des Täterzustroms nach der Entfernung seiner Herkunft läßt bei der Linie von 30 km eine deutliche Zäsur erkennen. In diesem Umkreis (einschließlich des Stadtgebietes Nürnberg) sind 77,1 % aller Straftäter beheimatet; für die weitere Zone bis 100 km Umkreis fällt der Anteil auf 4,4 % ab.

Der Täterausstrom zeigt ähnliche Tendenzen. 64,9 % der auswärts „arbeitenden" Täter blieb im 30 km Raum. 35,1 % überschritt diese Grenze und bewegte sich im Gebiet bis zu 100 km Entfernung.

Die Grenzlinie, ab der die Massierung des Täterzustroms und Täterausstroms deutlich abfällt, liegt bei der 30-km-Linie. Damit liegt die Grenze etwa dort, wo die Raumforschung die Grenzlinie des Verdichtungsgebietes Nürnberg—Fürth—Erlangen ermittelt hat. Dies zeigt Abb. 5. Die Kreise deuten die Kriminalitätsdichtezonen an. Das Verdichtungsgebiet ist somit auch Kriminalitätsballungsraum mit einem Radius von 15 km.

Wirtschaftliche und kulturelle Konzentrationen, Unpersönlichkeit und Anonymität machen die Großstadt verbrechensattraktiv. Dieser kriminelle Anreiz wirkt sich auch auf ihren Nahbereich (Region) aus. Die Täterbewegung ist, wie dargestellt, eindeutig nach diesem Zentrum ausgerichtet. Die Polizei der Kernstadt hat zu einem Großteil die kriminelle Last des Umlandes zu tragen.

Die großen Grundlinien der räumlichen Entwicklung mit all ihren sozialen und wirtschaftlichen Voraussetzungen beeinflussen erkennbar auch das Kriminalitätsgeschehen. Bisherige Kriminalitätsbeziehungen und -verbindungen werden sich ändern, neue Verflechtungen sich auftun. Die Polizei wird diese Entwicklungen in ihre Planungen und Entscheidungen einzubeziehen haben.

IV. Das Kriminalitätsgeschehen in Nürnberg

Das Stadtgebiet Nürnberg umfaßt 17 639 ha. Die Einwohnerzahl betrug zum 31. 12. 1972 514 681; darunter 47 679 Ausländer.

Die Zahl der Tageseinpendler beträgt etwa 95 200, die der Tagesauspendler etwa 14 500. Straßennetz (zum 31. 12. 1970 — ohne Eingemeindung) 777 km; registrierte Kraftfahrzeuge (zum 31. 12. 1972 — ohne Eingemeindung) 152 224.

Die Stadt bietet kein unveränderliches Bild der Kriminalität. Es gibt Zonen konstanter und variabler Verbrechensdichte sowie örtliche, zeitliche und deliktische Verbrechensschwerpunkte.

1. Kriminalitätsdichte und City-Bereich

Der in Abb. 6 dargestellten Karte der Kriminalitätsdichte in Nürnberg liegt ein Beobachtungszeitraum von 12 Monaten (Jahr 1972) zugrunde. Hierzu wurden nur die Deliktarten ausgewertet, die in einer Beziehung zum Raum stehen (von 21 583 Straftaten: 6615), d. h. sich an öffentlich zugängigen Orten ereignen. Denn durch einen Polizeieinsatz können nur raumbezogene Delikte vorbeugend bekämpft werden. Betrug, Urkundenfälschung, Ladendiebstahl, Beischlafdiebstahl und ähnliche Deliktsarten vermag die Polizei einsatzmäßig nicht vorzubeugen.

In die Kriminalitätsdichtekarte eingezeichnet ist die in der „vergleichenden City-Studie" für Nürnberg erarbeitete City-Abgrenzung[7]) (Kern- und Randgebiet).

Die Kriminalitätsdichte erreicht innerhalb der City und in einem bestimmten angrenzenden Bereich — der durch weitere Untersuchungen ohne Schwierigkeiten präzisiert werden kann — ihre Höchstwerte. In dieser Dichtezone werden, wie aus Einzeluntersuchungen hervorgeht, vermehrt Diebstähle aus Kraftfahrzeugen und Raubüberfälle begangen, zum Teil auch Diebstähle aus Automaten und Geschäftseinbrüche.

Die City-Funktionen massieren erkennbar die Kriminalitätsdichte. Sie machen die City verbrechensattraktiv und lösen dadurch einen Täterzustrom aus.

2. Tatzeitbelastung

Die Beobachtung raumbezogener Delikte hinsichtlich ihrer Verübungszeiten erläutert Abb. 7. Die Fixierung der Tatzeit ist für die Mehrzahl dieser Fälle nur innerhalb größerer Zeiträume möglich, da Tatzeit und Entdeckungszeit nicht identisch sind.

Von den 6615 raumbezogenen Delikten wurden verübt

in der Zeit von 07—11 Uhr   253,
in der Zeit von 14—18 Uhr   676,
in der Zeit von 20—04 Uhr   3 443.

Bei einem Vergleich mit der Dichtekarte (Abb. 6) wird deutlich, daß die Kriminalitätsdichtezone ihre stärkste Tatzeitbelastung während der Nachtzeit (20.00—04.00 Uhr) hat.

3. Entwicklung in einer Trabantenstadt

Wie in anderen Großstädten, so wuchs nach 1945 auch in Nürnberg eine Trabantenstadt heran.

Auf einer Gesamtfläche von 1319 Hektar wurden bis Oktober 1968 (neuere Zahlen liegen nicht vor) 1629 Wohngebäude errichtet. Baualter 1949 und jünger. Die Entwicklung der Wohnbevölkerung:

1961	10 060 Einwohner,
1969	28 464 Einwohner,
1970	29 505 Einwohner,
1971	32 150 Einwohner,
1972	35 355 Einwohner.

---

[7]) „Vergleichende City-Studie", Institut für angewandte Sozialwissenschaft, Bad Godesberg 1966. —
City = der Teil der Innenstadt, der die zentralen wirtschaftlichen, administrativen und kulturellen Funktionen einer Stadtregion in sich vereinigt.
Die „vergleichende City-Studie" ermittelt die Dichtewerte der Deskriptoren vorwiegend auf der Basis eines modifizierten Koordinatennetzsystems, während die Feststellungen zur Kriminalitätsdichte auf dem Planviereckssystem beruhen. Dadurch und durch die Zielsetzung der Studie, die sich auf die Bestimmung des City-Begriffs konzentriert, wird die Vergleichsfähigkeit mit den Feststellungen zur Kriminalitätsdichte, Tatzeitbelastung usw. erheblich erschwert.

Unverkennbar ist die Tendenz zur Bildung eines bestimmten Kriminalitätsraumes in Parallele zur Agglomeration von Bevölkerung und Wirtschaft in diesem Bereich.

Dort wurden verübt

im zweiten Halbjahr 1968	215 Delikte,
im Jahr 1969	584 Delikte,
im Jahr 1970	975 Delikte,
im Jahr 1971	1 002 Delikte,
im Jahr 1972	973 Delikte.

Die Einzeldarstellungen der Abb. 8, die sich auf alle dort verübten Straftaten stützen, machen die Entwicklung deutlich. Auch bei der Jahresübersicht der Präventivdelikte (Abb. 6) kristallisiert sich die Trabantenstadt (im Südosten) als neu entstandener abgrenzbarer Kriminalitätsraum heraus.

Interessant ist in diesem Zusammenhang die Untersuchung der Täterwohnungen mit Tatort Trabantenstadt (bezogen auf alle Delikte). Es ergeben sich für

1969	144 Täterwohnungen,
1970	322 Täterwohnungen,
1971	337 Täterwohnungen,
1972	339 Täterwohnungen.

Es fällt auf, daß die Mehrzahl der Täter, die in der Trabantenstadt Straftaten verübten, in diesem Wohnbereich auch ansässig sind.

Die Entwicklung der Täterwohnsitzdichte mit Tatort Trabantenstadt zeigen die Einzeldarstellungen in Abb. 9.

Beachtenswert und etwas ungewöhnlich ist der sprunghafte Anstieg von 164 Tätern im Jahre 1969 auf 322 im Jahre 1970.

Die Aufhellung dieses Phänomens ist, zumindest für einen Teilbereich, möglich.

Mit der Eröffnung eines großen Einkaufszentrums in der Trabantenstadt im Oktober 1969 boten sich auch neue Diebstahlsmöglichkeiten. Nicht ohne Folgen, wie die Zahlen offenbaren.

	1969	1970
Ladendiebe mit Tatort Trabantenstadt	10	68
davon mit Wohnsitz in Trabantenstadt	9	54
mit Wohnsitz im übrigen Stadtgebiet	1	14

Hiernach wäre das Einkaufszentrum der Trabantenstadt für etliche Bewohner zu einem kriminogenen Faktor geworden. Unbekannt bleibt allerdings, ob diese Täter nicht schon bisher in den Kaufhäusern des übrigen Stadtgebietes Diebstähle verübten, nunmehr aber das nähergelegene Angebot annahmen.

V. Sonstige Darstellungen

Für den Bereich des Stadtgebietes Nürnberg können viele kriminalgeographische Dokumentationen erstellt werden. Die beliebig wählbare Verknüpfung der Messwerte gestattet, mit Hilfe der Datenverarbeitung, die Aufbereitung von Dichtebildern der Gesamtkriminalität, von Deliktsgruppen und Einzeldelikten, von Täterwohnungen usw., auch unter Berücksichtigung bestimmter Zeiten oder geographischer Räume. (Der vorgeschriebene Umfang des Manuskripts läßt weitere Darstellungen leider nicht zu).

Es wird auf Abb. 10 verwiesen, die die Straftat „Unzucht mit Kindern" auswertet und die Verteilung der Tatorte im Stadtgebiet darstellt. Von den 462 Delikten wurden 264 (= 62 %) in Gebäuden oder geschlossenen Räumen verübt, der Rest außerhalb. Es wären also, unter Vorbehalt gesagt, nur 38 % dieser Straftaten bei polizeilicher Präsenz verhütbar gewesen. Jedoch bietet die Streuung der Tatorte, sie sind, ohne eindeutige Schwerpunkte erkennen zu lassen, über das ganze Stadtgebiet verteilt, keine deutlichen Ansatzpunkte für einen gezielten Polizeieinsatz[8]).

Angesichts der hohen Zahl ausländischer Arbeitnehmer in der Bundesrepublik ist es für Großstadtpolizeien auch von Bedeutung, über die Wohnsitznahme dieser Personen im Stadtgebiet informiert zu sein, um Slum- oder Ghettobildungen, deren üble Folgen bekannt sind, frühzeitig zu erkennen, gleichermaßen auch das Straftaten- und Täteraufkommen aus diesen Bereichen.

Entsprechende Untersuchungen für einige Distrikte des Stadtgebietes Nürnberg brachte folgende Ergebnisse:

Stadtteil 0 (= Gebiet innerhalb der Stadtmauer)
Wohnbevölkerung zum 31. 12. 71   19 262
in diesem Stadtteil wohnende Türken
aller Altersgruppen zum 1. 5. 1973   1 650
deren Anteil an der Wohnbevölkerung   8,5 %
Baualter der Wohnungen: vorwiegend nach 1949

Distrikt 220—224
Wohnbevölkerung zum 31. 12. 1971   10 203
in diesen Distrikten wohnende Ausländer
aller Nationalitäten zum 1. 5. 1973   1 967
deren Anteil an der Wohnbevölkerung   19,27 %
Baualter der Wohnungen: vorwiegend bis 1900,
                       teilweise 1901 bis 1918

In diesen fünf Stadtdistrikten mit vorwiegend Altbauwohnungen beträgt der ausländische Bevölkerungsanteil nahezu 20 %, überwiegend Griechen, dann Türken, Italiener, Jugoslawen und Spanier.

VI. Zusammenfassung

Diese Zahlen bedürfen selbstverständlich der notwendigen Ergänzung durch Feststellungen über die Art des Tat- und Täteraufkommens aus diesen Nationalitäten usw.

Mit Hilfe der Kriminalgeographie können, wie dargestellt, Kriminalitätsbeziehungen zwischen verschiedenen Räumen aufgedeckt werden. Ebenso ist, durch Erforschung der Kriminalität in ihrer örtlichen und zeitlichen Verteilung, Eigenart und Entwicklung, die Feststellung von Schwerpunkten und die Lokalisation kriminogener Faktoren möglich. Da Kriminalität als soziale Erscheinung mit einer Vielzahl soziologischer, wirtschaftlicher und kultureller Prozesse zusammenhängt, ist, um eine unmittelbare Aussagekraft für die Auslösung des Tatgeschehens zu erhalten, der ständige Informationsaustausch mit anderen Wissensbereichen, vornehmlich mit denen der Soziologie und der Raumforschung, notwendig. Kriminalgeographische Erkenntnisse sind geeignet, die polizeiliche Organisation, den polizeilichen Einsatz und die vorbeugende Verbrechensbekämpfung zu einem echten Spiegelbild des Kriminalitätsgeschehens umzuformen.

---

[8]) Die Abb. 10 wertet, der Anschaulichkeit wegen, den Zeitraum vom Juli 1968 bis November 1972 (53 Monate) aus. Kürzere Zeiträume haben noch weniger Aussagekraft.

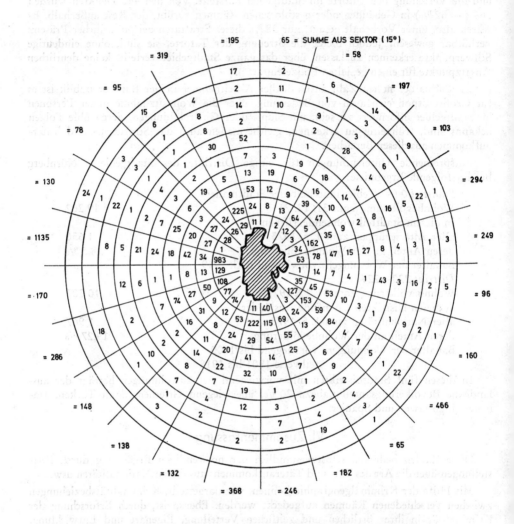

Abb. 1: Täterstrom (bis 100 km): Wohnsitze

UMKREIS BIS	10 km	20 km	30 km	40 km	50 km	60 km	70 km	80 km	90 km	100 km
SUMME AUS UMKREIS	1829	1490	689	464	227	247	135	137	129	105

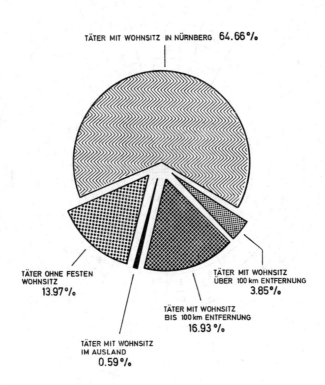

Abb. 2: Tätermobilität

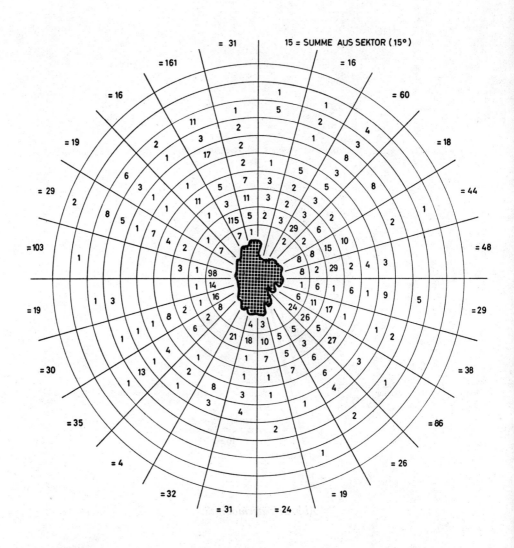

UMKREIS BIS	10 km	20 km	30 km	40 km	50 km	60 km	70 km	80 km	90 km	100 km
SUMME AUS UMKREIS	207	274	125	107	52	55	54	48	9	2

Abb. 3: Täterstrom (bis 100 km): Tatorte

EIN- UND AUSSTROM

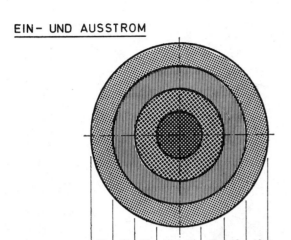

EINSTRÖMUNG

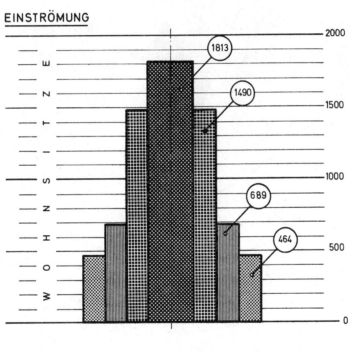

AUSSTRÖMUNG

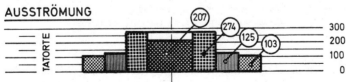

Abb. 4: Täterein- und -ausstrom im Verdichtungsgebiet

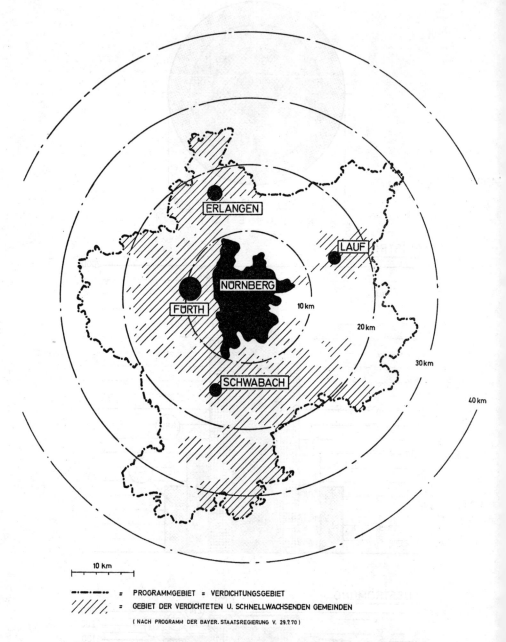

Abb. 5: Kriminalitätsballungsraum (entspricht dem Verdichtungsgebiet)

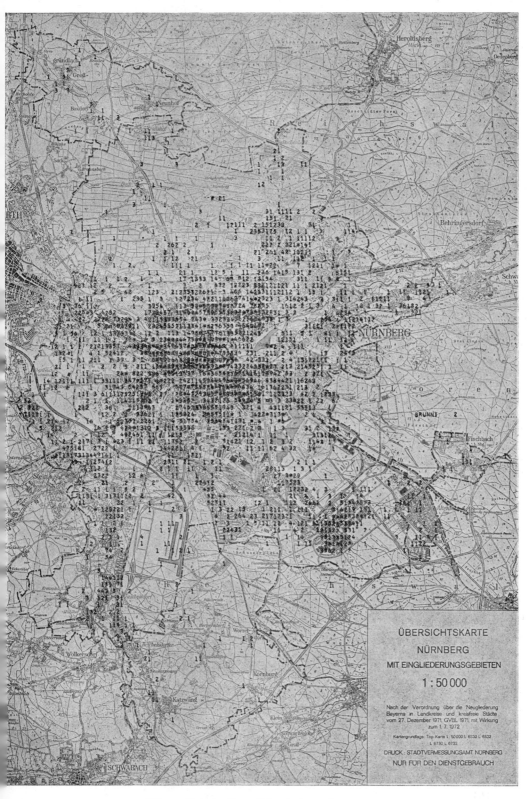

Abb. 6: Kriminalitätsdichte in Nürnberg 1972

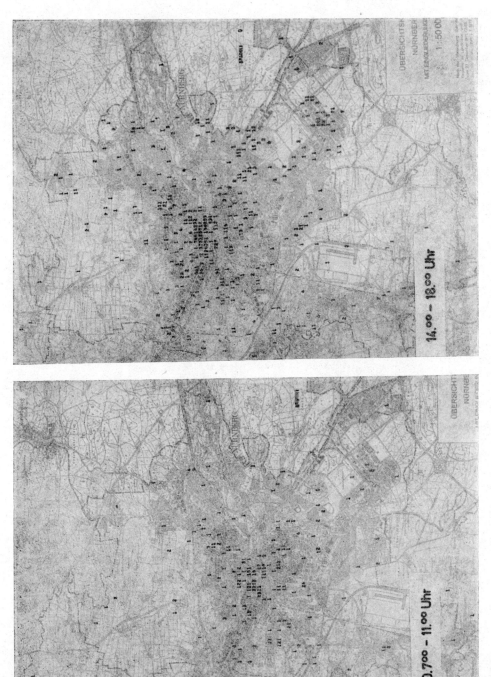

Abb. 7 a und 7 b: Delikte hinsichtlich ihrer Verübungszeiten

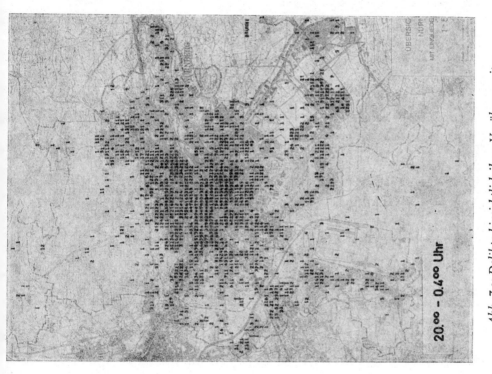

Abb. 7 c: Delikte hinsichtlich ihrer Verübungszeiten

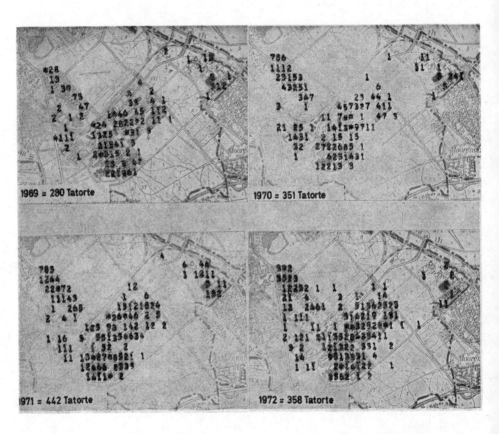

Abb. 8: Anzahl der Delikte nach Tatorten in einer Trabantenstadt von 1969 bis 1972

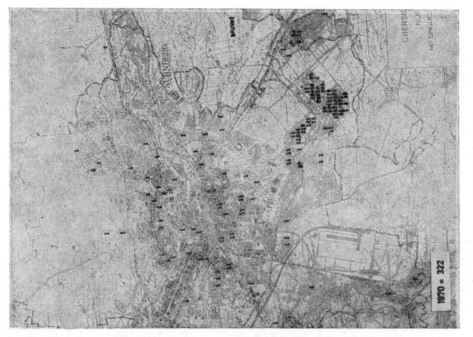
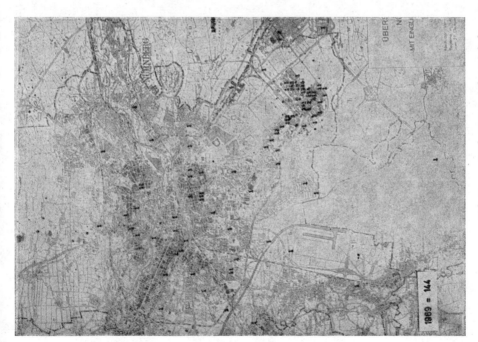

Abb. 9 a und 9 b: Täterwohnsitzdichte mit Tatort Trabantenstadt von 1969 und 1970

Abb. 9 c und 9 d: Täterwohnsitzdichte mit Tatort Trabantenstadt von 1971 und 1972

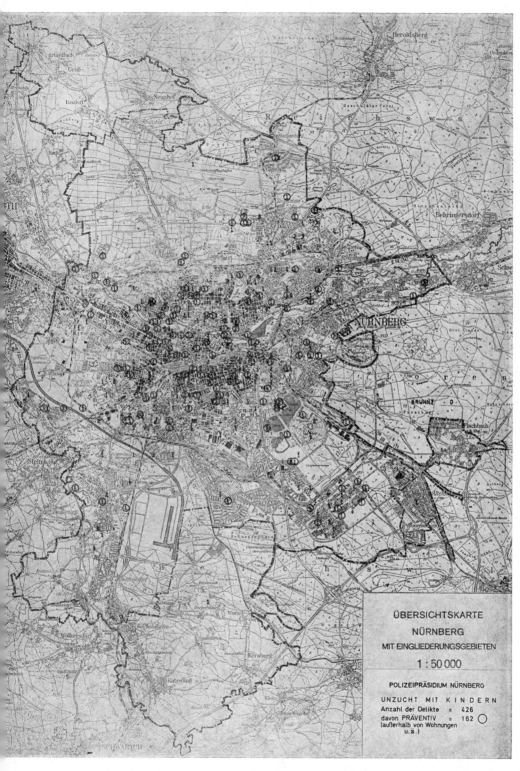

Abb. 10: Unzucht mit Kindern — Verteilung der Tatorte im Stadtgebiet von Juli 1968 bis November 1972

Forschungs- und Sitzungsberichte
der Akademie für Raumforschung und Landesplanung

Band 63: Historische Raumforschung 10

Raumordnung und Landesplanung im 20. Jahrhundert

Inhaltsübersicht

		Seite
Prof. Dr. Günther Franz, Stuttgart	Zur Einführung	VII
	I. Teil:	
	Beiträge zur Geschichte der Raumforschung und Landesplanung in Deutschland	1
Prof. Dr. Heinz G. Steinberg, Münster	Die Geschichte des Siedlungsverbandes Ruhrkohlenbezirk und seine Bedeutung für die Entwicklung der Landesplanung in Deutschland	3
Dr. Dr. Martin Pfannschmidt, Sennestadt	Landesplanung im engeren mitteldeutschen Industriebezirk	17
Dr. Dr. Martin Pfannschmidt, Sennestadt (unter Mitarbeit von Dr. Otto Müller-Haccius, Karl Pries, Friedrich von Pfuhlstein)	Landesplanung Berlin — Brandenburg-Mitte	29
Dr. Karlheinz Blaschke, Friedewald/ Krs. Dresden	Die Heimatschutzbewegung in Sachsen als Element der Planung	55
Prof. Dr. Norbert Ley, Düsseldorf	Landesplanung in den Rheinlanden zwischen den beiden Weltkriegen	71
Dr. Georg Keil, Kiel	Zur Entwicklung der Landesplanung, aus persönlicher Sicht	87
Prof. Dr. Gerhard Isenberg, Bonn-Stuttgart	Zur Geschichte der Raumordnung, aus persönlicher Sicht	97
Prof. Dr. Konrad Meyer, Salzderhelden	Die Reichsarbeitsgemeinschaft für Raumforschung 1935 bis 1945	103
Prof. Dr. Karl Rolf Schulz-Klinken, Stuttgart-Hohenheim	Das ländliche Siedlungswesen in Deutschland zwischen den beiden Weltkriegen (1919—1939)	117
	II. Teil	
	Raumordnung und Landesplanung in Westeuropa seit dem 1. Weltkrieg	141
Dr. Hans-Gerhart Niemeier, Düsseldorf	Raumordnung und Verwaltungsgliederung in Nordrhein-Westfalen seit dem 2. Weltkrieg	143
Dr. H. van der Weijde, Den Haag	Raumordnung und Landesplanung in den Niederlanden seit dem 1. Weltkrieg	157
Prof. Dr. Ernst Winkler, Zürich	Raumordnung und Landesplanung in der Schweiz seit dem 1. Weltkrieg	165
Prof. Gabriel Wackermann, Straßburg	Raumordnung und Landesplanung im Elsaß seit dem 1. Weltkrieg	181

Der gesamte Band umfaßt 190 Seiten; Format DIN B 5; 1971, Preis 38,— DM

Auslieferung

HERMANN SCHROEDEL VERLAG KG · HANNOVER

Forschungs- und Sitzungsberichte
der Akademie für Raumforschung und Landesplanung

Band 88: Historische Raumforschung 11

Stadt-Land-Beziehungen und Zentralität als Problem der historischen Raumforschung

Aus dem Inhalt:

		Seite
Erich Dittrich, Bonn-Bad Godesberg	Stadt, Land, zentrale Orte als Problem historischer Raumforschung	1
Ingomar Bog, Marburg	Theorie der Stadt — Funktionsanalyse des Ereignisfeldes Stadt und funktionale Stadt-Land-Beziehungen —	19
Géza Alföldy, Bochum	Stadt, Land und raumordnende Bestrebungen im römischen Weltreich	49
Klaus Fehn, Bonn	Die Bedeutung der zentralörtlichen Funktionen für die früh- und hochmittelalterlichen Zentren Altbayerns	77
Hanns Hubert Hofmann, Würzburg	Nürnbergs Raumfunktion in der Geschichte	91
Franz Petri, Münster	Das Verhältnis von Stadt und Land in der Geschichte der Niederlande	103
Dietrich Fliedner, Saarbrücken	Wirtschaftliche und soziale Stadtumlandbeziehungen im hohen Mittelalter (Beispiele aus Nordwestdeutschland)	123
Arthur Imhof, Gießen	Der agrare Charakter der schwedischen und finnischen Städte im 18. Jahrhundert im Vergleich zu Mittel- und Westeuropa	161
Josef Wysocki, Stuttgart-Hohenheim	Über steuerpolitische Bestimmungsfaktoren des Stadt-Umlandverhältnisses im 19. Jahrhundert in Deutschland und Österreich	199
Hans Heinrich Blotevogel, Bochum	Wanderung und Zentralität an Beispielen aus dem Raum Westfalen vor Beginn der Industrialisierung	235
Heinz Günter Steinberg, Münster	Die Bevölkerungsentwicklung der Städte in den beiden Teilen Deutschlands vor und nach dem 2. Weltkrieg	265
Peter Schöller, Bochum	Die neuen Städte der DDR im Zusammenhang der Gesamtentwicklung des Städtewesens und der Zentralität	299

Der gesamte Band umfaßt 345 Seiten; Format DIN B 5; 1974; Preis 48,— DM

Auslieferung

HERMANN SCHROEDEL VERLAG KG · HANNOVER